XINSHIDAI DAQING JINGSHEN YANJIU

新时代大庆精神研究

宋洪德　刘金友　主　编
李敬晶　张志军　李国俊　副主编

黑龙江人民出版社

图书在版编目（CIP）数据

新时代大庆精神研究／宋洪德，刘金友主编. — 哈
尔滨：黑龙江人民出版社，2018.7（2021.5重印）
ISBN 978-7-207-11419-8

Ⅰ.①新… Ⅱ.①宋… ②刘… Ⅲ.①石油企业—思
想政治教育—研究—中国 Ⅳ.①D412.62

中国版本图书馆CIP数据核字（2018）第163330号

责任编辑：夏晓平
封面设计：张　涛

新时代大庆精神研究

宋洪德　刘金友　主编

出版发行　黑龙江人民出版社
地　　址　哈尔滨市南岗区宣庆小区1号楼
邮　　编　150008
网　　址　www.longpress.com
电子邮箱　hljrmcbs@yeah.net
印　　刷　北京一鑫印务有限责任公司
开　　本　787×1092　1/16
印　　张　17.5
字　　数　254千字
版　　次　2018年10月第1版　2021年5月第2次印刷
书　　号　ISBN 978-7-207-11419-8
定　　价　38.00元
版权所有　侵权必究　　　　举报电话：（0451）82308054
法律顾问　北京市大成律师事务所哈尔滨分所律师赵学利、赵景波

传承践行大庆精神　争当转型发展排头兵

　　正当大庆各级党组织和广大党员群众认真学习贯彻习近平新时代中国特色社会主义思想和党的十九大精神，加快推进转型发展全面振兴，奋力争当全国资源型城市转型发展排头兵，建设社会主义新大庆之际，《新时代大庆精神研究》一书与读者见面了，为学习宣传、研究探索、传承弘扬大庆精神提供了一本不可多得的力作。

　　大庆精神作为中国共产党的伟大精神、中华民族精神的重要组成部分，得到了党中央历届领导集体的亲切关怀和充分肯定。2016年3月7日，习近平总书记在参加十二届全国人大四次会议黑龙江代表团审议时发表重要讲话指出："大庆就是全国的旗帜和标杆，大庆精神激励着工业战线广大干部群众奋发有为。"在听取大庆油田领导发言后又指出："大庆为共和国作出了巨大贡献，大庆油田是我国工业战线一面旗帜、一个标杆，受到我们党几代领导人的关心，对大庆的发展和成长给予了很大的关注和支持"。2016年5月，习近平总书记到黑龙江省视察，再次对大庆精神的时代价值给予高度肯定，指出："加强干部作风建设，黑龙江有不少有利条件，东北抗联精神、北大荒精神、大庆精神、铁人精神激励了几代人。今天，我们仍然要用这些精神来教育广大党员、干部，引导他们发扬优良传统，在全社会带头弘扬新风正气。"习近平总书记两次讲话对大庆精神的肯定，不仅是对大庆广大干部群众的巨大鼓舞和极大鞭策，更是对大庆精神的历史价值和现实意义的深刻诠释，为大庆精神的传承与发展注入了强大动力，为大庆人弘扬践行大庆精神增强了定力与信心。

　　大庆精神形成半个多世纪以来，始终与时代发展同步，与实践创新互动，激励着大庆人不畏艰难、勇往直前，创造了举世瞩目的发展成就。大庆精神对我国石油工业乃至整个国民经济的发展，特别是对大庆的可持续发展更是起到了不可估量的作用；大庆的各级党组织传承弘扬大庆精神，在实践中培育了党组织的政治优势；大庆精神作为石油精神的重要组成部分、大庆城市文化的灵魂、大庆企业文化的核心内容，为丰富我国的先进文化作出了贡献；大庆油田在大庆精神的引领下，形成了符合油田实际、具有自身特点的管理模式和管理经验，走出了一条独立自主、生机勃勃的中国特色石油工业发展之路，为探索新型工业化道路提供了重要的实践基础和宝贵经验；作为大庆精神人格化、典型化的铁人精神，在大庆发展的实践中，培养出一支又一支的铁人式队伍；面对转型发展全面振兴、争当全国资源型城市转型发展排头兵、建设社会主义新大庆的艰巨任务，大庆精神又为我们提供了不竭的精神动力。

大庆精神是长盛不衰的精神，一直保持着蓬勃生机和无限活力，是大庆克服困难、走出困境，焕发生机、再振雄风，争当全国资源型城市转型发展排头兵的动力源泉。目前，大庆长期积累的体制性、结构性、资源性矛盾突出，产业结构偏重、民营经济偏弱、创新人才偏少问题亟待解决，由此衍生的经济增速减缓、传统动能减弱以及国有企业活力不足、环境欠账较多、保障和改善民生压力较大等客观困难交织叠加，正处在转型发展的关键时期。在这样的形势下，更需要我们一如既往地传承弘扬大庆精神，高高擎起大庆精神这面旗帜，融入新元素、赋予新内涵、激发新活力，深挖人文价值、厚植人文根脉，用大庆精神引导全民践行社会主义核心价值观，使其成为全民价值追求和行为规范，用大庆精神弘扬新风正气，倡导忠诚担当、创新开拓、追求卓越、开放包容的新风尚，凝聚形成全社会推动转型发展全面振兴的强大合力，在争当全国资源型城市转型发展排头兵、建设社会主义新大庆中作贡献。

大庆精神是与时俱进的精神，在新时期特别是进入中国特色社会主义新时代以来，其内涵获得了更大的发展，省委和大庆市委主要领导提出了深入挖掘和科学总结大庆精神时代内涵的希望和要求。《新时代大庆精神研究》一书，正是落实省委、市委要求的一部研究探索性著述。该书分析了大庆精神在新时代面临的新要求新考验新机遇，总结了大庆精神的历史性贡献，揭示了大庆精神的时代特征，展示了大庆精神的时代内涵，概括了大庆精神的时代价值，阐述了大庆精神传承实践的现实使命，提出了大庆精神传承弘扬的多维路径，前瞻了大庆精神的再发展。该书最大的特点是有较强的研究性、探索性、时代性和创新性。该书的出版，对于深入学习贯彻习近平新时代中国特色社会主义思想和党的十九大精神，深化社会主义核心价值观教育，搞好"不忘初心、牢记使命"主题教育，更好地传承弘扬大庆精神，争当全国资源型城市转型发展排头兵，激励全市干部群众建设社会主义现代化新大庆，具有重要的意义。

大庆市委常委、宣传部长　宫镇江

2018 年 6 月

目 录

大庆精神面临的
新要求新考验新机遇

　　20 世纪 60 年代，在波澜壮阔的大庆石油会战中，几万大军头顶蓝天，脚踏荒原，艰苦奋斗，顽强拼搏，培育锻造形成了伟大的大庆精神。大庆精神的主要内涵是：为国争光、为民族争气的爱国主义精神，独立自主、自力更生的艰苦创业精神，讲究科学、"三老四严"的求实精神，胸怀全局、为国分忧的奉献精神。大庆精神产生于意气风发、激情燃烧的社会主义建设时期，丰富发展于大庆改革开放新时期，为大庆经济社会的发展提供了强大的精神动力和智力支撑。

　　50 多年的创业实践，半个多世纪的风雨兼程，大庆精神和大庆这座年轻且宜居的城市相互挽扶，一路相伴。大庆精神之所以能穿越时空，历久弥新，一方面是由于大庆精神本身具有伟大精神的特质：彰显中国特色、反映民族精神、体现时代要求、蕴含人性光辉、凝聚发展力量；另一方面则是由于对大庆精神学习和传承的与时俱进。大庆精神不是温室里的"花朵"，更不是远离现实生活的"虚无缥缈"，而是不断地受其生长环境的作用力的巨大影响。马克思曾写道："物质生活的生产方式制约着整个社会生活、政治生活和精神生活的过程。不是人们的意识决定人们的存在，相反，是人们的社会存在决定人们的意识。"①经济基础决定上层建筑，大庆精神作为上层建筑的意识形态构成部分，必然受其所赖以生存的时代的影响，必然由其相对应的物质生活的生产方式所决定。作为一种文化存在形式，其传承与发展不能脱离它所处的时代与发展环境。

　　党的十九大报告指出，经过长期努力，中国特色社会主义进入了新时代，这是我国发展新的历史方位。中国特色社会主义进入了新时代，这是党的十九大作出的一个重大政治判断，更是深刻把握当代中国发展变革的时代坐标，是分析中国当下所有社会现象与问题的科学依据，也是大庆精神传承与弘扬重要的"逻辑起点"。大庆精神的研究必须在中国特色社会主义新时代的语境下进行不断考量与深入。大庆精神如何回应新时代的新要求，又如何应对新时代遇到的新考验与新机遇，是大庆精神研究的重大理论课题与现实问题。

---

　　① 马克思恩格斯：《马克思恩格斯文集》，人民出版社，2009 年，第 591 页。

一、新时代大庆精神面临的新要求

新时代意味着新任务、新要求，新方位意味着新起点、新作为。坚定文化自信，推动社会主义文化繁荣兴盛，这是党的十九大报告对中国未来5年甚至更长时间在文化上作出的重大战略部署。报告站在时代和全局的高度，深刻阐述了文化和文化建设的地位作用，深刻阐明了在新时代以什么样的立场和态度对待文化、用什么样的思路和举措发展文化、朝着什么样的方向和目标推进文化建设等重大问题，为推动社会主义文化繁荣兴盛、建设社会主义文化强国提供了根本遵循。全面深刻地认识和理解党的十九大报告精神，不难发现，新时代的重大战略判断也对大庆精神在服务于全面建成小康社会、踏上建设社会主义现代化国家新征程、实现中华民族伟大复兴的中国梦的实践中，赋予了更大的使命担当，提出了更高更新的要求。

（一）全面把握中国特色社会主义进入新时代

在当代中国，坚持和发展中国特色社会主义，必须把握时代特点、直面时代课题，在体现时代性、把握规律性、富于创造性中不断展现蓬勃的生机活力。中国特色社会主义进入了新时代这一重大政治判断，正是在准确把握我国发展所处新的历史方位基础上作出的，具有深厚的基础、鲜活的内涵、充分的理论依据和实践依据。

1. 新时代的基础

党的十九大报告指出："十八大以来的五年，是党和国家发展进程中极不平凡的五年。面对世界经济复苏乏力、局部冲突和动荡频发、全球性问题加剧的外部环境，面对我国经济发展进入新常态等一系列深刻变化，我们坚持稳中求进工作总基调，迎难而上，开拓进取，取得了改革开放和社会主义现代化建设的历史性成就。"党的十九大报告对5年来取得的历史性成就作了十个方面的概括和总结，而这十大成就为中国特色社会主义进入新时代奠定了七大基础。

（1）经济物质基础。5年来，我国经济保持中高速增长，经济增长率在6.5%~7%，国内生产总值从54万亿元增长到82万亿元，稳居世界第二，对世界经济增长贡献率超过30%。供给侧结构性改革深入推进，经济结构不断优化，数字经济等新兴产业蓬勃发展，高铁、公路、桥梁、港口、机场等基础设施建设快速推进。农业现代化稳步推进，粮食生产能力达到6000亿公斤。城镇化率年均提高1.2%。我国新型城镇化建设中一项很重要的工作，就是把农民转为城镇居民，提高城镇化率。在过去5年，已有8000多万农业转移人口成为城镇居民。在创新驱动发展战略实施方面，创新型国家建设成果丰硕，"天宫""蛟龙""天眼""悟空""墨子"、大飞机等重大科技成果相继问世。南海岛礁建设积极推进。开放型经济新体制逐步健全，对外贸易、对外投资、外汇储备稳居世界前列。

（2）政治与法治基础。5年来，我国积极发展社会主义民主政治，推进全面依法治国，党的领导、人民当家作主、依法治国有机统一的制度建设全面加强，党的领导体制机制不断完善，社会主义民主不断发展，党内民主更加广泛，社会主义协商民主全面展开，爱国统一战线巩固发展，民族宗教工作创新推进。科学立法、严格执法、公正司法、全民守法深入推进，法治国家、法治政府、法治社会建设相互促进，中国特色社会主义法治体系日益完善，全社会法治观念明显增强。国家监察体制改革试点取得实效，行政体制改革、司法体制改革、权力运行制约和监督体系建设有效实施。

（3）思想文化基础。5年来，我们加强党对意识形态工作的领导，党的理论创新全面推进，马克思主义在意识形态领域的指导地位更加鲜明，中国特色社会主义和中国梦深入人心，社会主义核心价值观和中华优秀传统文化广泛弘扬，群众性精神文明创建活动扎实开展。公共文化服务水平不断提高，文艺创作持续繁荣，文化事业和文化产业蓬勃发展，互联网建设管理运用不断完善，全民健身和竞技体育全面发展。主旋律更加响亮，正能量更加强劲，文化自信得到彰显，国家文化软实力和中华文化影响力大幅提升，全党全社会思想上的团结统一更加巩固。

（4）社会民生基础。5年来，我们深入贯彻以人民为中心的发展思想，一大批惠民举措落地实施，人民获得感显著增强。脱贫攻坚战取得决定性进展，6000多万贫困人口稳定脱贫，贫困发生率从10.2%下降到4%以下。其中，这6000多万人的稳定脱贫意味着他们不会再度返贫。教育事业全面发展，中西部和农村教育明显加强。就业状况持续改善，城镇新增就业年均 1300 万人以上。城乡居民收入增速超过经济增速，中等收入群体持续扩大。覆盖城乡居民的社会保障体系基本建立，人民健康和医疗卫生水平大幅提高，保障性住房建设稳步推进。社会治理体系更加完善，社会大局保持稳定，国家安全全面加强。

（5）生态文明基础。5 年来，我国大力度推进生态文明建设，全党全国贯彻绿色发展理念的自觉性和主动性显著增强，忽视生态环境保护的状况明显改变。生态文明制度体系加快形成，主体功能区制度逐步健全。国家公园体制试点积极推进。全面节约资源有效推进，能源资源消耗强度大幅下降。重大生态保护和修复工程进展顺利，森林覆盖率持续提高。生态环境治理明显加强，环境状况得到改善。引导应对气候变化国际合作，成为全球生态文明建设的重要参与者、贡献者、引领者。

（6）国防和军队基础。5 年来，我国着眼于实现中国梦强军梦，制定新形势下军事战略方针，全力推进国防和军队现代化。1929 年召开的古田会议在我军建军史上具有里程碑意义。2014 年，我们又在古田召开了全军政治工作会议，恢复和发扬我党我军光荣传统和优良作风，人民军队政治生态得到有效治理。国防和军队改革取得历史性突破，形成军委管总、战区主战、军种主建新格局，人民军队组织架构和力量体系实现革命性重塑。加强练兵备战，有效遂行海上维权、反恐维稳、抢险救灾、国际维和、亚丁湾护航、人道主义救援等重大任务，武器装备加快发展，军事斗争准备取得重大进展。人民军队在中国特色强军之路上迈出坚定步伐。党的十八大以来，国防和军队改革取得历史性突破。未来，我国还将全面推进军事理论现代化、军队组织形态现代化、军事人员现代化、武器装备现代化，力争到 2035 年基本实现国防和军队现代化，到本世纪中叶把人民军队全面建成世界一流军队。

（7）全面从严治党基础。5 年来，我们全面加强党的领导和党的建设，坚决改变管党治党宽松软状况。推动全党尊崇党章，增强政治意识、大局意识、核心意识、看齐意识，坚决维护党中央权威和集中统一领导，严明党的政治纪律和政治规矩，层层落实管党治党政治责任。坚持照镜子、正衣冠、洗洗澡、治治病的要求，开展党的群众路线教育实践活动和"三严三实"专题教育，推进"两学一做"学习教育常态化制度化，全党理想信念更加坚定、党性更加坚强。贯彻新时期好干部标准，选人用人状况和风气明显好转。党的建设制度改革深入推进，党内法规制度体系不断完善。把纪律挺在前面，着力解决人民群众反映最强烈、对党的执政基础威胁最大的突出问题。十八大以来，我们掀起了一场反腐"风暴"，坚持反腐败无禁区、全覆盖、零容忍，坚定不移"打虎""拍蝇""猎狐"，不敢腐的目标初步实现，不能腐的笼子越扎越牢，不想腐的堤坝正在构筑，反腐败斗争压倒性态势已经形成并巩固发展。我国经济实力、科技实力、国防实力、综合国力进入世界前列，我国国际地位实现前所未有的提升，党的面貌、国家的面貌、人民的面貌、军队的面貌、中华民族的面貌发生了前所未有的变化，这是中国特色社会主义进入新时代的重要标志。

2.新时代的立论依据

新时代，是在新中国成立以来，特别是改革开放近40年来我国取得重大成就基础上得来的，是从党的十八大以来党和国家事业发生历史性变革的进程中作出的科学判断。党的十九大作出的这一重大政治论断，是我们党坚持辩证唯物主义和历史唯物主义的方法论，从党和国家事业发展大局出发，从历史和现实、理论和实践、国内和国际结合上思考得出的正确结论。

这一判断基于中国特色社会主义进入新的发展阶段。党的十八大以来，以习近平同志为核心的党中央以巨大的政治勇气和强烈的责任担当，科学把握国内外发展大势，顺应民心民愿民意，顺应实践要求，迎难而上，谋篇布局，提出了一系列新理念新思想新战略，出台一系列重大方针政策，推出一系列重大举措，推进一系列重大工作，解决了许多长期想解决而没有解决的难题，办成了许多过去想办而没有办成的大事，推动党和国家事业发生历史性变革，将中国特色社会主义推进到新的发展阶段。科学认识和全面把握中国特色社会主义新的发展阶段，需要从新的历史方位、新的时代坐标来思考来谋划。

这一判断基于我国社会主要矛盾发生了历史性转化。党的十九大报告明确指出，我国社会主要矛盾已经转化为人民日益增长的美好生活需要和不平衡不充分的发展之间的矛盾。这是一个全新的判断，是理论创新的重大成果。这个重大战略判断，反映了我国发展的实际情况，科学揭示了制约我国发展的症结所在，指明了解决当代中国发展问题的根本着力点。经过改革开放近 40 年的发展，中国站在"强起来"的新起点上，人民对美好生活的需求日益广泛，拓展了过去的物质需求外延，不仅对物质文化生活提出了更高要求，而且在民主、法治、公平、正义、安全、生态等方面多样化、多方面、多层次的需求日益增长。人们需求的内涵发生了很大变化，但当前和今后我国发展面临的突出问题是发展不平衡不充分，城乡之间、地区之间、行业之间的差距制约着我国发展的质量与效益。主要矛盾变化关系我国发展全局，对党和国家各项工作提出了新要求。科学认识和全面把握我国社会主要矛盾的变化，需要从新的历史方位、新的时代坐标来思考来谋划。

这一判断基于我国发展的新目标新征程。党的十九大开启了从全面建成小康社会到基本实现现代化，再到全面建成社会主义现代化强国的新征程。新征程有清晰的时间表，有明确的新目标。党的十九大对决胜全面建成小康社会提出明确要求，又将 2020 年到本世纪中叶分为两个阶段：第一阶段，从 2020 年到 2035 年，基本实现社会主义现代化；第二阶段，从 2035 年到本世纪中叶，建成富强民主文明和谐美丽的社会主义现代化强国。新征程不仅有具体的时间界定和目标描绘，还有清晰的路线图和任务书，着眼物质文明、政治文明、精神文明、社会文明、生态文明、国家治理体系、现代社会治理格局等方面，详细地勾画出"到那时"中国人民美好的生活图景。科学认识和把握奋斗新目标、宏伟新蓝图，同样需要从新的历史方位、新的时代坐标来思考来谋划。

（二）大庆精神在新时代要有新的作为

新时代、新矛盾、新任务、新蓝图、新要求、新征程，要求大庆精神必须要有新的站位、新的发展、新的视野、新的使命、新的担当、新的作为。

1.高点站位：服务于新时代

新时代，是承前启后、继往开来，在新的历史条件下继续夺取中国特色社会主义伟大胜利的时代，是决胜全面建成小康社会、进而全面建设社会主义现代化强国的时代，是全国各族人民团结奋斗、不断创造美好生活、逐步实现全体人民共同富裕的时代，是全体中华儿女勠力同心、奋力实现中华民族伟大复兴中国梦的时代，是我国日益走近世界舞台中央、不断为人类作出更大贡献的时代。新时代是政治、经济、文化、社会、生态协调发展的新时代，是每个人都可以幸福而有尊严地生活的新时代，是日益实现人的自由而全面发展的新时代。中国特色社会主义进入新时代，我国社会主要矛盾已经转化为人民日益增长的美好生活需要和不平衡不充分的发展之间的矛盾。我国稳定解决了十几亿人的温饱问题，总体上实现小康，不久将全面建成小康社会，人民美好生活需要日益广泛，同时，我国社会生产力水平总体上显著提高，社会生产能力在很多方面进入世界前列，更加突出的问题是发展不平衡不充分，这已经成为满足人民日益增长的美好生活需要的主要制约因素。我国进入新时代，人们对精神生活的需求将会更高，对文化的需求将会更广泛、更突出，人们更加期待高品质的电影、电视剧、图书、戏曲，更加追求讲道德、尊道德、守道德的生活，更加盼望社会风气和文明风尚的提升。如果没有精神文化生活的充实，就不可能有真正幸福的人生和美好的生活，没有精神文化生活的支撑，新时代也就会黯然失色。我国社会主要矛盾的变化是关系全局的历史性变化，对党和国家工作提出了许多新要求，对推动社会主义文化繁荣兴盛、中国精神的弘扬和社会主义核心价值观的培育提出了新的更高的要求。大庆精神作为中华民族精神的重要组成部分，作为中国精神生态园的绚丽瑰宝，要坚持高点站位，立足新时代，聚焦实现人民对美好生活向往的更高需求，推动大庆精神的传承和弘扬，更好地发挥大庆精神动力驱动、导向激励、凝聚向心的价值。在中国特色社会主义新时代，大庆精神要更好地让人民精神文化生活更丰富，基本文化权益保障更充分，文化获得感、幸福感更充实。在中国特色社会主义新时代，大庆精神作为一种文化现象，要更加自觉地坚持在新的历史方位下思考和发展，找准文化与经济、政治的结合点和融合点，为推动我国经济持续健康发展和社会全面进步提供精神动力和智力支撑。

2. 内涵创新：深挖时代内涵

中国特色社会主义进入新时代，意味着近代以来久经磨难的中华民族迎来了从站起来、富起来到强起来的伟大飞跃，迎来了实现中华民族伟大复兴的光明前景；意味着科学社会主义在21世纪的中国焕发出强大生机活力，在世界上高高举起了中国特色社会主义伟大旗帜；意味着中国特色社会主义道路、理论、制度、文化不断发展，拓展了发展中国家走向现代化的途径，给世界上那些既希望加快发展又希望保持自身独立性的国家和民族提供了全新选择，为解决人类问题贡献了中国智慧和中国方案。中国特色社会主义进入新时代，在我国发展史上、中华民族发展史上具有重大意义，在世界社会主义发展史上和人类社会发展史上也具有重大意义。新时代要有新气象，要有新作为。新时代呼唤中国人要有更高的境界、更优的作风、更好的精神状态、更昂扬的精气神，新时代迫切需要国人积极主动顺应，锐意开拓进取，创造无愧于新时代的新成就。大庆精神那种昂扬向上、奋发有为、笑对困难、永不懈怠的精神状态和"北风当电扇，大雪是炒面，天南海北来会战，誓夺头号大油田"的干事创业的热情，奋勇破冰的激情是新时代下啃硬骨头、涉险滩的有力法宝。当前大庆精神所处的时代背景发生了历史演进、时代更迭、条件改善、社会进步、体制转换等显著变化，尤其是在大庆转型发展全面振兴中，大庆精神唯有不断与时代对接，不断与时俱进，方能历久弥新，穿梭时空，高高飘扬。大庆精神如果不融入时代洪流，与时代同步共振，就无法发挥精神动力作用；实现中国梦如果没有精神的支撑，也会因缺乏价值导向和人文精神的滋养而最终前途黯淡。大庆精神既属于历史，又属于当下，还属于未来。在新时代，推动大庆精神的发展，必须结合新时代的条件和实践新要求不断赋予其新的时代内涵，不忘本来，吸收外来，面向未来，坚持开放包容，在继承中创新，在创新中发展，使其内涵更接地气，更易人民群众所接受与实践，使其表现形式更好地适应时代、跟上时代，切实增强大庆精神的引导力、价值力，让大庆精神展现出永久魅力，让大庆精神的旗帜永远在中华大地上高高飘扬。

3. 视野宽阔: 中国以及世界

中国特色社会主义新时代,是我国日益走近世界舞台中央、不断为人类作出更大贡献的时代。任何一个大国的发展进程,既是经济总量、科技力量、军事力量等硬实力提高的进程,也是价值观念、思想文化等软实力提高的进程。中国在新时代为处于大发展大变革大调整的世界提供更多的中国智慧和中国方案,迫切需要文化软实力的支撑。一个国家文化软实力的强弱,直接关系到一个国家在世界文化格局中的地位高低,关系到一个国家的国际影响力、感召力、引导力的大小,关系到一个国家在世界上话语权的强弱。大庆精神作为我国文化精神生态园的重要组成部分,要立足当下,放眼世界,胸怀天下,加快大庆精神对中国人精神家园的塑造,加快大庆精神对国家软实力的贡献,加快大庆精神对民族文化力的奉献,切实为提升与我国综合国力和国际地位相适应的国家文化软实力,为我国日益走近世界舞台中央提供强有力的精神支撑。

4. 着力面广: 新布局新蓝图

新时代开启新征程,党的十九大为中国号巨轮擘画了新的航程。我们既要在 2020 年全面建成小康社会、实现第一个百年奋斗目标,又要乘势而上开启全面建设社会主义现代化国家新征程,向第二个百年奋斗目标进军。没有文化支撑的国家是难以实现其奋斗目标的。无论是基本实现社会主义现代化,还是建设社会主义现代化强国,文化都是其重要组成部分。推动社会主义文化繁荣兴盛是新征程新目标的必然要求。大庆精神作为社会主义先进文化的重要一维,必然担负着精神指引的责任与使命。用大庆精神凝聚起统筹推进"五位一体"总体布局,协调推进"四个全面"战略布局的精神力量,用大庆精神凝聚起应对重大挑战、抵御重大风险、克服重大阻力、解决重大矛盾的旺盛的"精气神",决胜全面建成小康社会,实现富强民主文明和谐美丽的社会主义现代化强国。

5. 使命担当: 中华民族复兴

"行百里者半九十。中华民族伟大复兴,绝不是轻轻松松、敲锣打鼓就能实现的。全党必须准备付出更为艰巨、更为艰苦的努力"。伟大时代呼唤伟大的精神，伟大的精神推动伟大的梦想，实现中华民族伟大复兴的中国梦需要大庆精神这个宝贵的"动力源"释放新的动能、提供新的动力。大庆精神饱含着坚定的信仰追求、牢固的大局观念、高度的核心意识、自觉的看齐原则、强烈的使命担当，必将为实现中国梦提供强有力的责任感与使命感；大庆精神的"爱国、奉献"必将为实现中国梦提供更高尚的精神滋养和内生动力；大庆精神的"创业、求实"必将为实现中国梦提供科学的方法论和过硬的工作作风。

二、新时代大庆精神面临的新考验

中国特色社会主义进入新时代，这一重大判断本身就基于国际环境发生了巨大的变化。世界正处于大发展大变革大调整时期，我国发展仍处于重要战略机遇期，但挑战与危机也十分严峻。我国正处在从大国走向强国的关键时期，"树大招风"效应日益显现，外部环境更加复杂。我国发展同外部世界的交融性、关联性、互动性会不断增强，这就必然意味着社会思想观念和价值取向会更加活跃、社会思潮将会更加纷纭激荡。进入新时代，面对我国经济发展进入新常态、国际发展环境深刻变化的新形势；面对改革进入攻坚期和深水区、各种深层次矛盾和问题不断呈现、各类风险和挑战不断增多的新形势，面对世界经济持续下滑，面对世界范围内各种思想文化交流交融交锋的新形势，面对全面从严治党进入重要阶段、党面临的风险和考验集中显现的新形势，大庆精神如何在推动大庆转型发展全面振兴，争当全国资源型城市转型发展排头兵的征程中，更好地发挥精神动力和内在支撑的作用方面面临着严峻的考验。

我国进入新时代，正日益走近世界舞台中央，在深度开放的过程中，我国将再次迎来"睁大眼睛"看世界和引领世界的时代，这也必然会对国人精神世界的影响达到前所未有的程度。经济全球化作为当今世界文明发展的一种潮流，在推动世界经济的发展和世界文明成果共享的同时，也必然会前所未有地深刻影响和改变着国人的思想观念、生活方式。经济全球化并不意味着仅仅经济领域形成全球范围内的有机统一整体，更意味着政治和文化的输入与输出。经济全球化与世界多极化、社会信息化、文化多样化之间有着紧密的内在关联，而隐含在四者之间的内在关联中的是某种价值的输出与冲突，是中国道路与西方道路的比较与博弈。国家、民族之间的经济交往，必然引起不同性质、不同方面的文化之间的碰撞、渗透与交流，影响世界多极化、社会信息化和文化多样化。"四化"（世界多极化、经济全球化、社会信息化和文化多样化）使我国传统的文化和人的思想观念受到世界范围不同类型的文化和各种思潮的消解与冲击。

（一）国际"四化"考验

党的十九大报告在经济新部署方面，明确提出中国开放的大门不会关闭，只会越开越大，推动形成全面开放新格局，这也必然会使国际"四化"对我国的影响前所未有。

1. "四化"对大庆精神中"民族国家意识"的冲击

经济全球化缩小了世界范围内国与国、人与人之间的时空距离，将整个世界联结为一个"地球村"，紧接着"地球村意识""全球主义""超民族主义"等西方社会思潮也开始蜂拥而至。资本、技术的全球流动、世界统一大市场的建立、信息技术和网络的"无国界"和环境污染、核武器、跨国犯罪、传染性疾病等全球性问题的日益突出，在一定程度上引起传统民族国家的职能被削弱，原本一国所独有的权力日益变成国际社会共同拥有的权力，国家主权的排他性和不可分割性受到挑战，从而导致有些人淡化了国家认同，认为国家主权已无存在的必要，主张用全球意识代替民族国家意识，甚至认为全球化时代无须再谈爱国精神。"民族国家意识是公民对国家的认同、认知意识，是社会个体基于对自己祖国的历史、文化、国情等的认识和理解，而逐渐积淀而成的一种国家主人翁责任感、自豪感和归属感"。大庆精神的"为祖国分忧，为民族争气"是一种国家民族意识的载体，铁人精神的"宁肯少活20年，拼命也要拿下大油田"，是一种忧国、忧民、忧世的国家民族意识，有利于激发人们的爱国热忱，增强人们把自己的命运与祖国的命运紧密相连的爱国情怀，从而为中华民族伟大复兴的中国梦提供强有力的精神动力。在新时代的"四化"浪潮中，"国家主权无能论""国家主权过时论""国家主权弱化论"对大庆精神等民族国家意识将会造成冲击，认为爱国主义是狭隘的民族主义，爱国主义已经"过时"，甚至主张"人类意识应先于阶级意识和民族意识"，从而直接影响大庆精神的存在意义与价值。

2. "四化"对大庆精神中"民族责任感"的冲击

党的十九大报告指出："拓展对外贸易，培育贸易新业态新模式，推进贸易强国建设。实行高水平的贸易和投资自由化便利化政策，大幅度放宽市场准入，扩大服务业对外开放，保护外商投资合法权益。"我国在国际合作与西方国家的经济交往与深度的对外开放中，以美国为首的西方国家的个人本位价值观会潜移默化地影响着我国社会本位价值观，西方利己主义、自由主义会不自觉地影响着我国传统"祖国利益高于个人利益"的人生价值观，西方资本主义的生活方式、思维方式会慢慢渗透与影响着我国传统的"自强不息"和以民族、国家为重的集体主义价值取向，致使人们责任感淡化，以自我为中心，只贪图个人的享受与安逸，不顾集体利益和国家利益。铁人的"泪洒沙滩"诠释的是老一辈石油人"位卑未敢忘忧国"的责任心与使命感，"我为祖国献石油"讲述的是大庆人的责任心与使命感。大庆精神是中华民族传统美德的继承与发展，体现了人的生存目标和生命价值的崇高境界。而全球化导致民族责任意识的淡化，无疑对大庆精神的存在价值造成巨大的冲击。

3. "四化"对大庆精神中"民族文化意识"的冲击

中国特色社会主义新时代"不忘本来，吸收外来，面向未来"的基本方略在文化方面的贯彻实施必然会带来更多的文化碰撞与文化冲击。西方资本主义国家会越来越多地凭借其科学技术和经济优势，对外推销以所谓"普世价值"为内核的思想文化，通过文化产业从饮食到服装，从音乐到电影，从文学到建筑等社会生活的各方面向我国输出他们的生活方式、文化传统，从而使西方的文化工业产品伴随着资本输出，在文化娱乐的幌子下大肆向我国进行文化渗透、文化侵略与扩张，鼓吹绝对个性自由，企图诱导人们"以西为美""唯西是从"，诱发极端个人主义、享乐主义和拜金主义，淡化及至放弃对本民族精神文化的认同。此外，西方发达国家凭借其信息网络优势和语言霸权，进行文化侵略和意识形态渗透。目前，国际互联网上90%以上的信息都是英文信息，网上信息占主导的是美国，掌握着文化输出的主导权。美国通过网络源源不断地向我国推销反映美国形象、生活习惯、价值取向的视频和图片资料，宣传西方的"民主""自由""人权"，无形之中使我国以大庆精神为重要组成部分的民族文化面临着被消解的危险，使一部分国人对民族的历史、文化、艺术甚至语言文字缺少理性判断，历史虚无主义泛起，出现文化上的自卑和崇洋媚外现象，民族自尊心、自信心和自豪感产生动摇，进而否定中华民族的优秀传统文化。

4."四化"对大庆精神中的"社会主义信念"的冲击

从世界格局来看，中国日益走近世界舞台中央，中国不仅成为世界经济增长的主要引擎，更为发展中国家走向现代化提供了"另一种可能"。进入新时代的中国，将不仅书写一个古老民族经苦难而辉煌、历沉沦而复兴的伟大故事，更将为人类文明贡献中国智慧和中国方案。随着中国智慧和中国方案在世界影响力的提高，以美国为首的西方国家加快了对我国的"西化"与"分化"战略。在苏联解体后，面对社会主义阵营的不复存在，以美国为首的西方发达国家开始了对我国实施"西化"和"分化"战略，妄想在政治上用西方的多党制和议会制取代共产党的领导地位和人民民主专政的国家制度，在经济上用资本主义的私有制取代社会主义公有制，在思想上用资本主义意识形态取代社会主义意识形态，进而实现"和平演变"。当下国际格局风云变幻，"中等收入陷阱""修昔底德陷阱"的内外困扰叠加出现。在世界多极化、经济全球化、社会信息化和文化多样化的强力冲击下，会使一些不清醒的人在"放眼望世界"中，动摇共产主义理想和社会主义信念，必须引起我们足够的警觉。大庆精神作为中国共产党伟大精神的重要组成部分，是马克思主义中国化、大众化的具体体现与实践，其饱含着崇高坚定的政治信念，也是马克思主义、共产主义价值观的集中反映，在"四化"浪潮中不可避免地受到冲击与影响。

（二）国内重重考验

以"爱国、创业、求实、奉献"为主要内涵的大庆精神，在中国特色社会主义新时代，国内也面临着来自经济、政治、文化等方方面面的考验。

1. 石油量价双降

党的十九大报告指出，我国经济已由高速增长阶段转向高质量发展阶段，正处在转变发展方式、优化经济结构、转换增长动力的攻关期。大庆作为因油而生、因油而兴的石油资源型城市，如何做好"三篇大文章"，弹好"四重奏"，抓好"五头五尾"，发展替代产业，培育新的发展动能，实现城市的可持续发展，走出"油尽城衰"的资源诅咒的困境，是新时代下资源型城市面临的最为紧迫的任务。石油量价双降对大庆的经济冲击力前所未有。大庆担负着共和国加油机的使命，一直在为祖国加油。大庆创造了原油稳产 5000 万吨连续 27 年，4000 万吨连续 14 年的世界石油开发史上的奇迹。截止到 2016 年 12 月 31 日，大庆油田累计生产原油 23.12 亿吨，相当于 36 个"十三陵水库"的蓄水量，大庆油田生产的原油将 60 吨的储油罐连接起来，可以绕赤道 14 圈，为维护我国能源战略安全作出巨大贡献。由于石油是不可再生的化石能源，随着石油的开采，石油资源递减枯竭的客观规律是不可逆转的。在经济发展新常态下，积极推进供给侧结构性改革，促进产能过剩有效化解，促进产业优化重组。在"去产能、去库存、去杠杆、降成本、补短板"的大背景下，大庆油田积极调整发展战略，石油产量出现大幅下降，2016 年大庆油田原油产量 3656 万吨。原油产量在下降，国际原油价格持续低迷，石油对全市经济总量的贡献和拉动在减弱，石油曾是大庆最大的发展动能，如今这个动能慢慢在减弱。大庆精神这面旗帜是伴随着大庆石油会战的辉煌胜利及大庆开发建设的巨大成就而高高飘扬的，而如今石油产量降了、价格降了，GDP 贡献少了，动能减弱了，大庆精神的引领示范价值受到众多的质疑及考验。

2. 新旧动能转换

党的十九大报告提出：贯彻新发展理念，建设现代化经济体系。党的十八届五中全会提出的"创新、协调、绿色、开放、共享"的五大发展理念，是关系我国发展全局的一场深刻变革，攸关"十三五"乃至更长时期我国发展思路、发展方式和发展着力点。创新发展是新时代经济结构实现战略性调整的关键驱动因素，是实现"五位一体"总体布局下全面发展的根本支撑和关键动力。习近平总书记指出："创新是一个民族进步的灵魂，是一个国家兴旺发达的不竭源泉，也是中华民族最鲜明的民族禀赋。"创新是引领经济社会发展的第一动力。大庆精神以其崇德重义的爱国情怀、顽强拼搏的进取精神、知行合一的求实态度和经世致用的实践品格一直成为大庆乃至全国经济发展的精神动力。新常态下，经济发展动力进行了转换，创新成为第一位的发展理念，但是否意味着精神动力的减弱，大庆精神的激励鞭策的动力价值受到很大的质疑与考验。

3. 价值多元挑战

党的十九大着眼新时代坚持和发展中国特色社会主义，立足党和国家事业发展全局，明确提出建设社会主义文化强国的战略目标。建设文化强国，就要坚持中国特色社会主义文化发展道路，牢牢掌握意识形态工作领导权，就要培育和践行社会主义核心价值观。当今世界正处于大发展大变革大调整时期，各种观念碰撞激荡不断加剧，各种文化交流交融交锋日益频繁，文化多样会成为中国特色社会主义新时代的基调。主流文化与非主流文化、传统文化与现代文化、东方文化与西方文化、精英文化与大众文化之间的彼此冲撞，各种不同的思想观念、道德观念、价值观念和生活方式相互渗透。思想一元化的宁静已成为历史，错综复杂的多元化正向我们走来。马克思主义一元化指导思想面临多样化社会思潮的挑战日益凸显，社会主义核心价值观面临市场逐利性的挑战日益凸显，多元文化的涌入势不可挡，多样文化的冲突日趋激烈，不同的利益主体带来多元的利益诉求，原来的为国家、集体服务的一元价值转向为不同的利益主体及不同的利益需求的多元要求，我国长期以来的以马克思主义价值观占绝对话语权的权威文化转向多样性的多元文化格局，这些都导致社会价值秩序遭到破坏，国家和民族文化认同弱化，以民族精神为主要根基的民族文化日渐式微，遭遇解构。大庆精神体现中华民族的价值追求和中国社会的精神气质。几十年来居于价值主导、被尊为崇高的大庆精神，也受到了冲击，面临着严峻的考验，大庆精神无私奉献的价值主导地位遭遇质疑。

4. 网络负面干扰

"今日的网络，不仅结合了科技，更连接了人类、组织和社会"。网络不仅仅是一种技术存在，更是一种文化存在，深刻地影响和改变人们的生产和生活方式。伴随互联网技术的迅猛发展，剧烈涌动的网络文化大潮冲破传统文化和教育的藩篱，解构并重构人们的精神生活，重塑和重组着人们的意识习惯，深刻影响人们的思想观念、思维方式、生活方式和行为方式。网络是一把双刃剑，在给人们带来巨大便利和福祉的同时，也对人们的价值取向、道德观念和行为方式产生负面影响，对大庆精神等主流核心价值观提出了严峻的挑战。开放虚拟多元的网络导致人们对主流文化认同弱化。以美国为首的西方国家依托技术优势，利用网络构建新的文化霸权，进行文化渗透。他们以"宪政""人权"为幌子和外衣，以"民主"为借口，以煽动民族仇恨为工具等等，歪曲事实、散布政治偏见和颠覆言论，从而使有些人盲目地崇拜或热捧西方所谓的"民主"和"自由"，对社会主义信念产生怀疑和动摇，对主流文化认同逐渐弱化。此外，虚拟多元的网络中，鱼龙混杂，泥沙俱下，充斥着大量违背科学知识、动摇理想信念、淡漠责任意识的信息，渲染"放弃理想""告别革命""拒绝崇高""摈弃主导"等理念。网络文化崇尚极度快乐原则，在网络中有的人只追求感官刺激，随心所欲，放任自己，容易诱发"去道德化"倾向。网络中所宣扬的"追求享乐，厌恶劳动，炫富，随意吐槽"等行为，容易诱导人们做出与传统道德和主流文化相悖的异化行为，最终导致人们对主流价值观产生置疑，对传统文化的冷落与疏远以及人的道德意识和社会责任感的缺失。在多种思潮涌动、多元价值并存、多种信仰存在的网络空间，种种思想文化相互碰撞、激荡和交融，人们的原有的价值观和道德观受到严峻挑战。开放性、多元性、自由性和互动性极大彰显的网络世界使大庆精神受到考验的同时，也使大庆精神传播与弘扬的方式受到了严峻的考验。

5.进行伟大斗争

党的十九大提出：实现伟大梦想，必须进行伟大斗争。我们党要团结带领人民有效应对重大挑战、抵御重大风险、克服重大阻力、解决重大矛盾，必须进行具有许多新的历史特点的伟大斗争。社会是在矛盾斗争中开拓前进的，中国梦是在伟大斗争中予以实现的。纵观我们党的历史和中国发展的历史，没有斗争，就没有党的建设取得的胜利，更没有中国今天所创造的成就。中国革命的胜利是靠斗争打出来的，中国建设的成就是靠斗争干出来的，中国改革的推进是靠斗争闯出来的。毛泽东领导进行的伟大斗争，让中华民族站了起来，邓小平领导进行的伟大斗争，让中华民族富了起来，习近平领导进行的伟大斗争，让中华民族强了起来。实现中国梦必须"敢斗争"，大庆争当"排头兵"必须"勇斗争"。无论是顺应社会主要矛盾的新变化，还是立足"两个百年"目标的实现，以及打赢"三个攻坚"的硬仗，都离不开伟大斗争。正如党的十九大报告指出："全党要充分认识这场伟大斗争的长期性、复杂性、艰巨性，发扬斗争精神，提高斗争本领，不断夺取伟大斗争新胜利。"今后我们将会面临与因循守旧的落后思想意识作斗争，与体制机制障碍作斗争，与贫穷贫困作斗争，与各种考验作斗争，与破坏生态环境的行为作斗争，与消极懈怠不担当等坏作风作斗争，与破坏发展环境和社会和谐稳定的行为作斗争，与腐败现象作斗争。当下的伟大斗争不同于革命战争年代那种疾风骤雨式的阶级斗争，也不是"文革"时"以阶级斗争为纲"的那种极左做法，而是以一种永不懈怠的精神状态和一往无前的奋斗姿态敢于攻坚克难，较真碰硬，勇于啃硬骨头、涉险滩，善于担当，尽责尽力，锐意进取，把使命放在心上、把责任扛在肩上，全面推进中国特色社会主义伟大事业。进行伟大斗争需要精神的支撑。大庆精神作为中华民族精神和党的伟大精神的重要组成部分，能否在伟大斗争中更好地发挥精神的保障作用、更有力地实现为中国发展和大庆争当"排头兵"提供内在动力支撑的价值提出了严峻的考验。

三、新时代大庆精神面临的新机遇

考验与机遇总是相伴而生。在中国特色社会主义新时代这个最大的时代背景下，大庆精神既遇到了巨大考验，也蕴藏着大庆精神价值更加释放与突显的新机遇。

（一）总书记对大庆精神高度肯定蕴藏着新机遇

党的十九大提出：发展社会主义先进文化，更好构筑中国精神、中国价值、中国力量，为人民提供精神指引。尤其是习近平总书记对大庆精神曾给予高度肯定。2016 年 3 月 7 日，习近平总书记在参加十二届全国人大四次会议黑龙江代表团审议时发表了重要讲话，作出了坚持以经济建设为中心、奋力走出全面振兴新路子的战略部署，强调了深入推进法治建设、着力打造全面振兴好环境的重要要求，提出了充分调动广大干部积极性、不断提升工作精气神的殷切希望。在讲话中指出，大庆就是全国的旗帜和标杆，大庆精神激励着工业战线广大干部群众奋发有为。未来国际油气领域的困难局面还会延续相当时间，大庆要承受相当压力。只要精神不滑坡、办法总比困难多。习近平总书记在听取大庆油田主要负责同志的发言后指出，大庆为共和国作出了巨大贡献，大庆油田是我国工业战线一面旗帜、一个标杆，受到我们党几代领导人的关心，对大庆的发展和成长给予了很大的关注和支持。习近平总书记对大庆的历史贡献和重要地位，给予了高度评价和充分认可。2016年5月习近平总书记到黑龙江省视察，再次对大庆精神的时代价值给予高度肯定。他指出，加强干部作风建设，黑龙江有不少有利条件，东北抗联精神、北大荒精神、大庆精神、铁人精神激励了几代人。今天，我们仍然要用这些精神来教育广大党员、干部，引导他们发扬优良传统，在全社会带头弘扬新风正气。习近平总书记两次讲话对大庆精神的肯定，是对大庆广大干部群众的巨大鼓舞和极大鞭策，更是对大庆精神的历史价值和现实意义的深刻诠释，为大庆精神的传承与发展注入了"强心剂"，为大庆精神的存在意义注入了定力与信心，必然为大庆精神这面旗帜高高飘扬创造宝贵的历史性机遇。

（二）党中央提出的文化自信蕴藏着新机遇

党的十八大以来，习近平总书记曾在多个场合提到文化自信。在2014年2月24日的中央政治局第十三次集体学习中，习近平总书记提出要"增强文化自信和价值观自信"。之后的两年间，习近平总书记又对文化自信有过多次论述，诸如"增强文化自觉和文化自信，是坚定道路自信、理论自信、制度自信的题中应有之义""中国有坚定的道路自信、理论自信、制度自信，其本质是建立在5000多年文明传承基础上的文化自信。"在庆祝中国共产党成立95周年大会的讲话中，习近平总书记对文化自信作了更加深入阐释，指出"文化自信，是更基础、更广泛、更深厚的自信。在5000多年文明发展中孕育的中华优秀传统文化，在党和人民伟大斗争中孕育的革命文化和社会主义先进文化，积淀着中华民族最深层的精神追求，代表着中华民族独特的精神标识。"文化自信于是成为继道路自信、理论自信和制度自信之后，中国特色社会主义的"第四个自信"。党的十九大报告指出："文化自信是一个国家、一个民族发展中更基本、更深沉、更持久的力量。""文化自信"的底气和根基在于优秀传统文化的底蕴，在于丰富的革命文化和社会主义先进文化。大庆精神是中华文化生态园的一朵奇葩，是中华文化星空的耀眼之星，其富有的"为国争光、为民族争气"的爱国情怀，"有条件要上，没有条件创造条件也要上"的克难品质，"宁可少活20年，拼命也要拿下大油田"的牺牲精神，"有红旗就扛，有第一就争"的进取意识，"宁要一个过得硬，不要九十九个过得去"的敬业理念，"三老四严"的品德修为，"岗位责任制的灵魂就是岗位责任心"的价值理念等，有着中华民族深厚的文化基因，是文化自信的文化养分，可以为文化自信提供"更基本、更深沉、更持久"的力量源泉，必然为大庆精神的传承与发展赢得了难得的历史性机遇。

（三）省市委作出的决策部署蕴藏着新机遇

2016年6月14日，中国共产党黑龙江省第十一届委员会第七次全体会议通过了《中共黑龙江省委关于深入学习贯彻落实习近平总书记重要讲话精神奋力走出黑龙江全面振兴新路子的决定》，决定重点指出："大力弘扬东北抗联精神、北大荒精神、大庆精神、铁人精神，激发创业精神动力，发挥主观能动性，迎难而上、艰苦创业，依靠苦干实干和党的好政策，加快实现振兴发展。"2016年9月24日，省委、省人民政府进一步贯彻落实习近平总书记对我省的重要讲话精神推进会，把参观大庆铁人王进喜纪念馆作为重要内容，以此来重温大庆精神铁人精神，开启了又一次的寻根之旅、补钙之旅。黑龙江省委对大庆精神的决策部署陆续出台，践行大庆精神的行动实践密集呈现。2017年4月29日，中国共产党黑龙江省第十二次代表大会，在描绘今后5年奋斗目标时指出："优势充分释放，主要是自然资源优势、科技教育优势、宝贵精神财富优势释放巨大潜能。东北抗联精神、北大荒精神、大庆精神、铁人精神广泛传承弘扬，干部工作精气神明显提升，新风正气持续上扬，龙江文化的精神力量充分彰显。"不难看出，大庆精神铁人精神作为龙江宝贵的精神财富，在党代会历史上首次与自然资源和科技教育放在同等位置，共同被列为龙江今后发展的重要优势，这意味着省委对大庆精神铁人精神作为精神生产力的高度认可与肯定。大庆精神铁人精神的"精神生产力"的作用在省党代会报告中得到前所未有的重视，这是对社会发展规律的深化，更是对大庆精神价值与效用的彰显。中国共产党大庆市第九次代表大会报告更是对大庆精神青睐有加，对大庆精神的强调前所未有。大庆市第九次党代会报告将"与时俱进赋予大庆精神新的时代内涵"，与坚定不移向经济建设中心聚焦发力、持续深化改革开放创业创新、加快建设现代宜居的新兴工业城市、大力促进文化事业文化产业发展繁荣、千方百计保障和改善民生等一并列为今后大庆发展的"八大任务"。大庆市第九次党代会报告指出："大庆精神及其人格化的铁人精神，是大庆红旗最鲜明的荣誉特质、最突出的政治优势，是大庆城市最宝贵的文化基因、最深厚的根脉灵魂，是大庆人民最牢固的价值纽带、最持久的力量源泉。"这"六最"是对大庆与大庆精神之间关系的最新的全面、系统、深刻、权威、准确的论述与阐释。如今在龙江大地涌动学习、研读和传承弘扬大庆精神铁人精神的热潮，牢牢把握和坚守大庆精神主要内涵的"爱国、创业、求实、奉献"的要义精髓，并在实践中不断赋予其适应形势需要、彰显时代特征、更具现实意义的新内涵，越来越成为更多人的共识。可以说，大庆精神又一次迎来了发展的战略机遇期。

（四）全面振兴发展及应对考验蕴藏着新机遇

党的十九大擘画了新蓝图，吹响了踏上新征程的号角。全面振兴是龙江的共同愿景，转型发展是大庆的现实路径。国家支持东北振兴力度空前，大庆转型发展全面振兴加速推进。大庆的转型发展全面振兴绝非一帆风顺，无论是做好"三篇大文章"，抓好"五头五尾"，还是弹好"四重奏"，前进路上不知还要爬多少坡、过多少坎、经历多少风风雨雨、克服多少艰难险阻。我们已站在一个新的历史起点，新的奋斗征程必然要迎战困难，破解难题，应对考验。相比一次创业，新的征途困难的数量绝不比当年少，考验的难度也绝不比当年小。我们将面对的是真正的"硬骨头",是地道的"险滩"。困难的存在需要精神的支撑。当年气壮山河的石油会战,是精神创造了奇迹,是精神战胜了困难。没有精神力量的支撑,再小的困难都战胜不了。越是困难纷繁复杂时期,我们越发需要人文支撑力;越是考验层出不穷的时期,我们越需要大庆精神的规范、激励和引导。大庆精神通过对人的内心信念、生活态度、良知、责任义务、使命担当的灌输而形成符合转型发展全面振兴的道德力、人文力和价值力,从而为大庆的转型发展全面振兴提供强有力的精神动力和道德支撑。"万物皆有裂缝,那是阳光照进来的地方"。问题是时代的声音,困难彰显精神,大庆的转型发展全面振兴为大庆精神的传承与发展创造了新的机遇。大庆精神在新时代,在马克思主义特别是习近平新时代中国特色社会主义思想指引下,必将会迎来更大的勃勃发展生机。

大庆精神的
历史性贡献

形成于 20 世纪 60 年代大庆石油会战的大庆精神，集中体现了中国工人阶级的精神风貌，具有鲜明的时代特色，堪称民族之魂、国之瑰宝。半个多世纪以来，大庆精神始终与时代发展同步，历久弥新、放射光芒，激励着全国人民不畏艰难、勇往直前，积极投身社会主义建设和改革开放的伟大实践，创造了举世瞩目的发展成就。在新形势下，全面建成小康社会、发展中国特色社会主义、实现中国梦，需要我们继续大力传承弘扬大庆精神，用大庆精神来鼓舞士气、凝聚人心、激发力量，奋力开创经济社会科学发展新局面。当下，立足中国特色社会主义新时代，认真回顾总结党的十八大之前大庆精神的历史性贡献，对于大庆在新时代传承弘扬大庆精神，认真贯彻落实以习近平同志为核心的党中央一系列战略部署、推进大庆转型发展全面振兴、争当全国资源型城市转型发展排头兵具有重要意义。

一、助推了大庆可持续发展

大庆石油会战形成的大庆精神，对我国石油工业乃至整个国民经济的发展，都具有开创性的转折意义。正如《当代中国石油工业》指出："大庆油田的开发建设，从根本上改变了中国石油工业的面貌，促进了中国石油工业的全面发展。"这场大会战所取得的成果永载史册，留下的宝贵经验、创造的大庆精神具有不朽的价值和永恒的力量，对大庆可持续发展起到了不可估量的作用。

（一）助推了大庆石油会战的成功

新中国"一五"（1953－1957 年）期间，国民经济中唯有石油工业没有完成预期目标。1959 年，全国石油产品销售量为 504.9 万吨，其中自产 205 万吨，自给率仅 40.6%。为解决国内需要，国家不得不耗用大量外汇进口原油和成品油。

新中国成立前后，石油勘探重点在西部地区。1958 年，按照时任国务院副总理邓小平的意见，中国石油勘探布局重点开始向东部经济和交通发达地区转移。1959 年 4 月，位于黑龙江省境内松辽盆地大同镇的"松基三井"开钻，同年 8 月 3 日见到油气显示，9 月 26 日喷出了工业油流，标志着一个新油田的发现。时值国庆 10 周年前夕，按照时任黑龙江省委书记欧阳钦的建议，这个新油田被命名为"大庆油田"。

经测试，"松基三井"日产原油 13.02 吨，经过 5 个月连续试采，证明产量稳定可靠。"松基三井"喷油在我国石油工业发展史上具有里程碑意义。当年大庆石油会战工委书记余秋里在回忆录中写道："松基三井的喷油，松辽油田的发现，不是偶然的碰运气，而是在正确的理论指导下，贯彻了正确的方针，采取了正确的方法，进行了大量艰苦工作的结果。"同时，一场持续了多年的关于中国石油资源贫富的论战也结束了。

1960 年 1 月，石油部党组召并扩大会议，准备加快松辽地区勘探和油田开发，集中石油系统力量，"来一个声势浩大的大会战"。当年 2 月 13 日，石油部向中共中央提交了《关于东北松辽地区石油勘探情况和今后工作部署问题的报告》。2 月 20 日，中共中央批准了这一报告，一场声势浩大的石油会战由此开始。

这年三四月间，石油系统 37 个厂矿、院校组织精兵强将自带设备奔赴大庆。国务院一些部门人员、当年退伍的 3 万名解放军战士和 3000 名转业军官、黑龙江省"援战"干部工人等也陆续抵达大庆。

大庆石油会战时期，恰逢国内 3 年自然灾害、国外技术封锁，这场会战是在困难的时期、困难的地方、困难的条件下开展的。会战领导小组通过组织会战大军学习《实践论》《矛盾论》，开展"学铁人、做铁人"活动，发扬"革命加拼命"的精神，战胜雨季和严寒，开辟生产试验区，建设油田重点工程，建立岗位责任制，迅速探明了大油田，辟建了新型石油矿区。

历时 3 年的石油会战，共探明面积达 860 多平方公里的特大油田，建成年产原油 500 万吨的生产能力，生产原油 1166.2 万吨，占全国同期原油产量的 51.3%。共完成财政上缴 10.6 亿元，除回收投资外，为国家积累资金 3.5 亿元，从根本上改变了中国石油工业的面貌。

1963 年 12 月 4 日，第二届全国人民代表大会第四次会议新闻公报宣布："我国需要的石油过去绝大部分依靠进口，现在已经可以基本自给了。"

这场波澜壮阔的石油大会战孕育产生了大庆精神，这一精神也助推了这场会战的成功。老一辈大庆石油会战领导人和广大石油职工，学习和运用毛泽东思想，继承和发扬中国共产党、中国工人阶级和中国人民解放军的优良传统，在开发建设大庆油田的实践中铸就了大庆精神，这是对战争年代革命精神的继承和发展，是中华民族精神的重要组成部分。

（二）助推了大庆石油的高产稳产

大庆油田是我国工业战线的一面红旗。半个多世纪以来，大庆人坚持和弘扬大庆精神，使大庆油田实现原油 5000 万吨以上连续 27 年高产稳产，截至 2012 年保持原油 4000 万吨持续稳产 10 年，累计为国家生产原油 21 亿多吨，上缴各种资金 2 万多亿元，为国民经济发展作出了巨大贡献。

1. 高扬大庆精神旗帜，坚持改革，推动大庆油田的持续高产稳产

大庆油田针对改革过程中职工队伍出现的新变化、新情况和新问题，不断加强和改进思想政治工作，坚持不懈地对职工进行大庆精神教育，下功夫抓好职工队伍建设。重点抓了三个方面的教育，即进行艰苦奋斗精神教育，引导职工树立继续艰苦创业的思想；进行为油奉献精神教育，教育职工自觉把国家和油田利益放在第一位；进行"三老四严"（"三老"即做老实人，说老实话，办老实事；"四严"即严格的要求、严密的组织、严肃的态度、严明的纪律）精神教育，坚持从严要求，培养队伍的过硬作风。通过开展经常性的大庆精神教育，使队伍在各种困难的条件下，保持了旺盛的士气和干劲。紧紧围绕原油稳产这个中心，引导和激励广大职工克服困难，勇挑重担，继续为国家多作贡献。

党的十一届三中全会以来，从油田实际出发，把改革和管理结合起来，在企业内部初步建立了与社会主义市场经济相适应的经营机制。企业经营机制的转换，客观上提出了改变旧的管理方式的要求。大庆石油人坚持"三老四严""三基工作"、岗位责任制、专业管理与群众管理相结合等一整套具有石油特点的管理经验，使企业管理工作不断加强。通过层层进行目标分解，将责任落实到人到岗，从而激发了各单位和岗位工人努力增产节约、提高经济效益的积极性。党的十四大以后开展的"解放思想换脑筋，经济建设上台阶"大讨论，以及后来进行的围绕油

田二次创业目标，深入学习建设中国特色社会主义理论的教育活动等，都对进一步解放干部群众的思想，深化油田改革开放，加快经济发展起到了积极的推动作用。

2. 高扬大庆精神旗帜，坚持科技创新，实现大庆油田的持续高产稳产

大庆石油人始终超前谋划企业发展，依靠科技进步，不断提升核心优势，形成了先进的勘探技术和一整套非均质大型陆相砂岩油田地质开发理论及工程技术系列，油田勘探开发成果与"两弹一星"等重大成果一同载入国家科技发展史册，为国家创造了巨大经济效益，展示出大企业的高度政治责任和奉献意识。

加强技术创新，发展高科技，实现产业化，是坚定不移地实施党提出的科教兴国战略和可持续发展战略的重大举措。"不能走世界各国技术的老路，跟在别人后面一步一步爬不行"。同样，大庆油田实现原油4000万吨持续稳产，归根结底要依靠科技进步。而科技的进步与创新，则被大庆油田视作企业发展的战略支点。在大庆油田的开发建设中，广大油田职工把革命精神和科学态度紧密结合起来，形成了"三老四严""四个一个样"（黑天和白天一个样，坏天气和好天气一个样，领导不在场和领导在场一个样，没有人检查和有人检查一个样）的务实精神，秉承超越权威、超越前人、超越自我的"三超"精神，大搞科学实验和技术攻关，突破油田开发的"瓶颈"制约，把握规律、运用规律，做到科技超前15年储备、超前10年攻关、超前5年配套，从而实现了科技的有序接替和油田的良性开发。

大庆油田创造了世界领先的油田开发水平，主力油田采收率突破50%，建设了一个在国家能源布局中始终保持重要地位的百年油田，保持油田开发的领先水平，保持经济贡献的稳定增长，保持精神品牌的历久弥新，保持大庆红旗的政治地位。

（三）助推了大庆城市可持续发展

大庆1979年建市以来，同大庆油田一样，未雨绸缪，特别是随着2003年大庆油田产量首次调整到5000万吨以下，对大庆可持续发展问题更加关注。几十年来，大庆几届班子、几代人为探索可持续发展之路做出了不懈努力。2003年，市六次党代会确立了"发扬大庆精神，搞

好'二次创业',大力发展接续产业,努力实现可持续发展,合力建设高科技现代化城市"的基本思路;2007年,市七次党代会确立了"创建百年油田,构建战略新高,共建和谐社会,实现大庆可持续发展新跨越"的指导方针;2008年,市委七届四次全会提出要"创建百年油田,壮大接续产业,建设宜居城市,构建和谐大庆,全力推进大庆科学发展和谐发展跨越发展"。特别是党的十六大以来,在市委的领导下,全面贯彻落实科学发展观,致力于创建百年油田、壮大接续产业、建设宜居城市、构建和谐大庆,积极克服国际金融危机带来的影响,全市经济社会发展取得重大成就,基本形成了科学、完善的可持续发展思路。

在推进城市持续发展的征程中,大庆人传承弘扬大庆精神,在经济社会发展的各个领域都取得了举世瞩目的成就。大庆广大党员干部时刻站在党和人民事业的全局高度,认真履行共产党员的职责,发扬大庆人胸怀全局的精神,把实现大庆的可持续发展作为光荣的使命和神圣的责任,牢固树立加快发展的意识,增强事业心和责任感,把心思和精力都倾注在发展上,聚精会神抓发展,一心一意促振兴,以大庆可持续发展的实际成果回报祖国、回报人民。

在推进城市持续发展的征程中,大庆的广大党员干部继续弘扬大庆精神,崇尚实干、埋头苦干,始终保持强烈的创业激情。面对许许多多艰巨的任务,全市广大党员干部实干、苦干、齐心协力干,在落实科学发展观、推进大庆可持续发展中发挥中坚骨干作用,在营造优良的发展环境中发挥中坚骨干作用,在构建社会主义和谐社会中发挥中坚骨干作用,形成能干事、会干事、干成事的浓厚氛围。大庆精神已经融入创建百年油田的伟大实践当中,充分激发和调动着人的主观能动性和创业激情,实现了大庆油田特高含水期高水平、高效益开发,开辟了油气并重、内外并举的发展道路。多年来,大庆油田始终保持了为国家高度贡献的水平,纳税额连年居全国企业之首,为国民经济的发展作出了重大贡献。2012年,规模以上石化企业实现增加值375亿元。

在推进城市持续发展的征程中,大庆的广大党员干部继续弘扬大庆精神,全力发展接续产业。大庆人始终保持会战时期的干劲,全力发展接续产业,调整经济结构,转变发展方式,推动经济转型。"十五"以来，在原油产量逐年递减的情况下，全市地区生产总值年均增长 10% 以上。2012 年，全市地区生产总值实现 4000 亿元以上，增长 10% 以上，非油经济实现增加值 2110 亿元，经济转型进入新阶段，大庆可持续发展能力居全国资源型城市前列。

在推进城市持续发展的征程中，大庆的广大党员干部继续弘扬大庆精神，争创一流、精益求精，不满足现状，不断攀登新高峰。他们确立高水平的发展目标，制定高标准的工作措施，高质量地抓好工作落实，以最佳精神状态、最佳工作状态、最佳作风状态争创一流，推动经济发展和社会进步，促进安定团结和社会和谐。[1] 全市上下围绕实现大庆可持续发展，努力建设"和谐大庆"。为民解忧、改善民生，全市人民生活质量登上新台阶。建立居住、供热、医疗、就学、就业、法律援助等"十位一体"的综合救助体系。在未被国家纳入试点城市、没有中央财政补助的情况下，在全省率先实行了城镇居民全民医保。2012 年，城镇新增就业 4.4 万人。市区"零就业家庭"实现"动态归零"，大庆成为全国 16 个创业示范城市之一。坚持生态自然现代宜居城市建设理念，建设具有大庆人文特色的美丽城市。

二、培育了党组织政治优势

大庆精神不仅源于中华民族的优秀文化和党的优良作风，更源于党领导的社会主义建设和改革的伟大实践。大庆的各级党组织在石油会战、石油高产稳产、向综合城市转变、转型发展的各个历史阶段都能认真总结党的建设经验，发扬优良传统，在思想建设、组织建设、作风建设、廉政建设、制度建设等方面都取得了很大的成就，通过伟大实践培育了党组织的政治优势。

（一）以"两论"为牵动抓思想建设

50 多年来，大庆油田党的思想建设伴随着油田的改革发展，与时俱进。始终以坚持"两论"为牵动抓思想建设，坚定正确的政治方向；

---

[1] 大庆油田有限责任公司：《大庆油田五十年文史资料汇编》（第 2 卷），石油工业出版社，2009 年，第 341 页。

坚持对党员进行爱国主义、集体主义和社会主义教育，努力提高思想觉悟和精神境界，丰富了党的思想建设内容。

《实践论》的核心观点是实践是检验真理的唯一标准。真理从实践中来，又在实践中得到证实和发展。《矛盾论》的核心观点是坚持世界上一切事物都处于不断的发展变化之中，事物内部的矛盾是事物变化发展的动力；矛盾特殊性要求，要具体问题具体分析；要分清主要矛盾和矛盾的主要方面，认清矛盾的性质。

"两论"对大庆石油会战的全面胜利和大庆油田的持续协调发展，有着重大而深远的意义。大庆石油人运用实践的观点和矛盾分析的方法，分析、解决生产和生活上遇到的矛盾和困难，认识了大庆油田的具体实际和开发建设的规律，高速度、高水平地拿下了大油田，取得了会战的胜利。

为保持清醒的头脑，正确对待成绩和荣誉，大庆油田党委于1964年1月至3月、1965年3月至7月，集中组织党员、干部学习"两分法"，要求学会用"两分法"看问题。除此之外，通过层层组织讨论，把"两分法"的观点，转变为党员、干部的思想方法和工作方法，认清事物的两个方面，既不肯定一切，也不否定一切，做到困难面前，既注意主观一面，又注意客观一面；对待典型，既给予及时表扬，又给予必要的帮助，进而在实际工作中，正确把握表扬和批评、简单与复杂、速度与质量、局部与整体等辩证关系。

在大庆石油企业发展的过程中，广大党员职工认真学习"两论"，努力掌握马克思主义哲学这一认识世界、改造世界的强大思想武器，努力清除唯心论和形而上学的思想影响，较好地解决了会战工作中的一系列问题。油田进入高含水期后，大庆油田坚持"科技是第一生产力"的思想，依靠科技进步，认识高含水期油田地下的复杂状况，探索新的规律，提出"稳油控水"等一系列增产上产措施，实现了油田建设的新发展。新的历史时期，面对经济全球化、国民经济对能源需求压力不断增大等一系列新情况、新问题，大庆油田以科学发展观为指导，从保障国家石油供给安全的大局出发，挑战极限，不畏困难，开启了原油持续稳产、整体协调发展、构建和谐矿区、创建百年油田的高科技新会战，确保了油田的持续发展。我们可以看到，马克思主义中国化的理论一直是大庆油田开发建设的重要思想武器，是广大石油人树立坚定正确的政治方向的可靠保证。①

（二）以"三基"为根基抓组织建设

"三基"是大庆精神的重要内容，也是大庆抓好基层组织建设的宝贵经验。大庆石油会战，思想是动力，制度是保证，而重点在基层，力量在基层。会战一开始，会战领导就狠抓以党支部建设为核心的基层建设，以岗位责任制为中心的基础工作和以岗位练兵为主要内容的基本功训练，这就是全国有名的"三基"工作。会战工委通过总结会战初期加强基层建设的基本经验后，于1964年提出了基层工作全面发展、全面提高的方针。

会战刚打响，会战工委就借鉴解放军"支部建在连上"的做法，逐步做到队队有支部，班班有党员。在各基层单位建立了党支部，并设立了专职思想政治工作指导员。当时，人员紧张，时任石油工业部部长、大庆石油会战工委书记余秋里下定决心说："宁愿少建几个钻井队，也要把党支部书记配齐。"并明确党支部最根本的任务是发挥党员的先锋模范作用，团结教育广大职工，坚决完成生产建设任务。随后，油田各级组织把加强党支部建设作为基层建设的核心来抓，使大量思想问题能在基层及时解决，充分发挥了党支部的战斗堡垒作用，加强党的基层组织建设成为必不可少的一项重要工作。

"三基"工作内容包括：一是党支部必须健全民主生活，发扬党内民主，发挥集体领导作用。领导班子强调分工，各有专责，明确规定队长指挥生产，负责生产管理上的全部责任；指导员负责思想政治工作；技术员是基层领导成员之一，负责生产技术，从而使支部成为坚强的战斗堡垒。不管是谁，既要对生产、技术负责，又要对思想政治工作负责。二是建设一个好的基层干部班子。在配备基层干部时，注意选那些思想好、干劲大，既是劳动模范，又是生产能手，并懂管理、能想办法完成生产任务的同志担任队长；选那些党性强、作风正，能联系群众、

---

① 李敬晶，张志军：《大庆精神理性透视》，黑龙江人民出版社，2013年，第73-74页。

团结人，并熟悉生产，能支持队长工作的同志担任指导员；选那些有一定理论基础知识，又经过生产劳动锻炼的大、中专毕业生担任技术员。同时，选好班组长，充分发挥班组长、党小组长、团小组长、工会小组长"四长"的作用。要求干部之间要树立团结的风气，互相帮助和支持。有了成绩归大家，有了问题抢着负责。三是发挥党员的先锋模范作用。首先，严格组织生活，坚持"三会一课"制度，对党员进行党的基本知识和基本理论教育，并明确自己的责任；其次，支部向每个党员交任务、压担子，配合党支部做好群众工作，把党员安排到比较重要的岗位，使每个党员尽可能发挥自己的作用；再次，建立党员责任区和开展争做优秀党员活动。由于坚持不懈地抓经常性党员教育工作，党员的组织观念、纪律观念都很强，充分发挥了先锋模范作用。四是建立健全严格的岗位责任制是加强基层工作的中心。会战初期总结生产实践而建立的岗位责任制是企业生产管理中的一项根本制度。它把日常管理上的千万件事同千万个岗位工人的积极性、责任心联系起来，做到人人有专责，事事有人管。党的十一届三中全会后，企业学习现代管理经验，在过去岗位责任制的基础上，全面实行岗位经济责任制，把企业的经济效益、个人的经济利益与执行责任制挂起钩来，增强了职工执行制度的自觉性。加强基本功训练，主要是坚持岗位练兵。干什么、学什么，缺什么、补什么。经常组织技术"赛巧"和开展技术能手竞赛活动，促进职工技术素质的不断提高。在坚持岗位练兵的同时，又采取脱产轮训、外出进修、委托招生等方法，多层次、多渠道、多形式地对职工进行以岗位培训为主的全员培训，有效地提高了企业职工的群体素质和岗位工作能力，增强了企业的活力，提高了经济效益。[①]

（三）以"三老四严"为抓手抓作风建设

"三老四严"，是大庆会战石油职工过硬作风的集中体现。1962 年初，在石油部局厂领导干部会议上，正式提出了要提倡和树立"三老四严"的作风。"三老四严"反映了马克思主义的认识论，体现了党的实事求是的优良传统，符合会战和石油工业现代化生产建设的客观要求，

---

① 吴继宽：《峥嵘岁月：纪念大庆油田发现建设五十周年》，人民出版社，2009 年，第 117 页。

一定要认真执行，把它作为职工队伍思想作风建设的重要内容。

《石油工业部关于大庆石油会战情况的报告》中指出："工作作风很重要，一个队伍，没有好作风，松松垮垮，马马虎虎，稀稀拉拉，是办不好事的，一个好作风的实质，就是把革命精神和扎实的工作态度具体化，成为人们日常行为的准则。"大庆人就靠着这些行为准则，把天南海北来会战、操着不同口音的 13 路兵马统一起来，组成了一个坚强的集体。培养一个好作风，是大庆从胜利走向胜利的重要保障。

大庆所走过的历程告诉人们，培养队伍过硬的作风首先在一个"严"字。"严"就是办事要严肃认真，对待一切工作，都要不马虎，不凑合；做什么事情都要有一个规范，干就干得好，干得漂亮，干出样子来。"严"就是对一切工作都要有一个高标准，不"降格以求"，不满足现有水平，一旦出了差错，决不姑息纵容。

大庆的钻井工人有一个永远不能忘记的"纪念日"——"难忘的四一九"，即 1961 年的 4 月 19 日。这一天，因质量不合格，大庆断然封掉了一口新打的油井。取芯少取 1 厘米，射孔误差 1 厘米，油井资料相差零点几，录取砂样丢了标准层，都要推倒重来或开个现场会，严肃地进行批评教育。把严格要求建立在对职工队伍耐心教育、启发觉悟的基础上，使职工认清"严"是对党、对国家、对人民、对企业高度负责的表现，从而"严"出干劲，"严"出责任心，"严"出高标准。[1]

1963 年底，在大庆石油会战中总结出培养好作风的五条做法：第一，关键是干部带头。好的作风是领导干部言传身教带出来的。第二，通过工作中最常见的、大量的、日常的具体事情，进行教育，做到人人皆知。第三，严字当头，思想领先。做到说服教育和严格要求相结合。严格要求，必须具备三个条件：首先要把问题、情况搞清搞准，有正确的指挥，指挥不正确，就严格不起来；其次是要通过无数的正面和反面的事实进行教育；再次是要启发群众的自觉性。第四，通过实际工作中的磨炼，磨掉坏的，炼出好的。第五，凡是好作风，就大表扬，大提

---

① 杨晓龙，杨锐锋，王世恒，韩巍：《大庆精神理论与实践研究》，黑龙江教育出版社，2012 年，第 101 – 102 页。

倡。好人好事表扬多了，榜样多了，人多势众，好作风就会逐渐形成。①

大庆石油会战的实践证明："三老四严"以及"四个一样"作风的提倡和树立，在大庆石油会战、石油工业发展中起了重要作用。大庆石油会战中，取得大量齐全准确的第一性资料数据，把地下油层情况钻研得清楚；钻井工程和油田地面建设工程质量不断提高，重大项目做到试车投产一次性成功等等，这些都是广大工人、干部、技术人员呕心沥血，创造性劳动的结晶，没有"三老四严"作风是办不到的。首创岗位责任制的采油一厂北2注水站，建站50多年来，尽管队伍成分发生了很大变化，但"三老四严"的作风始终代代相传。50多年来，这个站的职工共排除各种隐患996次，实现了高压平稳注水1.65亿立方，安全生产上万天。他们的实践证明，如果没有"三老四严"作风，没有高度的岗位责任心和事业心，要取得这样的成绩，是不可能的。

大庆每年都要抓一些正面或反面的典型，集中地解决一批突出的作风问题。不仅对关系到整个石油企业命运的大事严格要求，即便对一些看来微不足道的小事也同样一丝不苟。他们注重从"小事"抓起，从每个岗位、每项工程抓起，从大量的、常见的、细小的问题抓起，抓住不放、一抓到底，把问题解决在萌芽之中，使好作风在人们心里扎根。"三老四严"的优良作风对提高干部职工队伍战斗力发挥了巨大作用，并对石油职工队伍建设和石油工业发展产生了深远影响。

（四）以"约法三章"为切入抓廉政建设

大庆早在石油会战期间就开始注重廉政建设，尤其是在新的历史时期，坚持"标本兼治、综合治理、惩防并举、注重预防"的方针，不断加大从源头上预防和治理腐败的力度，进一步完善制约和监督机制、建立健全反腐倡廉体系。

1964年8月，为了加强廉政建设、密切党同人民群众的关系、保持领导干部廉洁自律，会战工委制定了领导干部"约法三章"，其主要内容是：坚持发扬党的艰苦奋斗的优良传统，保持艰苦朴素的生活作风，永不特殊化。坚决克服官僚主义，不能做官当老爷。坚持"三老四严"

---

① 余秋里：《余秋里回忆录》，解放军出版社，1996年，第829页。

的作风，谦虚谨慎，兢兢业业，永不骄傲，永不说假话。油田各级领导干部始终坚持每月开一次党小组会，每年还组织基层干部、工人、家属代表进行检查，形成了定期检查制度。通过认真执行"约法三章"，密切了领导和群众的关系，防止了干部特殊化，较好地影响了广大职工。

虽然生产建设得到了迅速发展，人们的物质生活水平得到了不断提高，但"约法三章"的要求并没有过时，艰苦奋斗的创业精神、艰苦朴素的生活作风，仍然需要大力提倡。"永不特殊化""不能做官当老爷""永不说假话"的要求，仍具现实意义。在改革开放的新形势下，油田党委对"约法三章"进行了完善和发展，制定了《大庆石油管理局领导干部廉洁自律若干规定》《关于加强党风廉政建设监督的若干规定》《关于坚决制止利用公款"吃喝玩乐"等不正之风的实施意见》，制定了企业党政干部"十不准"，建立企业与检察机关共同预防职务犯罪的工作机制。① 大庆油田成立预防职务犯罪工作领导小组，制定《关于加强预防职务犯罪工作的实施办法》，在公司内部建立各部门预防职务犯罪联络员和联席会制度，形成了谁主管谁负责，一级抓一级，一级对一级负责的预防职务犯罪工作机制。推行"两公开、一监督"办事制度以及领导干部交流、重要岗位轮换、离职审计、重要事项报告等规定，设立了党风廉政监督员制。大庆市委市政府印发了《加强党风政风行风建设的实施意见》《关于加强监督树立领导干部良好作风的实施意见》等一系列规定，确保权责明晰、责任到位、监督有效，从而形成了环环相扣的监督制约机制。针对改革开放新形势下廉政建设面临的新情况，不断完善相关制度，形成制度规范。1997年制定了《关于企业业务招待费使用情况向职代会报告制度》。2008年大庆市委制定了《市委、市政府领导班子成员抓党风廉政建设工作责任制度》，还全面推进了"十项公开"制度，在公开重点、公开形式、公开工作运行机制等方面不断探索完善。大庆市委着力实现从封闭式监督向开放式监督转变，由事后监督向事前监督转变。首先，扩大干部工作公开，努力让选人用人在阳光

---

① 大庆油田有限责任公司：《大庆油田企业文化辞典（50年）》，石油工业出版社，2009年，第72页。

下运行。其次，探索实行干部选拔任用工作全程纪实制度，为实现干部任用全程监督提供依据。再次，完善干部审查备案制度，坚持任前对干部任免程序、占用职数、选任干部的条件等事项进行审查，任后对任用人选实行备案。从集中权力事项、优化权力运行、推进"十项公开"、建立长效防腐机制入手，对权力运行实施制约和监控，促进制度的规范执行。

（五）以"四个公开"为重点抓制度建设

党的制度建设，是党根据政治形势任务对自身建设的要求，把党在长期建设实践中的经验教训加以概括总结，形成党内必须共同遵守的法则、条例、规则。习近平总书记指出："要健全以党章为根本、以民主集中制为核心的制度体系，要从完善党内制度及工作机制上加强党的先进性和纯洁性建设，坚持党要管党、从严治党，增强自我净化、自我完善、自我革新、自我提高能力，为保持党的先进性和纯洁性提供制度保证。"大庆各级党组织始终高度重视制度建设，形成了一整套严格的制度。

1. 坚持"四个公开"，密切干群关系

大庆石油会战时期，会战工委要求每个领导干部在领导班子内必须做到"四个公开"，即：思想公开，有问题摆到桌面上来，不隐瞒自己的观点，不搞背后议论；缺点公开，严于解剖自己，不护短，不怕丑，积极开展批评和自我批评；工作公开，及时向党委汇报工作，经常互通情况，有事共同商量，加强集体领导；生活公开，严格要求自己，不搞特殊化，不干见不得群众的事。大庆油田各级领导班子，根据这个要求，都制定了具体措施，并向群众公布，接受群众监督。领导班子"四个公开"，这些细到极致的规定，从最平常的事情入手、从最具体的事情做起，密切了领导干部和群众的关系。

2. 建立健全监督机制，促进领导干部作风转变

权力是人民给的，党的各级领导干部都是人民的公仆。为了保证公仆意识深深扎根于各级领导干部的心中，切实转变领导干部的工作作风，必须加强党内监督制度建设。大庆石油会战时期，为加强领导班子和领导干部的思想、作风建设，加强对领导班子、领导干部的监督，会

战工委提出："要求群众做到的,领导要带头做到,要求群众不做的,领导坚决不做",并制定了一系列规章制度。石油工业部向各局、厂、公司转发了大庆的领导班子"四个公开"、领导干部"五同"、五级三结合等监督制度。新时期,依据中央规定,结合油田实际,1995年大庆油田党委修订了《党政领导班子民主生活会制度》;为加强对领导干部的管理、监督,促进领导班子建设,提高领导干部素质和领导水平,增进团结,促进工作,根据中央和上级部门有关要求,大庆油田党委又修订了《民主评议领导干部制度》《领导干部谈话制度》。为加强对领导干部日常监督管理,1998年大庆油田党委印发了《领导干部回复组织函询制度(试行)》。为了加大民主监督工作力度,提高民主测评的透明度、科学性、准确性,大庆油田公司纪委开发了一套领导干部民主测评信息系统。大庆市委做到定期过组织生活,召开民主生活会、班子谈心会,开展批评与自我批评,切实提高民主生活会质量,强化班子成员之间的互相监督;健全和完善重大决策失误追究制度,违反决策程序造成重大失误的,要追究领导责任;建立大庆市委网站,全面推行党务公开,将市委重大决策、重要干部任免等及时向社会公布,自觉接受群众监督。

3. 健全干部学习制度,全面提高干部素质

大庆的各级党组织和领导干部自觉把学习当做工作之基、能力之本、水平之源,掌握科学理论,把握发展规律,立足大庆实际,坚持把大庆精神作为党员学习教育的重要内容,从战略高度建立健全大庆精神教育体系,不断完善学习培训制度。大庆石油会战开始以来,大庆的各级党组织一直重视抓领导班子的自身学习。会战工委制定了《党委中心学习组制度》。党的十一届三中全会后,各级党委的中心学习组的学习更有成效。新时期为了加强党的思想政治建设,提高领导干部理论素质,油田党委结合油田实际,制定了《领导干部学习制度》。该制度对学习的基本内容、学习的主要形式、组织领导等进行了明确规定。大庆市委完善了"三会一课"制度、理论中心组学习制度、领导干部调研制度等,以此促进党员干部的政治理论水平和综合素质的提高。在学习培训方式上,进行不断创新,除进党校、干校等学习外,还积极采用信息

网络技术、计算机技术等现代科技手段，建立"党务网站"，探索"电子党务"，开通"党员热线"，推行"党务公开"，充分运用党建信息化平台，达到活化形式、提高效率、寓教于乐、提升水平的目的。

三、丰富了我国的先进文化

大庆精神是中华民族高尚道德情操和精神气节的重要体现，是中华民族精神和时代精神的重要组成部分，是社会主义核心价值观在大庆的表达，是石油精神的重要组成部分，是大庆企业文化的核心内容，为丰富我国的先进文化作出了贡献。新时代，我们必须大力弘扬大庆精神，更好地推进社会主义文化建设，为我国先进文化的发展、不断增强全党全国人民的精神力量而努力。

（一）大庆精神是核心价值观在大庆的表达[①]

大庆精神是社会主义核心价值观在大庆的表达，是指大庆精神对社会主义核心价值观的科学内涵、基本精神、本质属性进行的，具有大庆地域特色的简洁、深刻、准确、通俗易懂的语言表述，以及在大庆实践中的践行。2006 年党的十六届六中全会深刻揭示了社会主义核心价值体系的内涵，明确提出了社会主义核心价值体系的内容。2012 年党的十八大报告，明确从国家、社会、公民三个层面提出"三个倡导"，即"倡导富强、民主、文明、和谐，倡导自由、平等、公正、法治，倡导爱国、敬业、诚信、友善，积极培育社会主义核心价值观"。这是对社会主义核心价值体系内核的最高抽象概括。培育和践行社会主义核心价值观，对于凝聚改革共识、推进国家治理体系和治理能力现代化，提升社会主义先进文化水准，具有重大的现实意义和深远的历史意义。大庆精神在改革开放以来不断得到丰富和发展，被赋予一系列新的时代内涵。大庆精神与社会主义核心价值观二者是辩证统一的关系。认真研究大庆精神是社会主义核心价值观在大庆的表达，对进一步学习和弘扬大庆精神，更好地培育和践行社会主义核心价值观，具有十分重要的意义。

1. 大庆精神与社会主义核心价值观内容相合

---

① 宋洪德：《大庆社会科学》，2014 年，第 5 期，第 76 - 79 页。

"爱国、创业、求实、奉献"这八个字"四位一体"的表述以及时代赋予的新内涵，既体现了社会主义核心价值观的价值理念，又饱含了大庆石油会战中形成的精神财富，还展现了大庆人改革开放以来奉献的时代精神理念。大庆精神中的"爱国"，是对祖国的忠诚和热爱。大庆精神的"创业"，就是永不满足，坚持创业创新创优，体现在三个层次的社会主义核心价值观中。大庆精神的"求实"，是思想路线，也是工作方法，贯穿于三个层次的社会主义核心价值观中。大庆精神的"奉献"，是社会主义核心价值观的题中之义。大庆人只有以这种精神践行社会主义核心价值观，才能又好又快实现现代化城市建设目标。

2.大庆精神基本特征与社会主义核心价值观特征相合

大庆精神是在社会主义核心价值体系指导下，内含社会主义核心价值观的价值理念、具有大庆地域特色、体现大庆历史精神积淀、反映大庆新的精神创造、社会广泛认可、引领大庆发展的大庆人的核心价值观。江泽民指出："大庆精神仍然是我们的时代精神。"这个具有丰富内涵的科学论断，是在新的历史条件下对大庆精神的充分肯定，是对大庆精神准确的时代定位，大庆精神体现了中华民族与时俱进的时代精神。我国社会主义核心价值观，是社会主义先进文化的核心，是我国社会的主导价值，大庆精神以马克思主义指导思想为灵魂，以中国特色社会主义共同理想为现阶段目标，以民族精神和时代精神为动力，以社会主义荣辱观为基础，充分体现了这一精神的先进性。大庆精神体现了中华民族伟大的民族精神和我国的优秀传统文化，是社会主义核心价值观的有机组成部分，体现了民族性。大庆精神与面临的建设、改革的任务相适应，大庆人一直都在秉持大庆精神的旗帜，不断提升自己的社会主义核心价值观水平，为大庆的可持续发展、为中华民族的复兴、为实现中国人民的梦想而努力奉献，体现了实践性。

3.大庆精神与社会主义核心价值观价值相近

价值在这里是指其用途和有用性。积极培育践行大庆精神和社会主义核心价值观有着极大的价值。大庆精神与社会主义核心价值观如社会的"方向盘""稳定器""黏合剂"，在社会整体发展战略中居于核心地位，具有引领推动作用。大庆发展进步的历史反复证明，只有先进的核心价值观，才能引领和促进社会的全面进步。大庆精神与社会主义核心价值观都具有形象品位提升和精神塑造的作用。大庆建设现代化城市，必须以核心价值观为内在的精神支撑，才能加快城乡建设步伐，改善城市环境，优化城市布局，提升城市功能，塑造城市风格，打造城市品牌。大庆精神与社会主义核心价值观在促进和谐稳定发展中居于调控地位，具有约束规范作用。二者将有效地动员和整合社会力量，规范和维持社会秩序，为和谐稳定社会目标的实现提供强大的精神指引和坚强的思想保证。

（二）大庆精神是石油精神的重要组成部分

在党的 95 周岁生日前夕，习近平总书记作出大力弘扬以"苦干实干、三老四严"为核心的"石油精神"的重要批示。这一批示，充分肯定了大庆精神在石油精神中的重要地位。石油精神是石油战线广大干部职工在实践中形成的以大庆精神铁人精神为重要组成部分的宝贵思想，是践行社会主义核心价值观的具体体现。

石油精神是石油人在石油工业发展过程中凝结的良好品质，激励着一代又一代的石油人不断开拓进取，求实创新。抗战时期，在红军到达陕北后，长期低产的延长油矿，在党组织的领导下开始复苏，红军队伍发扬革命战斗精神，带领人民艰苦奋斗，提高了原油的产量，为抗日战争和解放战争提供了充足的后备能源，在革命的环境中，孕育了"石油精神"的火种。新中国成立之后，我国进行工业化建设，加大了对石油资源的需求，一批怀揣爱国主义理想的石油人在艰难的条件下攻坚克难，为国家的发展解忧，为新中国的建设制造血液，石油人走遍祖国的大江南北，趟过老君庙的石油河，顶着准噶尔的风沙，冒着柴达木的严寒，翻过川中重重大山，石油精神的火炬越燃越旺，照亮着石油工业发展前行之路。1959 年，大庆油田横空出世，石油人坚持马克思主义指导思想，刻苦学习毛泽东的《实践论》和《矛盾论》，用辩证唯物主义的世界观和方法论解决石油工业发展过程中的难题。大庆石油会战在特殊的环境、特殊的时期打造了一支铁人式的队伍，把北风当风扇，把大雪当炒面，是大庆石油人同恶劣的自然环境抗争的真实写照。"三老四严"是在会战中每个石油工人自觉铭记于心的准则，一首《我为祖国献石油》的主题歌，唱出了作为石油工人的豪迈与自豪。艰苦的岁月中铸造了大庆精神。新中国从此摘掉了贫油的帽子，展现了大庆石油人为祖国争光、为民族争气的爱国精神。1964 年，毛泽东同志发出了"工业学大庆"的号召，举起了大庆精神这面旗帜，石油精神的精髓至此弘扬到了新的高点。改革开放以来，我们高举石油精神火炬，石油人挥师塔里木，重上吐鲁番，再战陕甘宁，进军大海，走出国门，创造了海外大庆、西部大庆等奇迹，开发出一座又一座的油田，培养出一批又一批的铁人式队伍。

伟大的时代产生伟大的思想，伟大的思想推动伟大的事业，在艰苦的自然环境和落后的工业发展条件下，铁人王进喜喊出"宁肯少活 20 年，拼命也要拿下大油田"的时代最强音。他纵身一跃跳进了井喷池，用身体搅拌泥浆，为百万石油人树立了一个榜样。石油开发建设时期，原油面临着高含水的挑战，新时期铁人王启民纵身一跃跳入科技的"泥浆池"中，废寝忘食地带领石油人解决新时期石油工业的困难，用智慧开辟了石油工业发展的新天地。"老队长，您把井打到海外的心愿实现了"，大庆新铁人李新民在苏丹成功开钻了海外第一口井，石油流出来的那一刻，李新民和队友欢呼雀跃，热泪盈眶，既为作为一个中国人感到骄傲，也为自己苦干实干感到欣慰，他们纵身一跃，克服了地域、管理、语言的障碍，实现了把石油开采发展到海外的梦想。

石油精神既是历史的，也是现代的，既是石油行业的精神，更是中华民族的财富。大庆石油会战以来打造了一批又一批铁人式的队伍，石油工业的发展也从一穷二白发展到我国的石油公司跻身于世界石油公司 50 强。今天石油工业的发展不用再建干打垒，不用在寒冬里用身体搅拌泥浆，但是石油工业今天面临的挑战仍然严峻，国家对于工业的血液需求一如既往。

（三）大庆精神是石油企业文化的核心内容

石油企业文化是石油工业在勘探、开发、建设与发展的过程中约定俗成的一种共识，是在长期的发展过程中得到人们认可与遵守的行为规范与道德准则。石油企业文化体现着石油工人在建设石油工业中形成的为国争光的爱国主义精神，艰苦奋斗开创进取的精神，脚踏实地的求真务实精神，不求回报的乐于奉献精神。正是这种精神推动着石油工业的快速发展。改革开放以来，我国的经济、政治、文化快速发展，企业突破了传统的计划经济体制，融入了市场经济大潮。在市场经济中，企业只有不断提高核心竞争力才能取得长远的发展，文化作为一种软实力越来越成为企业的核心竞争力。石油企业在实践中建立了自己独特的企业文化，发挥了大庆精神对企业文化的支柱作用，提高了企业的凝聚力与创造力，增强了职工对企业的热爱，激发了石油人对工作的热情。

1.以大庆精神为核心引导，构建企业价值观

企业价值观决定着职工对企业发展前景的信心，职工的价值观影响着企业的建设和发展。大庆精神体现着石油人对工作认真负责的态度和在艰难时期人们淳朴的优秀传统美德，不仅激励着石油人克服重重困难，独立自主地开发了大庆油田，而且对当代的企业建设仍有指导意义。随着改革开放的深入，在经济、政治、文化取得进步的同时，社会上个人主义、拜金主义、享乐主义之风盛行，一些人变得越来越重视自身的利益，逐渐淡化了集体的意识。而大庆精神是一本最生动的教科书，在以铁人王进喜为代表的石油工业开创人身上，我们可以感受到他们大公无私、不求回报的爱国主义精神，可以看到他们为国奉献的国家意识和责任意识，在大庆石油企业文化建设中，发挥了典型人物的示范效应，形塑英模群体，锻造了富有大庆精神的人才队伍，激励了石油人不断进取，勇于创新，传承弘扬了爱国、创业、求实、奉献的精神。

2.以大庆精神塑造企业形象，突出企业特色

企业形象是衡量企业管理水平的重要标准，是企业发展的一面镜子，良好的企业形象会得到社会赞扬的口碑，同时反作用于企业的发展。企业形象的树立要以企业员工被社会的认同度为标准，而企业带头人的形象是企业形象塑造的重中之重。在石油行业发展不景气的今天，企业的带头人面临着更大的挑战与压力，石油产业如今也正值攻坚期，如何啃掉难啃的骨头对于企业的繁荣发展是一项挑战，如何促进企业有条不紊的创新发展是一个难题。面对挑战和困难，大庆石油石化企业始终坚持用大庆精神深化改革，完善企业经营机制，建立现代企业制度，切实把大庆精神融入了生产经营、管理服务、队伍建设等方面，树立了

富有大庆精神的企业标准和企业形象。

3.以大庆精神激发职工的学习热情,提高企业文化管理水平

古人语"活到老,学到老",企业也要不断学习新的知识才能立足于社会发展的大潮中。石油企业作为一个技术密集型产业,必须提高石油职工的学习意识,紧跟时代步伐,与时俱进,学习研发最新的勘探、开采技术,才能不断提高企业的经营与管理能力,保障企业的可持续发展。同时,作为个体的职工也要通过业务知识和政治理论的学习,不断提高自身工作能力与思想觉悟,才能更好地为企业发展贡献力量。挖掘大庆石油会战时期石油人学习的精神,用理论知识解决现实中的难题,才能提高企业发展的原动力。以大庆精神激发企业职工的学习热情,既能提高职工的工作水平,又能陶冶职工的道德情操。职工只有在大庆精神的指引下有目标、有针对性地学习,才能使企业的发展与职工自身的价值实现结合起来,变被动学习为主动学习,在提高职工自身修养的同时助推企业发展。[①]

四、创造了办好国企的经验

大庆油田的开发建设,在大庆精神的引领下,贡献的不仅是数量巨大的石油,而且还积累了办好国有企业的经验。2009 年 9 月 22 日,时任中央政治局常委、中央书记处书记的习近平,在大庆油田发现 50 周年庆祝大会上的讲话中指出,大庆油田的开发建设,形成了符合油田实际、具有自身特点的管理模式和管理经验,以此为基础陆续开发了胜利、大港、辽河等油田,走出了一条独立自主、生机勃勃的中国特色石油工业发展之路,为探索中国特色的新型工业化道路提供了重要的实践基础和宝贵经验。

(一) 走出一条具有中国特色的石油工业发展之路

大庆油田在 20 世纪 60 - 80 年代,是中国产油量最多、规模最大的油田,担当着中国"长子"的责任,每年为工业生产贡献着全国石油总需要一半的产量。大庆油田的开发建设,不仅证实了中国学者提出来的

---

① 李建军:《企业文化与制度创新》,清华大学出版社,2005 年。

"陆相地层生油"的理论，有力的否定了国外学者的质疑，而且走出了一条独立自主、生机勃勃的中国特色石油工业发展之路。

大庆油田在生产建设中创造了很多经验，其中最宝贵的是：通过学习《实践论》《矛盾论》，用辩证唯物主义的立场观点去解决石油开发建设过程中的困难；通过学习革命时期解放军政治工作的经验，以军人的思想觉悟武装石油工人；通过始终坚持党的领导同群众相结合的原则，坚持技术创新与勤俭建国思想相结合，较好地践行了新中国建国时期党提出的社会主义建设思想。

大庆石油人在实践中还坚持思想领先的原则，深入学习贯彻国家大政方针。注重思想政治教育，不断加强领导班子和石油工人的思想文化建设。坚持学习铁人王进喜，每年进行总结评比，选模范，树标兵，打造一批先进模范人物带动整个团队。大庆石油人坚持科学的态度，从学习入手，一切经过试验，在实践中把握客观规律，努力按客观规律办事，确保每一项工作都能保质保量地完成。大庆石油人重视员工管理企业，充分重视发挥工程技术人员的作用。大庆石油企业发扬政治民主、技术民主、经济民主，倡导领导机关要面向基层、面向群众，做好为生产第一线生产的服务工作，提升工人自身的价值感和主人翁责任感，使工人在企业中感到一家人的温馨，从而全心全意投入到工作中。

（二）为其他油田的建设提供了重要的经验和借鉴

大庆精神不仅是社会主义核心价值观在大庆的具体体现，引领着大庆油田的建设与发展，而且对我国其他油田的建设发展具有重要的指导价值。

传承弘扬大庆精神始终是办好企业的前提条件。大庆油田不仅仅是一座建立在松嫩平原上每年为国家建设提供源源不断原油供应的现代化企业，更是大庆精神的发源地、辐射地。大庆精神为各油田办好企业提供精神能源。"三老四严"要求成为石油工人的工作标准。"人人出手过得硬，事事做到规格化，项项工程质量全优，台台在用设备完好，处处注意勤俭节约"的"五条要求"成为石油职工的行为规范。"面向生产，面向基层，面向群众"；"生产指挥到现场，政治工作到现场，材料供应到现场，科研设计到现场，生活服务到现场"的"三个面向""五到现场"成为领导机关工作的指导思想。无论是普通的石油工人，还是企业的管理者，都充分发挥国家主人翁意识，把这种无私奉献的精神与企业的科学管理体系相结合，形成企业中最典型、最有效的企业管理。①

科学技术是企业蓬勃发展的主要动力。科学技术的发展是企业永葆生机的内在驱动力。大庆的实践启示我们，国有企业的发展和进步，必须突出科技创新这个主题。大庆油田从一开始投入开发，就把开拓进取的满腔热情同严格的科学态度结合起来，始终注重发挥科技的主导作用，突破油田开发的瓶颈制约，把握规律、运用规律，做到科技超前15年储备、超前10年攻关、超前5年配套，从而实现了科技的有序接替和油田的良性开发。实践充分说明，国有企业只有牢牢抓住科技创新这个主导因素，才能极大地解放和发展生产力。

改革是企业发展与时俱进的必由之路。长期以来，国有企业在公有制为主体的计划经济制度下，发挥着重要的作用，对社会主义现代化建设提供着物质与技术的保障。但由于计划经济的模式和传统观念的影响，在社会主义市场经济的发展过程中国有企业出现了一些亟待完善的问题。国家已经加大对国有企业的改革，从法律方面不断完善国企的法制化管理轨道，依法取缔各种非法的油气开采、加工、销售的工厂，依法关闭各种浪费石油资源污染环境的企业。② 石油工业是维系我国经济的命脉，大庆作为国有企业，紧跟了国家的步伐，践行党中央对国有企业改革所提出的一系列方针和政策，同时不断学习先进企业和国外企业发展的优秀成果，结合企业实际情况与时俱进，把大庆国企改革不断推向深入，使大庆国企在社会主义市场经济中焕发出更多活力、更强创造力。

（三）为探索新型工业化道路提供了宝贵实践经验

新型工业化道路主要表现为：科技含量高、经济效益好、资源消耗低、环境污染少、人力资源要得到充分利用。

50多年来，大庆油田自主研发一整套世界领先的勘探开发技术，

---

① 宋玉玲，赵哲：《大庆精神科学内涵的时代价值探析》，《大庆社会科学》，2012年，第6期。
② 罗正公：《坚持企业创新，振兴黑龙江国有大型企业》，《黑龙江社会科学》，2005年。

先后取得科技成果 8100 多项，其中陆相石油地质理论、非均质大型砂岩油田开发、火山岩勘探、三次采油等技术达到世界领先水平。"十五"以来，进一步发展完善注水开发配套技术，形成一套具有大庆特色的水驱精细挖潜技术，增加动用低渗透难采储量 3 亿多吨；创新发展聚合物驱配套技术，使主力油田采收率突破 50%，比国内外同类油田高出 10～15个百分点。

建立完善公司管理体制和运行机制，推行了工程技术服务专业化运营，推进了内控体系建设，建成了覆盖 6000 多平方公里油区的企业网，建立了多学科一体化油藏研究平台和数字化管理平台，企业信息化水平显著提高；实施立体化节能，推广节能降耗新技术，在油田生产规模不断扩大的情况下，各项单耗指标呈下降趋势；加强了安全隐患治理，实施了环保专项工程，实现油田工业污水经处理合格后全部回注地下，实现了安全生产、文明生产、清洁生产。

在党的领导下，坚持全心全意依靠工人阶级，不断开拓创新，逐步形成了符合客观规律又有自身特点的管理模式，走出了一条切合实际、充满活力的中国特色石油工业发展之路，为探索中国特色的新型工业化道路提供了重要的实践基础和宝贵经验。

五、锻造了铁人式过硬队伍

铁人精神是大庆精神的人格化、典型化，是自 20 世纪 60 年代以来，在大庆油田长期开发建设实践中不断形成的精神文化，具有不朽的精神价值与持久的生命力。几十年以来，铁人精神已经融入到了油田人的血液，形成了顽强的性格、坚韧的品质，成为引领油田人与时俱进、奋发图强的动力与追求。打造一支过硬的铁人式队伍，不仅是历史赋予的使命，时代发展的必然结果，而且是新一代油田人价值取向和不懈的追求。

（一）铁人式队伍旗帜灵魂

铁人精神是铁人式队伍的鲜明的旗帜和活的灵魂。铁人精神是对王进喜的崇高思想、优良品德的集中概括，直接体现了我国石油工人艰苦创业不畏艰辛的精神风貌。铁人精神的丰富内涵包括："为国分忧、为民族争气"的爱国主义精神;"宁肯少活 20 年,拼命也要拿下大油田"的忘我拼搏精神;"有条件要上,没有条件创造条件也要上"的艰苦奋斗精神;"干工作要经得起子孙万代检查""为革命练一身硬功夫、真本事"的科学求实精神;"甘愿为党和人民当一辈子老黄牛"埋头苦干的奉献精神等。铁人精神自始至终都有着极高的引领价值,已成为铁人式队伍的旗帜和灵魂。

铁人精神是坚定不移的马克思主义信仰。信仰是主体超越现实、超越自我、追求最高价值的自我意识。信仰是精神力量的源泉。马克思主义的信仰是铁人精神的内在生命。铁人精神的信仰是真理认识、价值认识与情感寄托的统一。铁人精神的马克思主义信仰,是我们党对石油工人长期教育的结果。铁人精神是马克思主义信仰的精神,所以它才永葆着青春的活力。

铁人精神是厚重深沉的爱国主义情感。爱国主义是铁人精神鲜明的民族品格,是铁人精神的神圣情感。爱国的情感与实现祖国富强的责任是紧密相连的。厚重的情感是铁人精神的不竭的内在力量。

铁人精神是热烈切实的价值渴求。铁人精神是具有实践品格的精神,是具有强烈的价值渴望的精神。是一种不甘心贫穷,不甘心落后,不甘心低贱的精神,是埋头苦干、不计名利的"老黄牛"精神,是踏踏实实的精神,是青春不老的精神,是蓬勃向上的精神,是永不懈怠、永远向前、永远进步的精神。

铁人精神是科学求实的精神。坚持一切从实际出发,实事求是,把遵循客观规律性和充分发挥主观能动性巧妙地贯通起来,是铁人精神的一个鲜明特点。"有条件要上,没有条件创造条件也要上"是这一鲜明特点最突出的体现,是实践中检验磨炼出来的精神,是实事求是的精神,是解放思想的精神。

铁人精神中蕴含着崇高的人生信仰、积极清醒的人生价值追求、不懈创造奋斗不息的人生态度。铁人精神给我们一种人格的力量。铁人的人格是厚实、阔大、壮美、崇高的人格。"石油工人一声吼,地球也要抖三抖"。志贯长虹，气壮山河。①

（二）铁人式队伍显著特质

特质即特有的性质或品质。铁人精神铸造了一支铁人式队伍，其显著特质可以概括为特别能吃苦、特别能战斗、特别能奉献。

特别能吃苦，在艰难中崛起拼搏。在大庆石油会战以及后来的油田开发建设中，大庆人发扬爱国主义精神，以"有条件要上，没有条件创造条件也要上"的英雄气概，不畏自然环境的恶劣、生产生活的困境，艰苦奋斗，逐步形成了"六个传家宝"，即：人拉肩扛精神、干打垒精神、五把铁锹闹革命精神、缝补厂精神、回收队精神、修旧利废精神。"六个传家宝"不仅是大庆人吃大苦、耐大劳的真实写照，也是大庆人特有的品格。

特别能战斗，在实践中努力开拓。60 年代初期，大庆第三口探井喷油，证实了大庆是个油田连片、油层成串的大油田。这时会战领导机关决定战略转移，挥师北上，集中力量，拿下油层厚度大、油井产量高的地区；同时决定尽快编制油田开发方案。当时，编制油田开发方案的是一批刚从大中专院校毕业的技术人员和没毕业的实习生。以前他们只从书本上看到过一些油田开发方案的例子，一下子要编制自己的大油田开发方案，困难很多，不知如何下手。一些外国人说什么"大庆油田原油凝固点高，含蜡量高，又黏又稠，只有搬到印度尼西亚才能开采"，并吹嘘，离开他们"中国人就不能开发这样大的油田"。年轻的科技人员坚定地表示：我们有能力找到大油田，也一定能够开发好大油田。他们以"两论"为武器，发扬敢想、敢说、敢做的精神，决心高速度、高质量地编制出油田开发方案。从 1962 年到 1964 年，先后完成了萨尔图油田开发设计方案的初步研究、碎屑沉积油藏注水开发油层研究、利用平面物理模型研究、油水运动规律和小层动态分析方法研究等项目。这些成果都达到当时国内同类研究的先进水平。进入新时期，以王启民为代表的石油科技工作者，以铁人王进喜"宁肯少活 20 年，拼命也要拿下大油田"的献身精神，以"宁肯把心血熬干，也要让油田稳产再高

---

① 马英林：《大庆精神铁人精神研究》，中共党史出版社，2009 年，第 191－199 页。

产"的英雄气概，勇挑重担，攻坚啃硬，顽强拼搏，敢为天下先，勇闯油田开发禁区，解决了油田分层开采接替稳产和低渗透层接替稳产配套方法等一系列高科技难题，为油田高产稳产作出了突出贡献。

特别能奉献，在奋斗中无私忘我。大庆石油职工胸怀全局，坚持把国家利益放在第一位。当时开发大庆油田，国家资金有限。大庆石油人首先面临的是先建石油城还是先把会战搞上去的问题，在处理国家与个人、生产与生活的关系上，大庆石油人提出："先国家后个人""先生产后生活"，并以"宁肯少活 20 年，拼命也要拿下大油田"的献身精神，苦战 3 年就拿下了大庆油田，一举摘掉了长期压在中国人民头上的贫油帽子，扭转了我国石油生产、供给的被动局面。无论是会战时期，还是改革开放以来，大庆人始终识大体，顾大局，积极为国家作贡献。几十年来，大庆为保障国家石油能源安全和支持国民经济建设，作出了历史性贡献，成为共和国名副其实的"加油机"。在铁人精神的感召下，经过石油大会战锻炼的广大石油人，进一步增强了为国家分担困难，为全国人民造福的奉献意识，决心为石油事业艰苦奋斗一辈子，时刻以国家和企业利益为重，自觉维护改革发展稳定大局，从而使大庆精神不断得到传承弘扬和丰富发展。

（三）铁人式队伍成长途径

大庆油田注重用大庆精神铁人精神锤炼作风，建队育人，培养和造就了一支铁人式职工队伍，涌现出一大批先进典型和模范人物。

继承和发扬会战优良传统，锤炼铁人式作风。继承和弘扬"三老四严"等优良传统，用大庆精神铁人精神带队伍、转作风、促发展，是锤炼队伍作风的制胜法宝和一贯做法。由于始终坚持继承和发扬会战优良传统和作风，培养了一支政治坚强、业务精通、作风正派的"特别能吃苦、特别能战斗、特别能奉献"的铁人式职工队伍。这支队伍拉得出、打得赢、叫得响。

加强基层建设，打造铁人式标准化站队。基础不牢地动山摇，基层建设是企业一切工作的基础。为此，大庆油田始终抓住基础建设工作不放松，从组织领导、制度完善、岗位培训、队伍建设、环境营造等多方面加强基层建设。主要措施有大力加强"三基工作"，加强班组建设等。

多年来，先后选树的"油田功勋队""百面红旗单位""油田基层建设标杆队""基层建设十大标杆单位"和"基层建设十面红旗"等一大批先进基层组织典型，较好地发挥了引领示范作用。

选树先进典型，锻造铁人式英模群体。会战时期，会战工委选树了王进喜、马德仁、段兴枝、薛国邦、朱洪昌"五面红旗"。七八十年代，选树了"钢铁钻工"吴全清、"最讲认真的人"周占鳌等21大标兵。90年代，选树了"新时期铁人"王启民、袁福生、焦集群、孟宪吉、苏龙、张学民等六大标兵。在新的历史时期，为引导广大员工继承发扬大庆精神铁人精神，积极投身油田开发建设，引领队伍不断挑战勘探开发极限，在广大员工中树立投身创建百年油田实践的榜样，2005年，大庆油田有限责任公司党委命名姜传金、赵传利、权贵春、何登龙、王宝江为新时期"五面红旗"。2007年，大庆石油管理局党委命名李新民、冯东波、张书瑞、谢宇新、徐洪霞为新时期"五大标兵"。新时期"五大标兵"集中体现为继承会战优良传统，勇挑重担、永创新业的艰苦创业精神；胸怀祖国石油工业，刻苦钻研、勇攀高峰的求实精神；践行企业价值理念，迎难而上、决胜市场的顽强拼搏精神；立志岗位成才，靠真本领、硬功夫报效企业的自强不息精神；平凡岗位写忠诚，脚踏实地、埋头苦干的爱岗敬业精神。在典型的影响和带动下，油田上下形成了你追我赶、奋勇争先的生动局面。

六、引领了改革和城市转型

在大庆油田建设的辉煌时期，大庆精神引领大庆人不断开拓进取；面对市场挑战、城市转型和创新发展的新形势，大庆精神引领了大庆的改革、转型发展的伟大实践，进一步凝聚了力量，鼓舞了斗志，调动了积极性，推进了大庆经济社会发展。

（一）引领大庆市的改革与转型

大庆人弘扬大庆精神，以改革为动力，高举二次创业旗帜，开辟了接续替代产业的可持续之路。大庆人早在油田处于青壮年时期就未雨绸缪，以"石油虽丰、犹有尽时"的强烈忧患意识，提出"建设百年油田、壮大接续产业"的战略构想。经过不懈努力，大庆不仅实现了接续替代产业由小到大的角色转换，而且促其实现了由弱到强的跨越发展，使大庆可持续发展能力位居全国资源型城市前列。

大庆市在改革和城市转型中深刻体会到，改革是大庆成功转型的关键。多年来，大庆市积极支持中直大企业深化改革，促进国有大企业主辅分离、辅业改制。深化地方国有企业产权制度改革加强国有资产监管，建立完善现代企业制度。持续推进行政审批制度改革，行政审批事项逐年减少，政府职能进一步转变。投融资体制改革，规范了平台运营，扩大了融资能力。文化体制改革加大了力度，成功实现了专业院团转企改制和文化产业的企业化运营，创新了新闻传媒集团和文化集团经营管理机制，组建了文化体育旅游集团。深入推进了集体林权、草原承包等农村综合改革。分类实施了事业单位的改革。医药卫生和教育体制全面推进。正是这样的全面改革，推动了大庆城市的全面转型发展。

加快产业升级步伐，用高新技术产业发展支撑城市的转型之路。大庆先后出台了《高新区转型升级跨越发展》等重大举措，重点培育了石油化工新材料、高端装备制造、新能源汽车、生物医药等产业集群，走出了资源型城市高新技术产业发展的新路。

加速现代农业发展，用科技、政策与设施支撑闯出富农惠农强农之路。加大农业科技投入，农业科技含量不断提高。加大政策扶持力度，政策支持效力逐步显现。加大设施建设步伐，设施农业规模快速扩大。大庆成为全国地级 20 强产粮大市、牛奶生产 10 强市和设施农业先进市。

实施文教强市战略，用超常规战略举措支撑走出文化教育繁荣之路。实施文化精品主打战略，夯实现代化城市人文基础。实施文化产业集聚战略，助推文化产业链条形成。实施科教人才资源战略，支撑现代化城市人文形象养成。

坚持共同富裕取向，用生产生活并重支撑走出高收入低差距的公平发展之路。实施地方和油田接续替代产业双发展战略，带动劳动力双转移增加城镇居民收入。实施建设高产高效农业双高地战略，带动农业发展、农民收入实现双倍增的富农目标。实施地方和油田居住条件双改善战略，带动大庆"地企"人均居住面积跃居全国地级城市一流水平。

推进生态文明建设，用大手笔大气魄支撑走出造福人民的宜居宜业之路。突出生态油田建设，大手笔实施千里绿廊工程。突出湿地资源保护，大气魄实施"百湖"治理工程。突出生态景观建设，大力度实施"百园"建设工程。突出防沙治沙减尘，大举措实施百里屏障工程。

把握城市发展方向，用战略前瞻举措支撑走出创先争优之路。战略前瞻定位，科学描绘现代化城市宏伟蓝图。打造富裕、宜居、和谐、文明、智慧和活力大庆，明晰现代化城市的奋斗目标。"地企"共谋投入，合力夯实现代化城市坚实基础。

转变经济发展方式，用大项目大产业支撑走出现代化城市崛起之路。以大油田为承载，秉持全方位开放的国际化取向，实现全面协调可持续的资源型城市跨越发展。以大项目为依托，促进油和非油经济双发展，实现地方经济转型和提升产业竞争实力。以大产业为牵动，内生发展动力持续增强，闯出超越地级城市水平的新型工业化新路。

（二）引领大庆油田的改革与发展

大庆精神是大庆油田企业文化的灵魂，是大庆油田改革发展的不竭动力。大庆油田始终秉承这一精神进行了一系列改革，使企业机制更活、经营管理水平更高、经济效益更好，使大庆油田从一个单一的资源型企业发展成一个可持续发展的综合性大的国有石油公司，在国内石油行业中位居前列。

大庆从 20 世纪 60 年代至 80 年代实行的是政企合一的体制，即企业领导与地方领导合二为一的领导体制。适应石油会战的需要开始实施高度集中的领导体制，这种管理方式一直到 1979 年 12 月 14 日，国务院批准设立大庆市还在沿用。进入 20 世纪 80 年代中期，由于企业和城市的发展，大庆油田的政企分开改革已势在必行，1984 年 1 月 1 日大庆正式实行政企分开。大庆油田从党委领导下的局长负责制到局长负责制；实行内部承包经营责任制；推行项目管理和甲、乙方合同制；逐步向石油公司模式推进。随着国有企业的"改革、开放、搞活"，1999 年 11 月 1 日，由原大庆石油管理局分开分立为上市和未上市两大企业，即大庆油田有限责任公司和大庆石油管理局。自 2008 年 2 月 28 日起，又将未上市企业大庆石油管理局整体委托股份公司大庆油田有限责任公司，对其业务、资产、人员实行全面管理，从而实现了上市与未上市业务的统一规范和一体化管理。为了实现油田整体的协调发展，油田公司坚持"调结构、转方式、提质量"，确立了"一年扭亏、三年解困、五年走上健康发展轨道"的目标。坚持深化结构调整，转变发展方式；搞好"三清一退"，规范经营管理；强化管理挖潜，提升质量效益。在改革过程，大庆油田始终坚持传承弘扬大庆精神，用大庆精神推动改革，使各项事业得到了快速发展。

用大庆精神谋发展。始终坚持"为祖国争光，为民族争气"的信念，牢牢把握发展这个第一要务，扎实推进原油持续稳产、创建百年油田实践，力争到本世纪中叶油田开发建设 100 周年之时继续保持我国重要能源生产基地的地位，努力建设成为行业一流的工程技术基地、装备制造基地、石油化工基地和科技创新基地。

用大庆精神攻难关。大力弘扬讲究科学、"三老四严"的求实精神，大力弘扬"超越权威，超越前人，超越自我"的"三超"精神，进一步解放思想、创新观念，大力发展能够代表行业领先水平的先进性技术、能够引领技术发展走势的前瞻性技术、能够解决重大实际问题的实用性技术，实现由传统油气产业向科技油田、数字油田的历史性转变，用科学的精神、科学的态度、科学的方法打好新时期的石油会战。

用大庆精神闯市场。继承和发扬老一辈石油人自力更生、艰苦创业精神，在近年来成功买断进口俄罗斯石油经营权，收购蒙古国塔木察格盆地三个勘探开发区块，工程技术、装备制造和油田化工主导产品成功打入国际市场，外部市场年收入突破人民币 200 亿元的基础上，持续提升企业的核心竞争力，密切跟踪国外目标市场，不断拓展新的发展空间，充分利用国内国际两种资源、两个市场加快发展。

用大庆精神带队伍。进一步加强优良传统教育，围绕"珍惜大庆光荣史，再创大庆新辉煌"这一主题，深入开展大庆精神的再学习再教育，着力培养员工的爱国精神、创业精神、求实精神、奉献精神，永葆大庆人的本色。

用大庆精神促和谐。坚持以人为本、关注民生，不断改善井区生产生活条件；坚持安全第一、环保优先，进一步推动绿色油田建设；坚持"发展共谋、责任共担、稳定共抓、环境共建"的"四共"方针，全面加强"地企"之间的沟通协作，努力实现企业与职工的和谐、资源与环境的和谐、油田与社会的和谐，进一步服务国家、回报社会、造福人民。

（三）大庆改革与转型的根本经验

大庆精神是大庆可持续发展的不竭动力，是推动改革、转型和发展的力量源泉，以大庆精神引领这一系列战略举措的实施和目标的实现是根本经验。

必须大力弘扬爱国精神，把为国争光与发展地方高度统一起来。大庆油田截至 2012 年累计生产原油 21 亿吨，占全国同期陆上原油产量的 40% 以上。同时，加快发展接续产业，全力推进大庆可持续发展。

必须大力弘扬创业精神，把创资源之业与创现代化城市之业结合起来。一次创业，我们创的是资源之业、原油高产稳产之业；二次创业，我们紧紧围绕建设全面小康社会和现代化城市的战略目标，加快经济转型和城市转型，打牢产业、市政、社会、人文和体制基础，大庆综合实力位列全国地级城市第 11 位，"绿色油化之都、天然百湖之城、北国温泉之乡"享誉全国。

必须大力弘扬求实精神，把苦干实干与改革创新结合起来。坚持用辩证的观点看大庆，形成系统完整的发展思路。全方位、全领域深化改革，走在了全国前列。与境外 104 个城市和地区建立了经贸合作关系，2007－2012 年引进国内外投资亿元以上项目 273 个，上市企业达到 19 家、融资 100 多亿元，进出口贸易总值达到 21.6 亿美元，非公经济年均增长 23%。

必须大力弘扬奉献精神，把为国贡献与改善民生一致起来。2012 年，城乡居民人均可支配收入分别达到 25，425 元和 11，500 元。城市居民每百户家庭拥有汽车 49.3 台，城镇人均住房建筑面积 40.7 平方米。新型农民社会保障参保率达到 70% 以上，城镇居民社会保障实现全覆盖，在全国率先建立城市"十位一体"、农村"六位一体"综合救助体系。

大庆精神的
时代特征

大庆精神的时代特征，是指大庆精神在形成、发展过程中表现其时代特点的征象、标志等。大庆精神，从狭义上说，是中国石油企业精神，是大庆石油职工共同的价值观念以及工作作风、道德准则的集中体现，是大庆石油企业文化的核心，是大庆的城市精神。从广义上说，大庆精神是中华民族精神的重要组成部分，是中国共产党的伟大精神。大庆精神是马克思主义中国化理论成果的结晶。毛泽东思想是大庆精神形成和发展的理论基础，中国特色社会主义理论体系是大庆精神创新和发展主要的理论基础，习近平新时代中国特色社会主义思想是新时代大庆精神创新和发展根本的理论基础。马克思主义时代化是大庆精神时代特征、时代选择的重要依据，大庆精神与马克思主义时代化同呼吸共命运。大庆精神是马克思主义大众化的重要体现，大庆精神多种存在形态是马克思主义大众化的有效实现途径，大庆精神是社会主义先进文化的重要体现。党的十九大提出了中国特色社会主义进入了新时代。大庆精神与时代同步发展，大庆精神的时代特征也具有了新的时代内容，主要表现为科学性、继承性、创新性、实践性和人本性。

一、科学性

科学性是大庆精神的重要时代特征，贯穿于大庆精神发展全过程。科学性是指对客观世界特别是人类社会本质和规律的正确反映。新时代大庆精神科学性的时代特征更加凸显。大庆精神的科学性特征体现为以科学理论作为依据，以客观规律作为遵循，以科技力量作为推动，以技术人才作为保障。

（一）科学理论作为依据

大庆精神是在马克思主义中国化理论成果指导下形成、发展和不断创新的。马克思主义中国化理论是指导中国实践的科学理论，因此，以这一科学理论为指导的大庆精神具有科学的属性和品质。马克思主义是科学的理论体系，马克思主义中国化理论包括毛泽东思想和中国特色社会主义理论体系，这是中国道路的科学指导思想，是大庆精神的理论依据。新时代大庆精神尤其要以这一科学理论的最新成果为依据，凸显自己的科学性时代特征，实现自我提升。

　　大庆精神的形成和发展是社会主义建设和改革开放的实践产物，是马克思主义中国化科学理论指导下的精神硕果。大庆精神的理论渊源于毛泽东思想，尤其是《实践论》和《矛盾论》，成为大庆开发、创业、发展的理论思想武器，在共和国的发展史上开创了"两论"起家的典范。毛泽东思想是马克思主义中国化第一个理论成果，"两论"是马克思主义中国化的最重要理论成果的体现。大庆精神恰恰是以"两论"作为自己的哲学基础的，对"两论"理论精华的吸收和反映形成了自己的精神内容。在毛泽东思想科学理论指导下，大庆精神主要内涵得到凝练；在中国特色社会主义理论体系科学理论指导下，这一内涵得到了进一步丰富。因此，大庆精神是社会主义建设和改革开放的实践结果，是中国特色社会主义实践的深刻反映和具体表达。

　　当前，大庆要全面贯彻党的十九大精神，决胜全面建成小康社会，实现社会主义现代化强国，实现中华民族伟大复兴的中国梦，实现人民对美好生活的向往。所以，大庆精神要秉承自己的优秀传统，在习近平新时代中国特色社会主义思想指导下，提升自己的精神内容，实现创新与发展。

　　习近平新时代中国特色社会主义思想是马克思主义中国化理论创新的最新成果，是马克思主义中国化的重大理论飞跃。习近平新时代中国特色社会主义思想，"是马克思主义中国化最新成果，是党和人民实践经验和集体智慧的结晶，是中国特色社会主义理论体系的重要组成部分，是全党全国人民为实现中华民族伟大复兴而奋斗的行动指南，必须长期坚持并不断发展"。[①] 习近平新时代中国特色社会主义思想对当代马克思主义中国化的重大理论问题和现实问题进行了系统回答，丰富了辩证唯物主义和历史唯物主义基本思想，尤其是对共产党执政规律、社会主义建设规律、人类社会发展规律的认识进一步深化，体现了历史逻辑、理论逻辑和实践逻辑的统一。习近平总书记以新的高度和新的深度用全新的话语体系全面阐释了马克思主义中国化的理论创新，是中国特

――――――――――――――――

① 习近平：《决胜全面建成小康社会 夺取新时代中国特色社会主义伟大胜利》，《人民日报》，2017 年 10 月 28 日。

色社会主义理论体系最新成果，是马克思主义中国化最新成果，为实现社会主义现代化强国和中国梦奋斗目标提供了科学理论指导和行动指南。大庆精神是中国共产党的伟大精神，是中国精神的重要组成部分。大庆精神必须紧跟马克思主义中国化理论创新的步伐，与时俱进地深刻表达和反映马克思主义中国化最新成果，以习近平新时代中国特色社会主义思想为理论指导提升和丰富大庆精神的内涵，确立自己的时代位置。

科学理论作为依据，是大庆精神科学性时代特征的首要内容。丰富发展大庆精神的时代内涵，必须坚持以习近平新时代中国特色社会主义思想为指导，才能实现创新和发展。

（二）客观规律作为遵循

大庆精神科学性时代特征的一个重要表现是以客观规律作为遵循。遵循油田发展的客观规律贯彻于大庆油田建设全过程和大庆精神发展全过程。认识油田开发建设的地下地上客观规律，利用这个客观规律，是大庆油田建设的必要条件，是大庆精神的重要内容。客观审视大庆油田发展所处的阶段，大庆油田历经近60年的开发建设，已经进入矛盾叠加期、集中凸显期和发展关键期，我们必须尊重客观规律，正视矛盾挑战，理性面对现实。新时代大庆精神必须一如既往地以大庆油田发展和资源型城市转型的客观规律作为遵循，尊重客观规律，发挥人的主观能动性，认识和利用客观规律，更好地为国家、龙江和大庆发展作出新的贡献。

新时代大庆精神必须要面对的问题是资源型城市转型。石油作为不可再生资源，必然会走向枯竭，资源型城市单纯依靠资源必然要走向衰落。新时代大庆精神必须遵循资源型城市转型发展的客观规律性认识，以大庆发展的阶段性特征为现实依据。大庆油田实现年产原油5000万吨以上27年高产稳产，4000万吨以上14年持续稳产，有力支持了国民经济发展，树立了高产稳产、拼搏奉献的标杆旗帜。在大庆油田快速发展的同时也带来了大庆城市的快速发展，成为黑龙江省西部经济社会发展中心城市。大庆市是伴随大庆油田的开发而建立发展的，大庆精神是对大庆油田和大庆城市发展的精神总结。大庆是一座典型的资源型城市，资源型城市与资源的兴衰是紧密联系在一起的。当前大庆油田原油产量处在战略调减阶段，大庆资源型城市转型课题亟待应对。油城是大庆作为资源型城市的主要特征，石油的变化对大庆经济社会发展至关重要。大庆主力油田产量呈逐年递减趋势，国际油价持续低位运行，大庆油田"量价双降"，已经影响到大庆和黑龙江的经济总量、增长速度和财政状况。所以，必须全力跨越资源型城市带来的"资源诅咒"和"路径依赖"，对转型发展、可持续发展作出新的战略规划。

大庆精神以习近平总书记对黑龙江的重要指示为科学理论依据，认识和利用资源型城市发展规律，破解"资源诅咒"和"路径依赖"。习近平新时代中国特色社会主义思想在大庆的具体落实，构成了大庆可持续发展的战略方向，这是当前最主要的科学指引。大庆转型发展主要针对资源型城市优势再造，就是要建设"百年油田"，实现非油产业新突破。大庆的转型发展，既是接续产业的发展壮大，也包括油气资源的深度开发。

新时代大庆人传承弘扬大庆精神，充分发挥了主观能动性，贯彻习近平新时代中国特色社会主义思想，认识和利用油田和城市发展的客观规律，为大庆资源型城市转型发展提供了有力的精神支撑。

（三）科技力量作为推动

大庆精神的科学性特征是以科技力量作为推动的。科技力量是大庆精神科学性的重要表现形式。大庆精神以求实精神对科技力量的推动作用做了理论表达。大庆精神以科技力量作为推动体现了科学技术是第一生产力的理念。这一理念充分体现了马克思主义科技是第一生产力的理论，是大庆人以往取得科技进步的重要原因，是大庆资源型城市转型和可持续发展核心战略的思想支点。新时代大庆人充分弘扬了求实精神，以科技力量作为推动实现大庆油田可持续性发展和大庆资源型城市转型发展。

首先，大庆精神以科技力量作为推动，实现大庆油田可持续性发展。大庆油田占领技术制高点，实现技术产业化，创建数字油田新形象；坚持科技领先，追求卓越质量，满足用户期望；增长的效益来源于科技的力量；努力"汇聚全员智慧，追求科技领先"；要把无限的科技投入到有限的资源之中；要使科技人员成为最先富有、最受尊重的群体。大庆油田坚持我为祖国献石油的主旋律，坚持科技是第一生产力的思想，把高科技作为大庆油田的新希望，把科技创新作为要务中的要务。目前大庆油田已经形成了系统配套的领先技术。勘探开发、工程技术、工程建设、装备制造等技术，取得一系列重大进展，特别是以精细挖潜为主的水驱配套技术、以聚合物开采为主的化学驱技术，处于世界领先水平，正在研究攻关的三元复合驱、泡沫复合驱、微生物驱等技术，还可在现有基础上进一步提高油田采收率。大庆油田未来要建设一个资源探明率最大、油田采收率最高、分阶段持续稳产，在国家能源布局中始终保持重要地位的百年油田，建设一个面向全球、面向未来，技术水平和综合实力赶超国际一流，在中国石油综合性国际能源公司战略中发挥重要作用，在海外油气资源勘探开发领域具有强劲竞争力的能源企业。

其次，大庆精神以科技力量推动大庆资源型城市转型发展。大庆为解决资源型城市的发展困境，提出"二次创业"，这是对大庆接续产业发展和城市未来发展认识的新飞跃。1992 年 4 月 10 日，大庆高新技术产业开发区奠基，标志着以"解决资源型城市可持续发展问题"为目标的大庆二次创业开始起步。二次创业突出加快转变经济发展方式这一主线，深化经济结构战略性调整，提高自主创新能力。继承和弘扬了讲求科学、"三老四严"的求实精神，秉承"三超"精神，不断提高自主创新能力，走出了一条具有大庆特色的资源型城市转型发展之路，充分体现了科学严谨、创新务实、精益求精的工作作风。科教兴市、科教兴企、尊重知识、尊重人才，振兴科技、抓好教育、锲而不舍、敢于攻关，已成为全市人民的共识。大庆连续 7 次被授予"科技进步先进市"称号。党的十八大以来，尤其党的十九大提出全面建设社会主义现代化强国，面对新时代，大庆市委市政府加快推进科技进步实现资源型城市转型，开启全面建设富强民主文明和谐美丽现代化新大庆新征程。

（四）技术人才作为保障

大庆精神科学性特征是以技术人才作为保障的。技术人才作为保障才能有效实现科技力量的推动作用。新时代大庆资源型城市的转型和大庆油田的发展需要各类技术人才作为保障，才能实现发展和转型。

首先，以技术人才作为保障，提出第一资源的人才兴市理念。这一理念，是党和国家关于重视人才、培养人才、合理使用人才一系列方针政策及其理论的体现。大庆市委市政府提出了坚持高端引领、突出实用、引培并重、以用为本原则。① 推进"千名人才选拔引进行动计划"，加快引进高层次人才、紧缺人才和实用人才，培育锻造本土人才。统筹推进党政、企业经营管理、专业技术、高技能、农村实用、社会工作等六支人才队伍，以人才的持续发展推动大庆可持续发展。

为吸引人才，留住人才，用好人才，结合大庆实际，制定了《大庆市人才发展"十三五"规划》，设计实施"科技创新创业人才集聚工程""产业人才梯队建设工程"等重点人才工程。在大庆市委市政府《关于争当全国资源型城市转型发展排头兵的意见》中，提出了要聚集吸引优秀人才。既要引育高端人才，也要大力培养创新型、技能型人才。一要壮大科技领军人才队伍。实施高层次和紧缺人才引进计划，全职或柔性引进高层次领军科技人才，鼓励带专利、带项目入庆转化。探索建立短期兼职、长期聘用、咨询顾问等引才机制，推进驻庆央企、高校和区域创新人才资源共用共享。二要壮大高端企业家队伍。鼓励本土企业家革新经营管理理念，围绕化工、汽车、食品加工等产业急需，引导企业聘任优秀高管，优化提升本土企业治理结构，推动向现代企业转型。三要壮大技术工匠队伍。推进所有市属职业教育学校"双元"制改革，全部建立学校和企业双主体办学、双主体育人、双导师指导、双元评价的长效机制，实现人才培养与企业无缝对接、与产业紧密衔接。四要壮大创业带头人队伍。组建线上产业研究院，创办大庆创业公开课，培养优秀的创业经理人、经纪人团队，放大创业带动的乘数效应。五要壮大年轻干部队伍。遴选懂经济、懂产业、懂金融、懂项目的优秀年轻干部到企业、产业园区、基层、重点项目和经济职能部门实践锻炼，优化干部队伍结构。

其次，以技术人才作为保障，实现大庆油田的可持续发展。21 世

---

① 大庆人才总量三年增长 3.5 万人，兑现政策待遇资金 2100 余万元，2015 年 7 月 31 日大庆网。

纪以来，大庆油田储采矛盾日益突显，原油产量呈现逐年递减趋势。大庆油田为了贯彻党的十八大精神，全面建成小康社会，提出强化油田保供主体地位，推进油田整体协调发展，保持原油持续稳产。这不仅需要一批经营管理人才与专业技术人才，更需要一大批技能过硬、经验丰富、素质优良的操作技能人才。虽然大庆油田技能人才队伍在整体建设中，职业资格等级结构日趋合理，但仍存在着复合型、知识型技能人才偏少，高等级技能人才偏少，技术、技能型人才偏多的现状。大庆油田提出"两为四在"的人才理念，即发展的企业为人才的发展提供广阔的舞台，发展的人才为企业的发展创造无限空间。在选才上，重学历不唯学历、重才更重德、多元选择、公平竞争；在育才上，不怕"跑"、不怕"闲"、不怕"赔"；在用才上，讲政治、讲胸怀、讲实效、讲优化、讲艺术，不怕用外人，不怕外人用；在留才上，靠感情、靠事业、靠政策。

二、继承性

继承性是大庆精神的重要时代特征。这里的继承性是在文化发展的历史继承性意义上讲的。所谓继承性指的是，一定历史发展阶段上的文化在内容上主要是反映现实的经济基础，但同时也会吸收、保留以往形成的某些意识形态的思想因素和材料。大庆精神是建立在历史的继承性基础上的，大庆精神的形成和发展继承了中华优秀传统文化的精髓，继承了伟大的革命文化，继承了社会主义先进文化。新时代大庆精神的继承性特征有了新的内容。

（一）继承传统文化

习近平总书记多次强调中华优秀传统文化的历史影响和重要意义。中华优秀传统文化是中华民族的精神命脉，是涵养社会主义核心价值观的重要源泉，也是我们在世界文化激荡中站稳脚跟的坚实根基。建设社会主义文化强国、实现中华民族伟大复兴，必须大力传承和弘扬中华优秀传统文化，努力实现中华优秀传统文化的创造性转化和创新性发展。中华优秀传统文化是习近平总书记治国理念的重要来源之一。新时代大庆精神以习近平新时代中国特色社会主义思想为指导，中华优秀传统文化得到了更大的继承和发扬。

中华优秀传统文化来源于中华民族的历史实践，是中华民族在几千年历史发展过程中所产生的思想文化的总和，是多种思想和学说之间互相交流融合、同其他文化不断交流互鉴而形成的文化。中华优秀传统文化以讲仁爱、重民本、守诚信、崇正义、尚和合、求大同等为基本内核，积淀着中华民族最深沉的精神追求，包含着中华民族最根本的精神基因，代表着中华民族独特的精神标识，是中华民族生生不息、发展壮大的丰厚滋养。中国人民的理想和奋斗，中国人民的价值观和精神世界，始终深深植根于中华优秀传统文化沃土之中，同时又随着历史和时代前进而不断与时俱进。中国共产党始终是中华优秀传统文化忠实的传承者和弘扬者。加强文化建设，要做到在继承中发展，在发展中继承。传统文化中不可避免地存在陈旧过时或已成为糟粕性的东西，与社会主义市场经济、民主政治、先进文化、社会治理等还存在需要协调适应的地方。这就要求人们必须实现对传统文化的创造性转化、创新性发展，使之与现实文化相融相通，共同服务于以文化人、以文育人的时代任务。创造性转化，就是要按照时代特点和要求，对那些至今仍有借鉴价值的内涵和陈旧的表现形式加以改造，赋予其新的时代内涵和现代表达形式，激活其生命力。创新性发展，就是要按照时代的新进步新进展，对中华优秀传统文化的内涵加以改造、拓展、完善，增强其影响力和感召力。

大庆精神是在中华优秀传统文化的精神沃土中成长起来的，它来源于对中华优秀传统文化的传承。在中国共产党对民族精神的传承和践行中，大庆精神在中华优秀传统文化的根基上生根发芽、茁壮成长。习近平总书记强调："中华优秀传统文化是我们最深厚的文化软实力，也是中国特色社会主义植根的文化沃土"① "中华优秀传统文化中很多思想理念和道德规范，不论过去还是现在，都有其永不褪色的价值。"② 大庆精神是在社会主义建设时期形成的，在改革开放时期得到更大发展

---

① 习近平：《牢记历史经验历史教训历史警示 为国家治理能力现代化提供有益借鉴》，《人民日报》，2014年10月14日。

② 习近平：《在文艺工作座谈会上的讲话》，《人民日报》，2015年10月15日。

的。大庆精神同中华民族世代传承的精神如自强不息、艰苦奋斗、开拓进取、不屈不挠、坚韧不拔等一脉相承。中华民族形成了爱国主义为核心的团结统一、爱好和平、勤劳勇敢、自强不息的伟大民族精神。大庆精神蕴含的"高速度、高水平拿下大油田""把中国石油落后帽子甩到太平洋里去""为国争光、为民族争气"等，充分体现了爱国主义精神。大庆精神自诞生之日就打上"爱国主义"的烙印。当年，大庆石油会战所洋溢的那种知难而进、不甘落后、决心改变我国石油工业落后面貌的群体意识，集中展现了石油职工为国争光、为民族争气的强烈的爱国主义情怀。大庆石油人始终怀着一颗为国分忧的赤子之心，以强烈的责任感和主人翁意识，把爱国当成最崇高的志向，把报国化成义不容辞的行动，把祖国的需要和发展当成自己最神圣的责任。热爱祖国，不仅要对祖国有深厚感情，更主要的是要有热爱祖国、报效祖国的实际行动。大庆油田职工迸发出与伟大的祖国同甘共苦、共度难关的壮志豪情，以铁人王进喜为代表的石油人在困难面前不低头，事事以国家利益为重，处处以民族命运为念，在极其艰苦的条件下，用难以想象的毅力克服各种困难，将一桶桶石油从千米以下的地底抽出来送到祖国最需要的地方。大庆精神由企业精神逐步发展为城市精神和民族精神，这对于振奋民族精神，自力更生，艰苦奋斗，克服困难，起到了积极的作用。

新时代大庆精神将中华优秀传统文化融入自身之中，赋予爱国、创业、求实、奉献更多民族精神内容。大庆石油人以"先天下之忧而忧，后天下之乐而乐"的爱国创业精神为祖国献石油，用"人生自古谁无死，留取丹心照汗青""鞠躬尽瘁，死而后已"的奉献精神为国家贡献自己的全部力量，这是对中华优秀传统文化和民族精神的继承和发扬。道法自然、天人合一，天下为公、大同世界，自强不息、厚德载物，以民为本、安民富民乐民，脚踏实地、实事求是，仁者爱人、以德立人，以诚待人、讲信修睦，清廉从政、勤勉奉公等中华优秀传统文化，为大庆精神的创新发展提供了思想来源。

（二）继承革命文化

革命文化成长于中华文明的危难之际，在最艰难的岁月中，革命者牢牢把握最先进的革命理论，紧紧植根于人民群众，焕发中华文化的最大创造力，成就了全新的革命文化。革命文化是中国道路、中国理论和中国制度发展的深厚土壤，是中国社会发展中不可或缺的优秀基因。革命文化是中国革命实践的产物，是马克思主义理论本土化的成功代表，是世界先进的革命理论和中国最具体的实际相结合的产物，以井冈山精神、长征精神、延安精神为主。革命文化的核心是集体主义精神和大众文化，它崇尚底层文化、整体精神，坚持为人民服务，联系群众的新理念和新作风，展示与传统文化截然不同的一面。中国共产党人代表一种全新的革命理念，重视群众，服务群众，成为新的文化发展方向，为最广大的人民群众服务，成为新的时代精神与文化理念。在中国共产党领导的新民主主义革命的不同时期，革命根据地时期的革命文化，呈现出的是艰苦奋斗的开辟精神；长征时期的革命文化，以大无畏革命理想为支撑；抗日战争时期的革命文化，以自力更生、不屈不挠、代表中国新希望的延安精神为代表；解放战争时期的革命文化，则以心系人民、众志成城，艰苦奋斗、谦虚谨慎、不骄不躁的西柏坡精神闻名于世。革命斗争中形成的艰苦奋斗、不怕牺牲的作风，是中国社会主义建设获得成功的重要源泉。从历史的变迁来看，革命文化不仅是传统文化的新时代蜕变，同时也是社会主义先进文化成长的重要源泉。革命文化在当代的社会主义建设中成为新的活着的传统，它以人民大众的利益为根本取向，在革命实践中不断加以创新和完善，在建设中不断拓展与发展。

大庆精神脱胎于革命战争年代的井冈山精神、长征精神、延安精神，具有中华民族自强不息的精神特质和爱国主义特征。大庆精神是中国共产党的伟大精神，大庆精神是在继承革命文化基础上形成的。大庆精神是中国共产党革命战争年代的井冈山精神、长征精神、延安精神在社会主义建设时期的继承和发扬。大庆精神具有鲜明的实践性，它蕴藏着中华民族自强不息的刚健精神和勇敢、勤劳、俭朴的品格，融会着中国工人阶级和中国人民解放军艰苦奋斗、无私奉献的精神，包含着中国共产党和毛泽东同志反复倡导的实事求是的科学态度，这是革命战争年代的井冈山精神、长征精神、延安精神在大庆的坚持和发展。大庆精神对井冈山精神、长征精神、延安精神的传承和弘扬，是井冈山精神、长征精神、延安精神在石油工业发展历程中的具体体现，其实质都是坚持

"为人民服务和集体主义"这一社会主义道德的核心与原则；都是艰苦创业，埋头苦干，为国家富强、民族复兴、人民幸福，为共产主义理想的实现而奋斗。

（三）继承先进文化

在当代中国，社会主义先进文化，就是指面向现代化、面向世界、面向未来的，民族的科学的大众的社会主义文化。坚持社会主义先进文化的前进方向，最根本的是要坚持马克思主义的指导地位。新时代中国特色社会主义文化是以满足人民精神文化需求为出发点和落脚点。坚持以人为本，贴近实际、贴近生活、贴近群众，发挥人民在文化建设中的主体作用，坚持文化发展为了人民、文化发展依靠人民、文化发展成果由人民共享，促进人的全面发展，培育有理想、有道德、有文化、有纪律的社会主义公民，提高全民族的思想道德素质和科学文化素质。

中国梦、社会主义核心价值观是社会主义先进文化的主要内容。新时代大庆精神要秉承自己的优秀传统，积极吸收和反映社会主义先进文化的最新成果，提升自己的精神内容，实现创新与发展。

大庆精神秉承着优秀的历史传统，把实现"中国梦"作为自己的时代任务。实现中国梦是中华民族近代以来最伟大的梦想，就是实现国家富强、民族振兴、人民幸福。中国梦是近代以来中国人的不懈追求，是中华民族的历史命运和当代中国的发展走向。大庆精神正是顺应这个伟大的时代任务而形成和发展的。大庆精神形成发展贯穿于社会主义建设和改革开放的整个历史时间段。中华民族伟大复兴中国梦一直是作为大庆精神的目标，贯穿于大庆精神形成发展整个过程。大庆精神主要内涵及其在新时期的创新内容所体现出来的实质精神与中国梦的本质是一致的，即国家富强、民族振兴、人民幸福，这也是为新的历史时期继承弘扬大庆精神提供了更加明确的指向。中国梦把国家的追求、民族的向往、人民的期盼融为一体，体现了中华民族和中国人民的整体利益。中国梦是国家情怀、民族情怀、人民情怀相统一的梦。中国梦的最大特点，就是把国家、民族和个人作为一个命运共同体，把国家利益、民族利益和每个人的具体利益紧紧联系在一起。大庆精神以自己特有的方式见证了中华民族伟大复兴的历程，并为完成这个时代任务而贡献着自己的力量。当年大庆石油会战的胜利，破除了国际上所谓学术权威观点即认为只有海相生油，陆相生油不成立，大庆石油人发现和建成了大庆油田，摘掉了贫油论的帽子，为国家富强、民族振兴、人民幸福作出了重要贡献。今天在大庆，爱国精神体现为"为祖国加油"，因而不断开拓国内外市场，生产更多的石油和天然气为祖国加油、打气。创业精神体现为了实现资源型城市可持续发展，大庆通过科技创新、产业升级转型等不断延伸着石油产业链，为实现社会主义现代化，为国家富强、民族振兴和人民幸福作出新的贡献。求实精神体现为大庆要打造百年油田，建设绿色生态的新型工业城。奉献精神体现为今天的大庆人秉承着老一代石油人艰苦奋斗、无私奉献的传统，响应党和国家的号召，不断开拓着崭新的时代，为实现"中国梦"而努力奋斗！实现中国梦必须弘扬中国精神，这就是以爱国主义为核心的民族精神和以改革创新为核心的时代精神。大庆精神是中国精神的重要组成部分，大庆精神作为中国精神的一个具体表现，是以爱国主义为核心的民族精神和以改革创新为核心的时代精神的统一。爱国主义是中华民族的精神基因，激励着中华儿女为祖国发展繁荣而不懈奋斗，20 世纪 60 年代的石油会战和改革开放后的为祖国献石油，深刻体现了大庆石油人这种强烈的爱国主义情怀。改革创新反映了当代中国发展进步的要求，大庆精神在改革开放中不断创新与发展，与时俱进，在新的历史时代彰显着自己的精神力量。

大庆精神是积极践行社会主义核心价值观的生动体现。社会主义核心价值体系引导着社会主义先进文化。社会主义核心价值体系的基本内容包括马克思主义指导思想、中国特色社会主义共同理想、以爱国主义为核心的民族精神和以改革创新为核心的时代精神、社会主义荣辱观。社会主义核心价值观是社会主义核心价值体系的内核，是对社会主义核心价值体系的高度凝练和集中表达。社会主义核心价值体系和社会主义核心价值观具有内在的一致性，体现了社会主义意识形态的本质要求，是中国特色社会主义道路、理论体系、制度和文化的价值表达。社会主义核心价值观是中国特色社会主义价值观的最集中表达，是马克思主义中国化最新理论成果之一。以"富强、民主、文明、和谐，自由、平等、公正、法治，爱国、敬业、诚信、友善"① 为内容的社会主义核心价值观，是凝聚当代中国全体人民社会意识观念的"最大公约数"，是中国特色社会主义理论体系的重要组成部分。在当前社会思潮多样化、价值判断多元化、利益诉求多样化的背景下，如何践行社会主义核心价值观，增强凝聚力是亟须解决的时代课题。大庆精神是中国特色社会主义的时代展现，是践行社会主义核心价值观的时代载体。大庆精神与社会主义核心价值观在本质上高度契合，都具有强大的社会价值认同功能，都把理想信念作为自己的最高精神追求。大庆精神内涵中体现的强烈爱国主义情感、崇高的价值理念及其精神感召力、凝聚力，展现了当代大庆石油人理想信念和精神追求，是社会主义核心价值观在石油行业的直接体现。弘扬大庆精神与践行社会主义核心价值观的有机结合，能够在社会上最大限度地形成价值共识，切实把以爱国主义为基石的大庆精神转化为全社会的共同价值追求和价值目标。大庆精神与党的理论创新的有机联系在践行社会主义核心价值观中结合在一起，因此，践行社会主义核心价值观是大庆精神的时代追求。大庆精神在社会主义先进文化体系中获得了全新的视域，社会主义先进文化为大庆精神创新发展提供了强大的理论基础。

三、创新性

创新性是大庆精神的时代特征之一。党的十八届五中全会提出五大发展理念，其中创新排在第一位。这里的创新性就是在五大发展理念意义上讲的。坚持创新发展，必须把创新摆在国家发展全局的核心位置，不断推进理论创新、制度创新、科技创新、文化创新等各方面创新，让创新贯穿党和国家一切工作，让创新在全社会蔚然成风。新时代大庆精神的创新性主要体现在理念创新、制度创新和科技创新三个方面。创新是大庆精神的生动写照。在大庆石油会战时期，面对复杂的地质情况、面对极其艰苦的自然环境、面对落后的勘探开采技术，大庆石油人发扬"跨过洋人头，敢为天下先"的可贵探索精神，以"两论"为指导，在

---

① 《中国共产党第十八次全国代表大会文件汇编》，人民出版社，2012年。

技术、管理和文化等方面进行全面创新。今天的"三超"精神，是在长期创新实践中形成的宝贵精神财富，是大庆精神的重要组成部分，是大庆精神创新探索的升华。

（一）理念创新

理念是人们的一种精神追求，是人们共同认可、指导人们行为的思想观念，是一种内生动力，对人们的行为有重大的激励和引领作用。在加快由计划经济体制向社会主义市场经济体制转变、在加速推动传统矿区型城市向现代都市型城市跨越升级的过程中，大庆精神反映时代变化，形成了一系列崭新的理念。

改革创新理念。坚持识变、求变、应变，从思想、思维、思路层面破题，摆脱路径依赖、方法依赖，着力解决受旧观念束缚裹足不前、不愿去试不敢去闯、找不到突破方向、拿不出创造性举措的问题。提出了"三超"即超越权威、超越前人、超越自我；"四创"即创业、创新、创优、创效；"五业"即创油田发展的"百年油田"之业，创石油化工升级的战略之业，创以高科技为先导的接续产业发展壮大、发挥重要支柱作用之业，创城乡一体发展、富裕进步之业，创功能完备、特色鲜明、环境优美、社会文明的现代城市之业。

容错纠错理念。坚持"三个区分开来"，健全完善容错纠错机制，传承"三老四严""四个一样"优良传统，培育"政务工匠"，大张旗鼓选树先进典型，给思想解放的干事者撑腰，让因循守旧的无为者"下课"。

和谐双赢理念。地企关系是大庆最重要的生产关系，地企合作是大庆最重要的生产力。坚持"发展共谋、责任共担、城乡共建、稳定共抓"的"四共方针"，形成了"共同发展、和谐双赢"的生动局面，推动了大庆各项事业又好又快发展。

绿色生态理念。加速推动粗放消耗型生态向绿色低碳型生态跨越升级，争当生态转型排头兵。牢固树立绿色发展理念，培育绿色产业，建设绿色城市，发展绿色民生，成为全国资源型城市经济、社会、环境协调发展的典范。尊重自然、顺应自然、保护自然，将生态文明建设放在更加突出位置。提倡绿色低碳消费方式，创新绿色低碳生活方式。

终身学习理念。坚持以全市党政机关的思想解放带动基层和群众解放思想，在对待新理念新事物、运用市场化办法、推进重大改革、学习先进地区经验等方面探索新思路、新办法、新机制。坚持发展需求导向，采取务实管用的办法，根除本领不足、劲头不够、标准不高、不遵规则、不守纪律、不敢担当的顽症。大庆市委市政府提出创立学习型城市、学习型组织，加强思想理论武装，深入学习习近平新时代中国特色社会主义思想。学习成为广大市民的自觉行动，努力学理论、学政治、学经济、学科技等蔚然成风，"书香大庆"活动成为大庆的一张名片。

（二）制度创新

制度创新是大庆精神创新性时代特征的重要体现。大庆市委市政府和大庆油田继承和弘扬大庆精神，为全面建成小康社会，进行了一系列制度创新。

社会治理创新。加速推动单向管理型治理向协同互动型治理跨越升级，争当社会治理转型排头兵。对标全面小康，对表民生需求，对焦问题短板，创新社会治理方式，夯实民生基础，建立适应发展需要的公共服务体系和社会治理体系。建设幸福大庆。顺应人民群众对美好生活的新期待，着力打造"宜商的创业环境、宜业的市场环境、宜居的生活环境"。建设信用大庆。推进政务诚信、商务诚信、社会诚信和司法公信建设。建设法治大庆。推进科学立法、严格执法、公正司法、全民守法，深入实施法治政府建设实施纲要，大力加强覆盖城乡的公共法律服务体系建设，让法治文化在大庆深入人心、成为自觉。建设文明大庆。传承城市精神，高高擎起大庆精神这面红旗，融入新元素、赋予新内涵、激发新活力，深挖人文价值、厚植人文根脉。

廉洁从政制度创新。构建"亲""清"的新型政商关系，以更大力度支持企业转型创新、加快发展，营造稳定公平透明、可预期的营商环境。一是推动企业减负成效明显改善。全面落实结构性减税政策，革除与行政审批相关联的寻租权力和不当利益，建立收费项目和标准清单，严禁任何部门、任何单位清单外收费，坚决斩断"向企业乱伸的手"。二是推动行政审批效率明显改善。持续深化"放管服"改革，革新行政审批方式和流程，推广多证合一、多评合一、多图联审，在高新区、经开区建立行政审批局，全域实施项目承诺制。三是推动政府服务质量明显改善。按照世界银行营商环境评价指标体系，对标制定大庆在开办企业、办理建设手续、获得电力、登记财产、获得信贷、纳税、跨境贸易、执行合同等方面的服务优化措施。四是推动市场经济秩序明显改善。创新行政监管机制，扩大联合执法和综合监管，重点管方向、管政策、管引导、管评价，坚决整治、严厉打击破坏发展环境的人和事，维护公平竞争的市场秩序。

民主法治政府建设创新。"地企"领导牢固树立适应社会进步的民主理念，尊重专家、尊重群众，集体领导、共同决策，坚持制度、发扬民主，严格执纪、搞好监督，推进改革、选拔人才。集体领导把握方向，个人分工负责推进落实；自觉贯彻执行民主集中制，坚持集体领导与个人分工负责相结合；防止以个人为中心，削弱和摆脱集体领导。全面推行党务公开和政务公开，强化依法行政，人民群众的知情权、参与权、表达权、监督权得到有效落实。坚持依法治市、依法治企，坚持法制教育、持之以恒，坚持打防结合、标本兼治，坚持依法行政、公正司法；坚持"司法调解、人民调解、行政调解、行业协会调解、群众团体调解、中介组织调解"，即"六调联动"。大庆呈现出了安定有序、民主和谐、充满生机、昂扬向上、魅力四射的良好局面。

大庆油田国际化经营体制机制创新。大庆油田坚持市场导向，大力优化生产组织流程，在分与合的实践中改变规则、适应市场，在集约统筹、专业管控中积极探索，寻求答案，调整构建海外业务产业化发展格局，形成了集"大组织""专管理"于一体的多样化、个性化生产组织新格局，实现系统的最优化配置。逐步构建综合矩阵管理模式。推动海外油气业务垂直管理。落实海外非油业务管理权责。

（三）科技创新

科技创新是大庆精神创新性时代特征的体现。创新是改革开放以来的时代精神，是中国精神在改革开放新时代的重要体现。习近平总书记强调要建设创新型国家，提出创新驱动发展战略。实现这一目标重点需要科技创新。科技创新为大庆精神提供了时代的新元素，大庆精神也为创新驱动发展战略提供重要的精神支持。大庆精神从形成到今天的发展都是围绕着创新而前进的，没有创新就没有大庆精神。

大庆油田自 1959 年发现以来，始终坚持大力推进油田科技自主创新、持续创新，培育形成了以"三超"为内涵的科技创新精神。从人拉肩扛到模块式组装，从一次采油技术到三次采油技术，科技革命一直是支撑油田高速发展的发动机，没有科技创新，就没有大庆的发展。大庆油田经过几代科技和管理人员的探索与实践，逐步构建了一套具有油田特点的科技创新体系，以专业研究机构为主体，以高精尖人才为核心，以科学有效的组织形式和运行机制为支撑，以催生成果、培育人才为宗旨，推动了大庆油田技术创新实践，形成了"超前的战略规划、高效的组织方式、规范的过程管理、开放的科研环境、全程的激励措施、长效的动力保障、共享的知识平台和全员的创新氛围"为核心的科技创新体系。大庆油田开发建设 50 多年来，累计取得国家级科技成果 104 项，省部级 855 项，获得国家专利 3289 件，其中发明专利 475 件，"大庆油田长期高产稳产的注水开发技术""大庆油田高含水期'稳油控水'系统工程"和"大庆油田高含水后期 4000 万吨以上持续稳产高效勘探开发技术"，分别于 1985 年、1996 年和 2010 年荣获国家科技进步特等奖。自主研发了处于世界领先水平的大型陆相多层砂岩油田水驱开发和三次采油等配套技术，有力支撑了油田不同历史时期的发展。

"三超"是当代大庆石油科技人的座右铭。当年大庆油田的发现打破了中国贫油论；大庆油田再次打破不适合用三元复合驱的结论。如今，大庆油田不断地把科技注入油田开发中，开发出水驱、聚驱、三元复合驱技术，并正在研究生物驱、二氧化碳驱等技术，提升采收率使老油田焕发出勃勃生机。从王德民、王启民到伍晓林、孙刚，大庆油田科技人前后相继。大庆油田的人才优势和技术储备转化为生产力，技术输出成为大庆油田参与国际竞争的有力武器。大庆油田充分发挥人才优势和技术优势，利用大庆油田领先国际的水驱精细挖潜技术、化学驱大幅提高采收率技术，在东北振兴规划中推动国家油气研发基地建设，积极抢占石油科技发展制高点，着力打造世界油气开发科学中心和创新基地，紧紧依靠技术输出的引领拉动，从横向、纵向两个维度延伸产业链，提升价值链。"油头化尾"为龙江发展指明方向。大庆石油人制定目标，在搞好常规油气资源开发的同时，积极向页岩油等非常规领域进军，以页岩油革命推动石油工业革命。在发展中，大庆油田把一些国家和地区已经纳入大庆石油人的视野，利用大庆油田领先国际的水驱精细挖潜技术、化学驱大幅提高采收率技术向国际石油领域进军。按照世界石油开采领域的规律，大庆油田早就应该呈现大幅下降趋势，但石油人依靠科技创新、精准开发和走出去的战略，在 2016 年完成油气当量4441.5 万吨，上缴税费 100 多亿元。在未来的国际竞争中，"大庆精神"的发展模式正凸显出核心竞争力。

为深入贯彻落实习近平总书记对大庆作出的重要指示和提出的殷切期望，落实党和国家新一轮东北老工业基地振兴战略，大庆油田在新的历史时期确定了可持续发展的总体目标，即"当好标杆旗帜，建设百年油田"。面对未来，大庆人当好标杆旗帜，争当资源型城市转型发展的排头兵，在龙江全面振兴中以率先振兴为己任，建设大通道、扩大能源圈、延伸产业链、发展新业态，以无比开放的胸襟，以崭新的形象，走在城市转型振兴发展、建设百年油田的新征程上。

四、实践性

实践是人类生存和发展的最基本的活动，是认识产生和发展的基础。实践是人类能动地改造世界的感性物质活动。大庆精神形成于大庆石油会战的实践，大庆精神的成功经验运用于社会主义建设和改革开放的实践，新时代大庆精神创新发展于实现中华民族伟大复兴中国梦的社会实践。实践性是大庆精神的重要时代特征。

（一）形成于实践

中国共产党成立以来，在领导人民进行革命、建设、改革的过程中培育形成了一系列伟大精神。其中，形成于 20 世纪 60 年代大庆石油会战伟大实践中的大庆精神，集中体现了新中国工人阶级的优良精神风貌，具有鲜明的时代特色，堪称民族之魂、国之瑰宝。半个多世纪以来，大庆精神始终与时代发展同步，历久弥新、放射光芒，激励着全国人民不畏艰难、勇往直前，积极投身社会主义建设和改革开放的伟大实践，创造了举世瞩目的发展成就。

　　大庆精神是对大庆石油会战形成的大庆基本经验的凝练和提升。大庆石油会战时期，面对会战开始遇到的各种问题，要求全体干部职工用"两论"的立场、观点、方法来组织大庆石油会战的全部工作。要用毛泽东思想指导石油大会战，用辩证唯物主义的立场、观点和方法去分析解决石油会战中可能遇到的各种问题，运用"两论"的基本观点，分析石油会战所面临的形势任务、矛盾和困难。大庆油田的建设是学习运用毛泽东思想的典范。从大庆石油会战后开始持续 18 年的工业学大庆时期，大庆精神的"两论"起家传遍全国。所以"两论"起家在大庆精神的形成中具有基础和核心的作用。"两论"的基本思想在大庆精神中得到了充分的体现。"两论"起家实践中一个重要内容就是"调查研究是一切工作的第一步，没有调查就没有发言权"。这是《实践论》的重要观点，毛泽东非常重视调查研究，亲自做过多次农村调查，解决了革命中土地问题，实现了革命的胜利。后来形成了中国共产党最基本的工作方法即调查研究法，这是习近平总书记极力倡导的提高解决改革发展基本问题的本领中核心工作方法。调查研究是一项基本功。在对大庆油田详细调查研究基础上形成了关于油田的整体认识，这个认识成果只有回到实践中去，才能得到检验，才能纠正其错误或片面性。大庆油田的开发就经历了一个实践、认识、再实践、再认识的循环往复的过程，使之一次比一次更接近于实际，这是《实践论》中论证的认识发展规律，也是大庆精神中的科学求实精神的起源，是实事求是的具体体现。对油田开发的认识，主观和客观、理论和实践的统一，不是一次完成的，在新的历史条件下达到新的主观和客观的统一，就必须坚持靠"两分法"前进，这是对《矛盾论》阐述的思想的运用和实践。大庆油田的开发充满着矛盾。油田一经开采，地下的油、气、水就开始产生剧烈的变化，如何解决这个矛盾？《矛盾论》认为矛盾贯穿于事物发展过程的始终，正是矛盾推动着事物的运动和发展。以此为理论指导，大庆油田创造了一套特有的"六分四清"采油新工艺。同时在大庆油田发现、开发、建设过程中，正确处理了主要矛盾和非主要矛盾的关系，只用了 3 年时间就拿下了大庆油田，摘下了中国贫油论的帽子，这是大庆精神中爱国主义的具体体现。在这个过程中，充分发挥了主观能动性，会战指挥部诚心诚意地、卓有成效地依靠并调动群众的智慧和力量，发扬"宁肯少活20年，拼命也要拿下大油田""有条件要上，没有条件创造条件也要上"的艰苦创业和无私奉献精神。这些都是大庆精神"两论"起家的重要内容，后来凝练成了"爱国、创业、求实、奉献"精神。因此，大庆精神是在党的第一个理论创新成果毛泽东思想的理论指导下，在大庆石油会战的实践中创立形成的。

（二）运用于实践

大庆精神形成后，被广泛运用于社会主义建设和改革开放的实践。

社会主义建设时期大庆精神在全国的运用主要采取了以"工业学大庆"的方式。1964年1月25日，《人民日报》刊出毛泽东主席的号召："工业学大庆"。1964年2月5日，中央决定在全国公交、财贸、文教系统和各级机关、团体、部队中普遍传达，一直传达到基层单位。指出了大庆油田的经验虽然有其特殊性，但是具有普遍意义。大庆油田的一些主要经验，不仅在工业部门中适用，在交通、财贸、文教各部门，在党、政、军、群众团体的各级机关中也都适用，或者可做参考。1964年2月13日，在人民大会堂的春节座谈会上，毛泽东主席发出号召："要鼓起劲来，……要学习解放军、学大庆""要学习解放军、学习石油部大庆油田经验。"① 此后，全国工业战线掀起了学习大庆经验的热潮。到1966年上半年，工业学大庆进入了一个新的高潮，报纸上关于大庆经验的报道越来越多。《人民日报》以社论、短评、文章、编者按等形式，先后十余次发表了关于大庆和有关学大庆的论述。1966年1月10日，《人民日报》发表了题为《全国都能有大庆》的社论。1966年1月27日至3月5日，由国家经济委员会、中共中央工业交通政治部联合召开的全国工业交通工作会议和工业交通政治工作会议在北京召开，会议选出了70个大庆式先进单位，树立为全国各地区、各行业先进单位的代表和全国工业交通企业的学习榜样。推广70个大庆式企业的经验，进一步促进了工业交通战线学大庆的继续深入发展，进一步促进了工业生产达到新高潮。1976年12月，国务院在北京召开全国工业学大庆会

① 李国俊，史洪飞等：《大庆精神历史文献研究》，黑龙江教育出版社，2012年。

议筹备会议，宣布为了掀起工业学大庆的高潮，中央决定于 1977 年五一节前召开全国工业学大庆会议。1977 年 4 月 20 日，全国工业学大庆会议在大庆体育馆开幕，来自全国各地的 7000 多名代表参加了会议。提出把工业学大庆推向新的阶段，普及大庆式企业。4 月 23 日，《人民日报》为全国工业学大庆会议的开幕发表社论。1981 年 12 月 18 日，中共中央转发国家经委党组《关于工业学大庆问题的报告》，以中央文件的形式肯定了国家经委党组对大庆精神的概括，肯定了大庆的基本经验。

　　大庆精神在改革开放中继续发挥着自己的重要作用。改革开放以来，面对市场经济的机遇和挑战，大庆的爱国主义精神尤其珍贵。大庆油田的开发建设承载着国家的希望和民族的重托，是中国共产党领导下国有企业的成功典范。坚持党的领导是爱国主义精神的重要体现和保持正确发展方向的重要保证。大庆油田始终把国家利益放在第一位，曾经连续 27 年保持了年产原油 5000 万吨高产稳产，为改革开放以来我国国民经济高速增长作出了巨大贡献，成为党领导的国有企业的骄傲。21世纪以来，大庆精神的爱国主义表现为保障国家石油战略安全。随着我国经济总量持续增大，原油对外依存度不断提高。面对这种严峻形势，大庆人发出了"大庆油田为祖国加油"这种具有强烈爱国情怀的誓言。当年大庆石油会战创造的"六个传家宝"，形成了大庆精神中的创业精神。改革开放带来了经济发展，油田生产条件和生活条件都得到了极大改善，但大庆人认为艰苦奋斗的作风不能丢，要继承发扬大庆精神参与市场经济中的竞争。提出要做到"三个永不忘、三个永不丢"，即工作环境改善了，不忘会战作风，严细认真的传统永不丢；生活水平提高了，不忘干打垒精神，勤俭节约的传统永不丢；油田发展了，不忘艰苦创业的历程，为油拼搏的传统永不丢。改革开放以来，创业精神主要体现在推进大庆油田可持续发展的实践中，在大庆外围找大庆，大庆深层找大庆，走出大庆找大庆，艰苦创业精神已经超出了它产生的时代的界限，化作了创新创业的激情。当年大庆石油会战以"两论"起家，形成了讲求科学、"三老四严"的求实精神。改革开放以来，大庆人一直坚持"两论"起家基本功不动摇。在邓小平"科学技术是第一生产力"

思想的指导下，大庆油田加大科技研发投入，实现油田科技持续自主创新。同时以"三老四严""四个一样"的优良传统，建设了一支思想好、作风硬、技术强的铁人式职工队伍，勇闯国内外市场。大庆精神中的奉献精神是大庆石油人中国特色社会主义人生价值观的最重要体现，在大庆石油会战时期体现为"先国家后个人""先生产后生活"的价值观。改革开放以来凝练为报效祖国、奉献社会、造福人民，始终把国家利益放在第一位，胸怀全局、忘我劳动、心系国家、不计较个人得失，以立足岗位奉献为核心的奉献精神。

（三）发展于实践

以习近平同志为核心的党中央带领人民全面建成小康社会，实现中华民族伟大复兴中国梦，这是改革开放的新的伟大实践。大庆精神在这个伟大的改革开放实践中实现创新发展。变革的时代呼唤着大庆精神的创新发展，大庆精神的创新发展也给这个时代增添着光彩。

随着我国社会主义市场经济体制目标的确立，大庆开始了由计划经济向社会主义市场经济转变。在社会主义市场经济取向的社会变革中，全社会的价值选择必然导向经济建设和相关的领域。大庆精神形成于石油会战的特定历史时期，其思想内涵是当代的主流价值观念和意识形态的体系。历史在发展，社会在前进，新的精神文化成果在生成。大庆精神也在不断地进行创新，及时有效地赋予了新的内容和时代精神，不断地焕发出新的光辉与活力，获得新的价值和意义，不断地体现和反映新的时代风貌，并不断引领经济社会的发展和变革，成为时代前进的号角和旗帜。大庆精神按照发展社会主义市场经济的要求，大胆地试，大胆地闯，积极探索，勇于创新。半个多世纪以来，大庆精神经历了从计划经济到市场经济的观念转变、从企业精神到城市精神的外延拓展、从"一次创业"到"二次创业"的实践检验，生动体现在以王进喜、王启民、李新民等三代"铁人"为代表的大庆创业者身上，每一阶段都有着不同的表现形式、都发挥了独特的历史作用。现在，大庆爱国的核心任务是在保障国家能源安全的同时，实现转型发展、可持续发展，以当"旗帜"、作"标杆"的政治自觉和行动自觉，发扬"三老四严""四个一样"等优良传统，"撸起袖子加油干"，在龙江乃至东北率先闯出一条老工业基地振兴发展的新路子。强化"两论"起家、"两分法"前进基本功，围绕实施创新驱动战略，创"百年油田"之业、创接续产业之业、创现代城市之业、创小康民生之业。

新时代大庆精神在大庆人当标杆旗帜的征程中不断进行创新发展。习近平总书记在两次对黑龙江重要讲话中指出，大庆就是全国的标杆和旗帜，大庆精神铁人精神激励了几代人。这是对大庆历史贡献的高度认可，是我们不忘初心、继续前进的强大政治动力。大庆过去的辉煌成就，靠的是大庆精神的激励和鼓舞；新时代大庆愿景蓝图，更需要大庆精神的引领和鞭策。大庆精神是艰苦奋斗的精神，是主动创业的精神，是高尚奉献的精神，具有主动开放性。大庆人自觉地变革自身，追求创新，具有强烈的时代责任感和积极主动的实践勇气。大庆精神作为一种不断发展的时代精神，保持开放性。大庆精神本身不存在一个终极形式，发展中的大庆精神也不存在这样的终极形式，大庆精神是随着时代的进步和社会发展而不断创新的过程。

五、人本性

所谓人本性，指的是以人为本，指以人为价值的核心和社会的本位，把人的生存与发展作为最高的价值目标；一切为了人，一切服务于人。"人本"的主要思想内涵是推崇人的主体地位与能动作用，关注人的本质、价值、地位和使命，强调个体的人的自主、自由、利益、人格、个性、幸福等基本权利，称颂人的智慧、能力和品德，要求人们在分析、处理和解决具体事务时坚持"以人为目的、以人为根本"的价值准则，其基本思想体现着对人自身的生存境况及生活意义的热忱关怀。人本性是大庆精神的重要时代特征。新时代大庆精神坚持以人为本，着力促进人的全面发展；强化人的主体地位，尊重群众首创精神；高度关注民生，及时解决群众利益问题。

（一）坚持以人为本，着力促进人的全面发展

新时代大庆人继承和弘扬大庆精神，贯彻以人为本理念，促进人的全面发展。

中国共产党的出发点和落脚点是实现、维护、发展中国最广大人民

群众的根本利益，这也是大庆精神形成的价值基础。以人为本既是历史唯物主义的一项基本原则，也是党的根本宗旨和执政理念的集中体现。马克思主义在科学阐明人类社会发展规律的同时，也指明了人民群众创造历史的规律。强调人民群众是历史的创造者，是推动社会发展的决定性力量，从而第一次把以人为本的思想建立在历史唯物主义的科学基础之上。以人为本与党全心全意为人民服务的根本宗旨和立党为公、执政为民的本质要求是完全一致的。坚持以人为本，就要牢记党的根本宗旨，始终做到权为民所用、情为民所系、利为民所谋，始终把最广大人民的根本利益作为我们一切工作的最高标准。

大庆精神讲求无私奉献、艰苦奋斗，同时又强调把人作为一切工作的出发点和归宿，所以大庆精神始终把人民利益放在首位。大庆精神突出"石油企业以人为本，人以石油企业为家"的信念，做到以人为本，并着力促进人的全面发展，将人本理念贯穿于工作生活的各个方面。大庆精神坚持以人为本理念，强调无私奉献精神，这是中国共产党价值取向的具体表现。在大庆油田的开发建设中，广大油田职工以顽强的毅力、不懈的追求，不讲条件、不讲时间、不讲报酬，任劳任怨地工作奋战在石油一线。特别是在石油资源开采难度日益增大的情况下，他们自我加压，勇挑重担，矢志不渝，依靠科技创新实现了原油高产稳产，为国家石油事业发展作出了重大贡献，充分展现了淡泊名利、爱岗敬业、拼搏奉献的高尚情操。我们不断赋予大庆精神以新的时代内涵，始终牢记宗旨、改进作风，切实把奉献精神体现在服务人民、造福人民上。在新形势下大力弘扬奉献精神，就是要进一步提升境界，自觉践行全心全意为人民服务的根本宗旨。

一根红线贯穿大庆精神发展始终，即发展的理念是人本。以人为本就是坚持从每一个现实的、个体的人出发，凸显出人的社会主体地位。通过推进人的政治、经济、文化利益的实现，促进人各方面的潜能充分发挥，实现人的全面发展。大庆精神在创新和发展的过程中，自始至终贯彻以人为本的原则和人的自由全面发展的理念，把人的权利、人的自由全面发展放在第一位。大庆精神中的人文精神，就是以满足职工群众各方面的需求为出发点和目的，坚持和体现关心人、尊重人、爱护人、发展和完善人的思想；尊重职工群众对幸福美好生活的追求，同时也要他们对国家对社会承担责任、作出贡献；在社会公共生活中实行民主平等，友爱互助的人道主义；坚持以国家和人民利益为重，同时尊重和保护群众个人的合法的物质和精神利益；倡导艰苦创业，求真务实，勤俭节约，开拓创新为主要内容的创业精神。这些人文精神，在大庆人"关心人、爱护人"的思想政治工作的原则中，在大庆人对政工干部的"三访四到"的要求中，在大庆企业领导"全面关心职工生活"的基本态度中都充分地体现着具有时代气息的人文精神。这也是大庆精神创新价值的主导精神。

（二）强化人的主体地位，尊重群众首创精神

马克思主义认为人民群众是历史发展的动力。马克思主义者重视发挥人民群众的首创精神。在改革开放和现代化建设的过程中，大庆精神一直贯穿尊重实践、尊重群众，时刻关心广大人民的利益和愿望的思想，热情地支持鼓励群众的创造，敏锐地把握时代发展的脉搏，善于总结广大群众的经验和创造。

大庆精神的形成就体现了强化人的主体地位，尊重群众首创精神。20 世纪 60 年代初期在极端困难的条件下，为加快对大庆油田的开发，尽快解决新中国石油紧缺的难题，开展了石油会战。几万人的会战大军从祖国各地汇集到缺穿少吃、没有住房、荒无人烟的茫茫草原，克服蚊叮虫咬，克服饥饿和寒冷，克服技术和设备落后的重重困难，将个人生死置之度外，喊出了"有条件要上，没有条件创造条件也要上""宁肯少活 20 年，拼命也要拿下大庆油田"的豪言壮语，仅仅 3 年的时间，奇迹般地建成了大庆油田，并沉淀出大庆精神。大庆精神之所以能在内外交困的艰苦条件下诞生，让来自祖国四面八方的几万人心往一处想、劲往一处使，激发了以铁人王进喜为代表的会战职工内心深藏的爱国之情、创业豪情、求实作风和奉献精神，重要原因在于党的群众路线的全面贯彻和落实。大庆油田的创业历程也就是大庆精神的形成过程。大庆精神的形成过程是党的群众路线的充分体现，一切为了群众、一切依靠群众，从群众中来，到群众中去，坚信人民群众是历史的创造者。石油会战过程中，会战工委始终密切关注广大职工疾苦，想职工所想，忧职

工所忧，努力解决职工群众生活上的困难。会战之初，工委就确立了职工的主人翁地位，全体职工不分职务高低，不论身居何岗，人人是油田建设的主人，大家共同当家理财，共同为油田开发献计献策，铸就了大庆精神。

大庆精神一直以来非常突出人的主体地位，尊重群众的首创精神。大庆油田要实现可持续发展，大庆市要实现资源型城市转型发展，只能在改革实践中探索，独立自主、自力更生，干前人没有干过的伟大事业，必须紧紧地依靠群众，充分发挥广大人民群众的主动性和创造性，别无良法。要相信群众中间蕴藏着巨大的创造性，能够创造出多种多样的方法和措施来为实现自己的利益而奋斗。我们要实行群众路线，首先我们必须相信群众，如果我们都不相信群众能够自己解放自己，我们就难以做到正确地贯彻群众路线。在社会主义制度条件下，广大人民成为国家的主人，人民群众更有条件为自己利益而奋斗，发挥自己的积极性和创造性。领导的责任就是要创造条件，放手地让群众大胆地试，大胆地闯，不要用一些清规戒律来束缚群众的创造性。

中国共产党在长期的革命斗争中形成的群众路线，是实现我们党的思想路线、政治路线、组织路线的根本工作路线，也是中国共产党的优良传统和政治优势。党的十八大以来，党中央开展了党的群众路线教育实践活动，取得了非常明显的效果。群众路线是中国共产党执政为民过程的实践结果，是党的理论创新成果的最重要组成部分和核心内容。大庆精神是在群众路线中产生，在群众路线中发展，在群众路线中创新。

随着党的群众路线教育实践活动的开展，大庆精神秉承自己的优秀传统，继续践行着党的群众路线。大庆市委市政府畅通民意汇集民智，力争在社会建设和治理上有更大进展。尊重人民主体地位，发挥群众首创精神，凝聚百姓智慧力量，共建幸福美好家园。拓展政府与人民群众直通渠道。强化企业和创业投诉中心、网络问政平台等载体作用，为企业和市民反映诉求创造条件。健全群众主动问政、便捷问政、有效问政制度，保障群众在重大决策制定和重点项目实施上的知情权、参与权、表达权和监督权。完善政府新闻发言人制度，用好行风热线、政务微博微信等沟通平台，及时传递政府声音，正确引导社会预期和公众舆论。

完善民生工作机制。坚持民意导向，注重通过合理规划、科学管理、动员群众等途径，更好地解决扶贫脱贫、教育医疗、社会保障、健康养老、生态环保，以及物业管理、垃圾分类、食品安全、交通出行等热点问题，每年都用心用情用力办好一批群众要求强烈、感受明显的民生实事，让民生难点成为工作重点，让人心所向成为决策方向。夯实社会治理基础。建设法治大庆、平安大庆，引导带动社会尊法学法守法用法，通过法律渠道解决社会矛盾。扎实开展"七五"普法，强化法治宣传教育。完善基层社会管理和服务体系，发挥基层群众自治组织和社会组织在舆情表达、矛盾调处、综治维稳等方面的积极作用，促进城市共管、社会共治、成果共享。

（三）高度关注民生，及时解决群众利益问题

大庆的领导高度关注民生，及时解决群众利益问题。大庆石油会战时期的"干打垒"，改革开放后遍布大庆的居民楼等都体现了大庆市委市政府和大庆油田高度关注民生，及时解决群众利益问题。这体现了党的群众观和群众路线，是一切工作的出发点和落脚点。大庆人认为国家利益最重要，企业利益最关键，职工利益最根本，坚持从"以人为本"的角度来丰富大庆精神铁人精神的内涵，把职工既作为企业发展的动力主体，也作为企业发展成果的分享主体。发展为了人民、发展成果要让人民共享，我们要发展，更要职工和百姓的笑脸。大庆人的民生，是整体设计的大格局，推进落实的高标准，具体实施的高质量，是要让职工群众得到长久的、实实在在的实惠。照顾离退休老同志，关爱下岗人员，关心弱势群体，关注低收入家庭，消除绝对贫困，努力建设平安和谐幸福大庆，让发展基础更坚实，让人民生活更加幸福、更有尊严。

大庆市委市政府坚持保基本、兜底线、解急需，城乡人民生活持续改善。累计投入民生资金、年均增长幅度都创下新高。铁路东站、西站投入运营，城际高铁全线开通；城市老居住区和农村危房进行了改造，新建和维修了城市道路农村公路；新建改建医院和乡镇卫生院35家、学校和公办幼儿园271所，市妇女儿童医院、市图书馆、实验中学二部等重点项目投入使用，让胡路区、龙凤区通过国家义务教育均衡发展评估验收，标准化村卫生室建设全面完成；黑龙江女篮主场签约落户大

庆，奥体中心、百湖影视基地等文体场馆实现市场化运营。累计新就业25.7万人次、城镇登记失业率控制在4.3%以内，城镇医保、新农合实现政策全覆盖，市区最低工资标准位居全省前列。

决胜全面建成小康社会，做好民生工作意义尤其重大。大庆市委市政府，站在讲政治、讲大局的高度，咬定目标、强化举措，确保与全国、全省同步全面建成小康社会，实现大庆民生事业质的飞跃。坚决打赢脱贫攻坚战，所有贫困县、贫困人口如期脱贫。鼓励大众创业、万众创新，力争每年新增市场主体5万户。实施城乡居民收入倍增计划，扩大中等收入阶层比重。围绕补短板、突出精准性，推动公共服务均衡覆盖。

大庆精神的时代内涵

内涵是一个概念所反映的事物的本质属性的总和。大庆精神的时代内涵，是主要内涵的大庆精神在我国改革开放以来特别是中国特色社会主义进入新时代以来所展现的新内容的集中概括。这一时代内涵是对以"爱国、创业、求实、奉献"为主要内涵的大庆精神的继承和发展，主要内涵是时代内涵的源和根，时代内涵是主要内涵的流和脉；时代内涵并不否定主要内涵，是对主要内涵的丰富和发展。马克思主义认为，一切事物都是发展变化的，变是绝对的，不变是相对的。变就是一种发展，发展就是事物从小到大、从简单到复杂、从低级到高级的变化。这一变化的根本原因就在于实践的向前发展。大庆精神时代内涵的丰富内容，来自大庆人改革开放以来特别是进入中国特色社会主义新时代以来广泛而又深入的实践。党的十一届三中全会以来，大庆人在年产5000万吨石油高歌猛进的大好形势下，未雨绸缪，进行了二次创业，进而又开始了转型发展和全面振兴的伟大事业。特别是进入"十三五"以来，大庆人认真贯彻"五大发展理念"，大庆的经济、政治、文化、社会和生态发生了巨大变化。大庆精神正是在引领和推进大庆发展的伟大实践中得到了丰富和发展，在新的历史时期、特别是进入中国特色社会主义新时代以来，大庆精神又增添了累累精神硕果。

一、举旗争先

这是大庆精神时代内涵的鲜明标记，起着引领和示范的重大作用，蕴含着主要内涵大庆精神的浓厚色彩。一面被高扬的旗帜和一种被奉为学习的精神，必然是代表事物的发展方向，反映一个进步社会的本质特征，顺应广大人民群众的利益和呼声，引领前进的方向。2016年全国"两会"期间，习近平总书记在参加黑龙江代表团审议会上讲话时说："大庆为共和国作出了巨大的贡献""大庆就是全国的旗帜和标杆，大庆精神激励着工业战线广大干部群众奋发有为。"习近平总书记的讲话既是对大庆精神历史和现实作用的充分肯定，也是对大庆人的希望和要求。举旗争先是大庆精神固有的品格，是人们对大庆精神的共识。大庆石油会战以来，特别是毛泽东主席发出工业学大庆号召后，大庆人高举大庆精神旗帜，斩关夺隘、奋勇冲杀，以实际行动书写和创造着精神和物质的辉煌。旗帜要有举旗人，一旗高举万旗红。在"王进喜、马德仁、段兴枝、薛国邦、朱洪昌""五面红旗"的引领下，无数个举旗人茁壮成长。赋予时代内涵的大庆精神也是这样的旗帜，既继承了主要内涵大庆精神的先进性，又在新的实践中将这一精神推向了新的高度，使大庆红旗更加鲜艳。

（一）争创一流，展现旗帜风采

红旗不是保的，而是创的。争创一流，体现了大庆人与时俱进和不懈追求的精神风貌。进入新时期和新时代，当代大庆人不骄不躁，士气不减、奋斗不停，红旗高举、争创第一，在建设、改革、发展、稳定的实践中，展现了大庆红旗的风采。

1. 勘探开发创一流

勘探和开发在石油生产中是不可分割的两大环节，决定着大庆油田的生存发展乃至命运。大庆油田的勘探开发一直走在了石油企业的前列，创出了一流的工作业绩，为大庆油田的持续发展、创建百年油田作出了杰出的贡献。至 2009 年，大庆主力油田的采收率已突破 50%，比国内外同类油田高出 10 ~ 15 个百分点，从 1976 年开始到 2002 年实现年产原油 5000 万吨以上持续 27 年高产稳产，创造了世界同类油田开发史上的奇迹。大庆油田历经多年的高速高效开发，实现稳产目标难度和压力很大，但大庆油田干部员工自觉高举红旗，勇挑重担，把确保持续稳产、维护国家石油战略安全作为义不容辞的责任和使命，又作出了大庆油田原油 4000 万吨持续稳产的规划，到"十二五"末，已连续稳产 4000 万吨 13 年，在大庆光荣的历史上，又创造了新的辉煌。经济新常态是"十三五"时期最大的特征，大庆油田勘探开发的形势愈发严峻。面对重重困难，大庆油田又提出油气当量再稳产 4000 万吨 8 ~ 10 年。在"十三五"的开局之年，油气勘探取得了"大丰收"，开发也拿下了"稳油增气"的"硬任务"，打响了稳产的第一枪，又一次以高产量、高水平、高效益的作为举起了大庆红旗，显示了标杆的风采。

2. 科学研究创一流

大庆油田形成了一套自主研发、系统配套、具有自主知识产权的、世界领先的勘探开发配套技术。20 世纪 60 年代，运用陆相生油的理论，在大庆长垣地区探明石油储量 40 多亿吨，开创了第一次储量增长高峰。20 世纪 90 年代，通过研究非构造油藏的成藏模式，发展完善了向斜区岩性油气藏勘探理论，连续 5 年探明储量超过 8000 万吨，形成了第二次储量增长高峰。进入 21 世纪，向低、深、难领域进军，在长垣外围、海拉尔盆地、松北深层天然气勘探等都获得了大突破、大发现，累计提交三级石油储量 13.5 亿吨；2002 年，利用"火山岩储层预测技术研究及应用"技术发现了中国东部陆上第一大气田——庆深气田，迎来了储量增长的第三次高峰。特别是通过实施中国石油重大科技专项，8 年来，大庆油田目前已丰富发展 4 项理论，创新发展 12 项关键核心技术，获国家科技进步特等奖、一等奖各一项，省部级奖励 118 项，申请专利 1000 余件，新技术增油 1400 多万吨，创造了"万里长江'第一穿'""中国第一罐""水平开发'两个第一'"的奇迹，在为大庆油田持续发展发挥了重要作用的同时，为大庆精神又增添了光彩。①

3. 上缴利税创一流

60 年来，大庆油田在创造原油产量第一、原油采收率第一的同时，也创造了上缴利税第一。大庆油田创造的三个石油行业乃至整个工业战线的第一，以及为共和国作出的卓越贡献，至今仍让大庆人骄傲和自豪。60 年来，大庆油田向国家上缴各种资金并承担原油价差 1.7 万亿元，连续多年位居中国纳税百强企业榜首，有力地支持了国民经济发展。如果将其具体化成一百元面值的人民币，然后用火车外运，要近 400 个火车厢才装得下。如果用类比的方法，大庆油田一个企业，在辉煌时期每年上缴的利税，可以相当于我国一个主要经济城市的全年财政收入。保持经济贡献的稳定增长，就是上缴税费要增长，实现利税总额和现金贡献稳中有增，义不容辞担起繁荣经济重任。"国家财政收入的 100 元里面就有大庆 1 元钱"全国人都知道。但大庆油田到底给国家带来了多少富足和繁荣，人们能深切地感觉得到，却很少有人能说得清。许多人对大庆油田的认识往往停留在"基石""支撑"等概念性语言

---

① 大庆油田有限责任公司：《大庆油田企业文化辞典（50 年）》，石油工业出版社，2009 年 8 月，第 138－139 页。

上。其实，有着许多看得见、摸得着、具体可感的数字。仅 2000 年至 2012 年，油田累计向国家上缴税费 5281 亿元，省级财政 807 亿元，市级财政 363 亿元。数据显示，油气业务实现增加值 1500 亿元，对黑龙江省生产总值的不完全直接贡献达到 19.5%。

（二）勇站排头，发挥旗帜作用

旗手是站在排头、引领队伍前行的。大庆红旗的作用，就在于领先、在于示范、在于超越，不断攀登新的高峰。新时期以来特别是进入中国特色社会主义新时代以来，大庆人以模范的行为践行着旗帜的作用。

1. 未雨绸缪站排头

石油是不可再生的资源，无论储藏多么丰富，总有一天也要枯竭，这是不可抗拒的自然规律。但是人在规律面前不是无能为力的，是可以发现、认识和运用规律的，可以延缓衰竭和寻找新的资源和替代产业，保持城市的持久繁荣和可持续发展。大庆人总结国内外石油城市的盛衰经验教训，及时作出了二次创业战略决策，推进城市的转型发展，创建百年油田，保持大庆的持久繁荣。1992 年，大庆人在大庆油田原油处于 5600 万吨的顶峰时，就未雨绸缪，考虑长远发展问题，研究经济和城市转型。同年的 4 月 10 日，大庆高新技术产业开发区奠基，标志着以"解决资源型城市继续发展问题"为目标的大庆二次创业开始起步。1994 年 12 月 7 日至 10 日，在市委四届十五次全体扩大会议上，明确提出了高举"二次创业"旗帜的发展战略。2001 年 9 月，大庆石油管理局，提出了"发扬大庆精神、搞好二次创业、实现持续发展、再铸企业辉煌"战略方针，明确了二次创业的根本目标和任务，并于 2003 年适时推出了《大庆石油管理局二次创业指导纲要》，从 10 个方面作出了安排，为推进全局二次创业实践提供了指南。随着 2003 年大庆原油产量首次调整至 5000 万吨以下，油田公司一届四次职代会暨 2004 年工作会议确立了"持续有效发展、创建百年油田"的发展战略。至此，"二次创业"、转型发展，正式成为大庆城市发展重大而紧迫的战略任务，成为大庆各级党政组织的中心工作。进入中国特色社会主义新时代以来，大庆的城市转型发展的步伐更加强劲，近几年，大庆一直是全国 262 个资源型城市转型发展的领跑者之一。新一届市委市政府领导班子立足大庆发展实际，提出了"重构产业、重聚动能、重组要素、重塑环境"的经济社会发展思路，2016年经济运行实现了由负转正，又迎来了发展的新机遇，步入了上升的新周期。2017年9月9日，中共大庆市委大庆市人民政府下发了《关于争当全国资源型城市转型发展排头兵的意见》的文件，要求每一个大庆人都要干在实处走在前列，担负起责任和使命，坚决完成中央和省委交给大庆的政治任务。

2.企业管理站排头

岗位责任制的灵魂是政治责任心，管好企业必须从基层抓起。"三老四严"的发源地是组建于1960年的大庆油田采油一厂四矿中四采油队，是大庆油田赫赫有名的标杆队。从这个标杆队的管理水平就看到了整个油田的管理水平。建队58年来，虽然班子换了一茬又一茬，工人换了一代又一代，但不变的是"三老四严"的薪火相传。当"老标杆"碰上"高精尖"时，他们坚持"真细优精"工作法，用"三老四严"的态度，踏踏实实抓开发；用"三老四严"的标准，扎扎实实强管理；用"三老四严"的作风，实实在在提效益；用"三老四严"的要求，严严实实保安全，用创新不断丰富老传统的内涵，并将优良传统与现代管理制度进行有机结合，积极引入信息化、可视化等现代科技管理手段，增强发展竞争力，争当精细高效的示范。半个多世纪的时间，他们精管每口井、精采每吨油，实现原油稳产的观念和行动没有变。86.4万次巡回检查无一遗漏，24.96万张报表填写无一涂改，4959万个生产数据无一差错，油水井资料全准率、设备完好率和抽油机"五率"合格率、一类油水井和计量间均达100%，展现了老标杆的新作为，荣获了"全国工人先锋号""集团公司基层建设百个标杆单位"等荣誉称号。

3.城市建设站排头

1979年国务院批准建立大庆市，40年来，这个年轻的城市，取得了城市建设的优异成绩。先后荣获了全国文明城市、国家卫生城市、国家环境保护模范城市、全国综合实力50强城市等50余项荣誉称号。其中"十佳魅力城市"颁奖词写道："这里拥有中国最大的油田，这座城市创造的精神和物质财富，深刻地影响着共和国。它既是一座能源城市，又是一座环保城市，在对自然的索取和付出之间，他们掌握了平衡的秘诀，丹顶鹤也选择了这里。蕴藏着巨大能量的地方——黑龙江大庆市。"在新时代，大庆市委在提出把大庆建设成为"五市"（产业多元发展的经济大市、彰显大庆特色的文化名市、促进区域繁荣的中心城市、环境和谐优美的现代宜居城市、人民群众认同感自豪感获得感不断提高的幸福城市）城市的基础上，在落实黑龙江省第十二次党代会精神中，又提出要进一步明晰大庆在全省发展格局中的战略担当，研究好大庆的城市定位，承接好全省新三步走战略目标。这些目标正在实施，并且效果初步显现。在中国社会科学院城市发展与环境研究所 2016 年 10 月发布的《城市蓝皮书：中国城市发展报告》中，全国参与调研的地级市 288 个，只有 28 个城市处于相对健康的发展状态，其余为"亚健康"。大庆在从全国测算的健康经济、健康文化、健康社会、健康环境和健康管理的 5 项指标中处于中位数以上水平，是 28 个相对健康发展的城市之一。

（三）持续攀登，当好旗帜标杆

旗帜迎风才能招展，迎接挑战才会更加鲜艳。大庆红旗在面临考验中洗礼，在应对挑战中撑起，在持续攀登中高扬。大庆人，在创建百年油田中努力当好标杆旗帜。

1. 当好科学生产的旗帜标杆

油气产量是油田发展的"压舱石"，是"树标杆、举旗帜"的物质基础。继续保持大庆油田开发的领先地位，未来油气资源怎么拿？老区咋挖潜？外围咋动用？"走出去"海外业务咋拓展？开局起步很关键，未来 3 年很重要。聚焦"三年滚动规划"，要靠实任务目标，做细措施方案，确保油气田开发工作有序运行，协调推进，当好科学生产的旗帜标杆。

2. 当好科技创新的旗帜标杆

解决大庆油田当前发展面临的矛盾和问题，核心靠科技进步，关键在改革创新。资源有限，创新无限。大庆油田的发展史实际上也是一部科技创新史，油田要发展，必须牢牢把握科技创新这一利器，下好"落一子而满盘活"的科技先手棋，着力在突破重大"瓶颈"技术、发展核心主导技术、创新科研攻关模式等方面下实功夫，用科技创新延长企业发展的生命线。

3.当好国企改革的旗帜标杆

唯有改革才有出路，唯有创新才有未来。大庆油田要建设成"主营业务突出、立足国内、发展海外"的现代企业，必须在深化改革上，勇于"谋事"，善于"成事"。落实集团公司总体部署，大庆油田要切实抓好业务重组整合、企业办社会分离移交等改革重点工作，坚持问题导向，加强顶层设计，突出效率效益，深挖内部潜力，不断增强企业发展的内生动力与活力。

4.当好弘扬石油精神的旗帜标杆

在一代又一代石油人接力传承油田发展的历程中，一个特点凸显：越是关键时刻、越在困难时期，精神和传统的力量愈加彰显。"只要精神不滑坡，办法总比困难多"。大庆人用大庆精神谋发展、抓改革、闯市场、破难题，在攻坚克难中凝聚形成推动油田振兴发展的强大动力。要把坚持党的领导、加强党的建设作为企业的"根"和"魂"，弘扬大庆精神，把建设百年油田的实践不断推向前进。

二、忠诚担当

这是大庆精神时代内涵的政治本色，是大庆精神生生不息的政治灵魂，蕴含着主要内涵大庆精神的政治根基。20世纪60年代国外敌对势力对我国实行经济封锁和军事威胁，国内连续3年遭受自然灾害，国民经济出现了严重困难，国家缺少大量石油。人民的利益高于一切，国家的需要至高无上，党的召唤就是命令。以铁人王进喜为代表的大庆人，怀着为国分忧、为国争光、为民族争气的英雄气概，苦战3年拿下了大油田，一举摘掉了长期压在中国人民头上的贫油帽子，体现了大庆人的高度政治自觉和国家主人翁精神。新时期特别是进入中国特色社会主义新时代以来，大庆人"心中有信仰，脚下有力量""听党话、跟党走、勇担责"的政治觉悟不断增强，集中表现为忠诚担当的新境界。

（一）坚定的信仰追求

大庆人之所以具有忠诚担当的精神，根本的原因就是有对马克思主义、共产主义远大理想和中国特色社会主义共同理想的追求。信仰，是人们对某种理论、学说、主义的信服和尊崇，并把它奉为自己的行为准则和活动指南。支撑个人和政党存在和发展的根本就是信仰。习近平总书记指出：理想信念，是世界观和政治信仰在奋斗目标上的具体体现。一个国家、一个民族、一个政党，任何时候任何情况下都必须树立和坚持明确的理想信念。如果没有或丧失理想信念，就会迷失奋斗目标和前进方向，就会像一盘散沙而形不成凝聚力，就会失去精神支柱而自我瓦解。马克思主义、共产主义信仰是共产党人的命脉和灵魂，坚定理想信念，坚守共产党人精神追求，始终是共产党人安身立命的根本。

1. 坚定的信仰是大庆精神的根本

根本即根源，是事物的根本原因和决定因素。大庆精神的根本就是对马克思主义、共产主义、中国特色社会主义的孜孜以求。这不仅是大庆精神的最主要内涵，更是大庆精神其他内涵之源。信仰决定立场、决定方向、决定境界、决定状态。没有这一条，就不会有以"爱国、创业、求实、奉献"为主要内涵的大庆精神，也不会有赋予"举旗争先、忠诚担当、艰苦奋斗、创新超越、严实精准、开放包容、融合共享、人本惠民"新内涵的大庆精神的创造和形成。

2. 坚定的信仰来自于理论的武装

一个民族要站在世界民族之林，必须要有理论思维的高度，一个政党、一种信仰，必须要有理论的武装。习近平总书记指出，"对马克思主义的信仰，对社会主义和共产主义的信念，是共产党人的政治灵魂，是共产党人经受住任何考验的精神支柱。"只有理论上的正确、清醒，才能有信仰上的崇高、坚定。大庆人信仰的坚定、大庆精神作用的持续，是因为有科学的理论作基础。大庆人在大庆石油会战中坚持以《实践论》《矛盾论》为核心学习内容，以坚定干部和群众理想信念为目标，以全国和解放军的先进经验为借鉴，以铁人王进喜识字搬山精神为引领，以高速度高水平拿下大油田为目的，坚定了信仰，增强了信心，鼓起了干劲，取得了石油会战的成功。进入新时期，在改革开放的进程中，广大干部群众，以问题为导向，注重实践，坚持在干中学、学中干，取得了二次创业的业绩。中国特色社会主义进入新时代以来，认真学习习近平新时代中国特色社会主义思想，充电"补钙"，强筋壮骨，增强创新创业激情，高举大庆红旗在困境中砥砺前行，在经济新常态下经受考验挑战，为共和国继续加油，为全面建成小康、实现中华民族伟大复兴的中国梦增添动力。

3. 坚定的信仰必须在坚持中践行

铁人王进喜说："干，才是马列主义；不干，半点马列主义也没有。"语言简短意赅，道出了信仰和笃行的关系、理论和实践的关系。新时期大庆人继续践行着铁人的教诲，坚定的信仰在实践中闪光。新时期铁人王启民，是大庆精神的传承人，是千千万万大庆人中的一员，他用实际行动诠释了大庆人的坚定信仰和不懈追求。他具有崇高的爱国热情，国家利益是他心目中的最高原则，国家需要就是他的最高志愿，为了国家利益他可以舍弃一切。他把爱国和爱大庆、爱工作紧密联系在一起，致力于油田的高产稳产。他夜以继日地苦干，他所取得的每一项科研成果都付出了艰辛的劳动。他和其他科研人员一道，解决了油田分层开采接替稳产和低渗透层接替稳产配套方法等一系列高科技难题。他既是科技工作者，又是一位领导干部，他兢兢业业、克己奉公，誓将毕生精力贡献给油田。

（二）坚定的政治立场

大庆精神是大庆红旗最突出的政治优势，讲政治是大庆的光荣传统，立场坚定是大庆人的突出表现，展现了大庆精神的政治本色。

1. 坚决维护核心地位

维护核心地位，是政治立场坚定的最集中体现。大庆人有高度的核心意识和自觉的看齐原则，历来响应党的号召、维护党中央的权威。毛泽东主席说："看来发展石油工业，还得革命加拼命"，大庆人就坚持"有条件要上，没有条件创造条件也要上"。毛泽东主席发出"工业学大庆"号召，大庆人就高举毛泽东思想伟大红旗勇往直前。进入新的历史时期，大庆人坚决维护以邓小平为核心的党中央第二代领导集体、以江泽民为核心的党中央第三代领导集体和以胡锦涛为总书记的党中央领导集体的权威。进入中国特色社会主义新时代以来，大庆人坚决拥护习近平同志在全党的核心地位，坚决维护以习近平同志为核心的党中央的领导权威，自觉地与以习近平同志为核心的党中央保持高度一致。大庆人以转型发展、可持续发展，持续有效发展、创建百年油田的实际行动维护了核心地位，使大庆精神的政治本色更加厚重。

2. 始终把握政治方向

政治方向，就是奋斗目标。中国共产党的政治方向就是为实现共产主义而奋斗；而我们党在现阶段所要坚持的政治方向，则是带领全国人民建设中国特色社会主义。大庆，无论是在社会主义计划经济时期，还是在社会主义市场经济时期，一个始终不变的根本原则就是坚持社会主义方向、坚持中国共产党的领导不动摇。这是办好大庆石油企业的根本经验，也是大庆不断发展的根本经验。在大庆，党的各级组织坚强有力，党的组织是企业的领导核心，始终牢牢把握企业服务于国家、服务于人民、服务于党的伟大事业的正确发展方向，始终努力践行经济、政治和社会"三大责任"，并不断创造新的辉煌。

3. 认真贯彻中央精神

大庆精神能够与时俱进，大庆红旗能够始终高扬，是由于毛泽东主席的亲手树立、党中央的亲切关怀，也与大庆人坚决贯彻中央的精神分不开。大庆人坚决贯彻党中央改革开放的方针，建立和不断完善适应社会主义市场经济体制的制度机制，大庆油田更加美丽；发扬大庆精神，未雨绸缪，进行以大庆持续发展为目的的二次创业；珍惜大庆光荣史，再创大庆新辉煌，坚持科学发展，为我国的石油工业发展作出了大贡献。进入新时代以来，大庆人高举大庆红旗，认真贯彻以习近平同志为核心的党中央的战略部署，举旗帜、做标杆，牢固树立"四个意识"，坚定"四个自信"，恪守"四个服从"，筑牢党组织政治优势，坚持全面从严治党，坚决反对腐败，严明纪律规矩，树立群众观点，践行责任使命，在转型发展全面振兴中大庆红旗举得更高。

（三）深厚的爱国情怀

大庆人的爱国精神，集中表现为为国争光、为民族争气，是大庆精神的基石，在大庆精神中起到感情和立场奠基的作用。大庆人的爱国情怀，是对祖国一种深深热爱的心境，集中体现到立足岗位、奉献石油和致力于持续发展上。

1. 爱国情怀的基点是立足岗位

千里之行始于足下，大庆人爱国的豪情从一点一滴做起。每一个操作间、每一口采油井、每一座转油站、每一部钻井机……，都是体现爱国情怀的岗位，都是踏踏实实报效祖国和人民的立足之点；无论是干部、还是工人，无论是党员、还是普通群众，都为祖国分忧担责，都在任劳任怨、默默无闻地工作。功勋员工王晓松，1993 年参加工作，2002年入党，先后担任钻井队钳工、司钻、30920 钻井队副队长、队长等职务。自担任队长以来，以争当"铁人式"队长为目标，坚持"驻井"指挥、带头实干，每年都有 270 多天坚守在井场，有 3000 多个小时跟班作业。多年来，他立足艰苦岗位，勇于拼搏奉献，带领队伍勇攀钻井高峰。自 2009 年以来，连续 4 年荣获钻探工程公司优秀员工，连续 3年被评为油田公司杰出员工，2012 年被中油集团公司授予工程技术服务业务"百队千人"先进个人荣誉称号。类似王晓松这样的工人、党员、干部，在大庆油田比比皆是。

2. 爱国情怀的核心是奉献石油

大庆因油而生、因油而兴，大庆因贡献了巨量的石油而名闻全国乃至世界。大庆人深知，石油是国家良性运行的动脉，建国初期不能缺油，建成小康社会和实现中国梦的征程上也不能缺油。大庆石油会战时期，我为祖国献石油，是大庆人的使命所致；今天我为祖国加油，同样是光荣的历史使命。党和国家对我们寄予厚望，全国人民信任我们，我们责无旁贷，必须为祖国为人民又快又好地奉献更多的石油。进入新时期特别是进入新时代，大庆人在困难和挑战面前，不犹豫、不退缩，迎着困难走、顶着风险上，为了确保连续年产油气当量 4000 万吨产量，坚持"持续有效发展、创建百年油田"目标不动摇，坚持"高举大庆红旗、弘扬大庆精神"不动摇，克服了诸多困难，不断在"稳油增气"上突破、在规模效益上突破、在外部市场上突破、在降本增效上突破、在改革创新上突破，保证了石油生产任务的完成，实现了为国奉献石油的情怀。

3. 爱国情怀的目标是持续发展

大庆人的爱国情怀，不仅体现在以往、体现在当下，更体现在长远；不仅体现在岗位奉献、体现在为祖国加油，更体现在大庆的持续发展。大庆人"地企"同心、步伐同向、目标同一，千方百计谋求大庆的可持续发展。大庆市委市政府着眼于大庆可持续发展，立足于新时代，作出了转型发展全面振兴、争当全国资源型城市转型发展排头兵，全面建设社会主义现代化新大庆的战略部署，并通过重构产业、重组要素、重聚动能、重塑环境，加速推动转型发展，使大庆持续发展的后劲越来越足，前景越来越令人期待。大庆油田公司在《"十三五"及可持续发展规划》中，对原油产量进行了科学合理地调整，使其在 3000 万吨以上再稳产 8 - 10 年，同时加快天然气和海外业务发展，实现油气当量总体规模持续稳定。这是一个遵循客观规律的科学调整。当前，随着主力油田进入"双特稿"开采阶段，要保证为国家石油战略安全持续作出高水平贡献，必须遵循油田开发的自然规律，努力构建油气生产的新常态，这样，才能以油田开发的可持续保证石油贡献的可持续。

（四）崇高的责任使命

2016 年 12 月 7 日，中国石油天然气集团公司党组下发《关于大庆油田当好标杆旗帜建设百年油田的意见》，赋予大庆油田以更重要的责任使命。最近，结合学习贯彻党的十九大精神，按照中央"两个阶段"的部署要求，公司对振兴发展《纲要》进行了细化完善，进一步明确了从 2020 年到本世纪中叶的规划目标。

2020 - 2035 年，在固本强基的基础上，全面实现转型升级。稳油增气、内外并举、创新驱动、协调发展的业务格局建立完善，国内外油气产量当量保持在 4500 万吨以上，天然气产量占比达到 15% 以上，海外权益产量占比达到 45% 以上，服务保障业务市场化现代化改造基本完成，形成一批具有知名品牌和市场竞争力的专业公司，新兴接替业务蓬勃发展，油田矿区和谐稳定，员工生活更加富裕，企业改革发展成果惠及方方面面。

2035 - 2050 年，在转型升级的基础上，通过持续优化提升，实现向国际化资源创新型企业的跨越。企业技术水平世界领先，综合实力显著增强，国际化程度大幅提升，国内外油气产量当量保持在 4000 万吨以上，天然气产量占比达到 20% 以上，海外权益产量占比达到 50% 以上，全面建成以能源开发为主、相关业务协同高效发展的中国特色社会主义现代化强企，成为具有全球竞争力的世界一流企业，标杆旗帜更加鲜艳，员工生活更加幸福。

从现在起到 2020 年，油田振兴发展仍处于固本强基阶段，这一阶段的发展质量与工作成效，直接关系到"两个 15 年"奋斗目标的实现。处在这一承前启后的 3 年战略关键期，我们必须固资源之本、强发展之基，固开发之本、强效益之基，固质量之本、强素质之基，固业务之本、强竞争之基，进一步把业务基础打牢，把发展根基夯实，为"当好标杆旗帜，建设百年油田"创造更为有利的基础和条件。

这是责任和使命的担当，是大庆人勇于负重精神的表现。大庆油田在集团公司总体发展大局中，地位举足轻重、作用无可替代，大庆的原油产量既是集团公司原油产量的基石，也是集团公司发展油气主营业务的关键。实现大庆油田及其地区的可持续发展，对促进东北老工业基地振兴、维护地区经济社会和谐稳定大局，都将产生重要而深远的影响。

三、创新超越

这是大庆精神时代内涵的鲜活元素，是大庆精神充满魅力的生动写照，蕴含着主要内涵大庆精神的绵长根脉。"宁肯少活 20 年，拼命也要拿下大油田""困难面前有我们，我们面前无困难""莫看毛头小伙子，敢笑天下第一流""敢为天下先，勇闯油田开发禁区"。这些流芳于世的豪言壮语，是大庆人在大庆石油会战及其之后激情燃烧的岁月里敢想敢干、勇于突破、永不满足为石油拼搏壮举的真实记录。进入新时代，大庆人进一步彰显了矢志一流的竞争意识、永不停歇的进取精神、勇攀高峰的英雄主义，在观念、制度，尤其是在科技创新方面，积极拓展发展空间，永不服输、不甘后进，集中展示了大庆精神新的时代内涵创新超越的新品格。

（一）创新超越的理念

理念即思想、观念。在这里创新超越的理念，即大庆人科技创新的思想和观念。这一理念是制定创新超越政策、措施的前提。这一理念在实践中逐步产生，具有丰富的内容。

1. 发动群众,全员开拓创新

全员创新是大庆油田优良传统。早在油田开发、建设初期,余秋里、康世恩等第一代石油战线领导人,就在全油田组织开展了"全员抓地质""石油工作者的岗位在地下,斗争对象是油层"等群众性科技创新活动。大庆油田继承发扬这一传统,从打造创新型企业、全面提升核心竞争力出发,广泛开展了以群众性创新、创效活动为主要内容的全员创新实践。要求领导干部把创新的重点放在研究解决事关科技创新的重大问题上,技术人员把创新的重点放在攻克油田生死攸关的"瓶颈"技术难题上,广大员工把创新的重点放在生产过程中的技术革新和技术改造上,从而营造了一种"创新并非科技人员专利"的浓厚氛围,使人人都有创新的责任,人人都有创新的压力,人人都成为创新的主体,人人都积极主动地为科技创新作贡献。油田公司功勋员工高纯良,现任公司天然气开发部工艺管理科副科长,自 1996 年参加工作以来,先后主持及参加 23 项各级科研攻关,获科技进步奖 9 项,组织编写采气工程方案等 35 项,在国际 SPE 会议、国家级以上刊物和学术会议上发表论文 21 篇,获得国家实用型专利 9 项。个人先后获得"中国石油天然气股份公司采油采气先进个人""大庆油田有限责任公司优秀科技管理工作者"等荣誉称号。

2. 解放思想,在头脑中找油

有人说:"石油,首先在地质家的脑子里。"被誉为大庆油田"找油先锋"的勘探开发研究院勘探研究一室在工作实践中,提出了"在科技人员自己的脑子里找油"的理念,引导科技人员大力解放思想。20世纪 80 年代至 90 年代初,突破构造找油的框框,应用高分辨率层序地层学理论,创立了孔隙度、低渗透率致密储层油气藏勘探技术,发展完善了向斜区岩性油气藏勘探理论;20 世纪 90 年代末这个室天然气项目组科技人员再次突破以往 3500 米以内才有油气的思维,加强深层勘探力度,加大火山岩油气藏勘探,利用精细地震反演技术,研究出适合松辽盆地的火山岩岩性识别技术,从而找到了一个储量潜力近千亿立方米的含气区带,为实现大庆油田第三次储量增长高峰作出了突出贡献。2004 年,在油田勘探工作会议上,大庆油田对近 50 年的勘探工作经验作了总结，提出了"解放思想决定出路，求真务实决定成败"的勘探工作理念。在这一理念的指导下，油田勘探工作人员以解放思想的武器和求真务实的作风，形成推动勘探事业发展的强大精神动力。

3. 资源有限，但是科技无限

大庆油田经过 50 余年的高效开发，可持续发展面临资源接替难、特高含水期开发难和外围增储上产难等诸多矛盾和挑战。为此，油田提出了"资源有限，科技无限"的理念，即自然资源是有限的，但科技资源是无限的。科技作为一种手段，可以将更多的地下资源转化为油气产量；科技作为一种资源，可以到国际市场上去换取油气资源。就勘探开发业务来讲，地下油气资源的多少是相对的，是对现有技术水平的一个变量。要实现油田的持续稳产，必须解决技术换资源的问题，把科技作为要务中的要务，依靠技术上的不断进步，推动储量的增长、开发水平的攀升，最大限度地把油气资源拿出来。这一理念既体现了油田科技领先的光荣传统，又凸显了科技在资源型企业可持续发展中的重要作用。

4. 超前眼光，规划科技发展

大庆油田自开发建设以来，始终坚持把科技进步放在主导地位，高度重视自主创新，把应用、研发、储备三者结合起来，切实搞好主营业务发展的技术接替，让科技始终走在生产的前面。正是油田的科技自主创新，推动了勘探开发水平的不断攀升，铸就了我国石油发展史上的一座又一座丰碑，使大庆油田始终成为中国石油工业的领头雁。油田勘探开发研究院，把弘扬"三超"精神目标化、项目化、常态化，把全院的干部员工思想，统一凝聚到加快创新超越步伐、推进创新实践，建设国际水准研究院上来，继续唱响"我为祖国献石油"主旋律，在油田长远发展的实践中打头阵、唱主角、当主力、作贡献。

5. 科技先行，一切经过试验

"科技先行，一切经过试验"是大庆油田一直坚持的传统做法，也具有现代科技管理的鲜明特色，更符合石油企业科技管理的实际。其核心是做到"三个超前"，努力实现"两个提前"。"三个超前"：一是超前组织科技攻关，对油田开发过程中将要遇到的技术问题提前开展专题研究，提前预测开发趋势，统一思想和认识；二是超前做好工艺技术准备、完善、配套工艺技术；三是超前开展先导性矿场试验，提前暴露矛盾，总结经验，指导大面积推广应用。"两个提前"：科技工作提前5年准备，生产建设提前1年安排。根据这样的理念，为解决制约油田可持续发展的重大"瓶颈"技术问题，促进技术的集成和完善配套，为创建百年油田提供技术支撑，2004年大庆油田有限责任公司组织开展了十大开发现场试验。到2008年底，十大试验已取得较好进展和阶段性成果，在支撑油田4000万吨稳产中发挥了重要作用。

（二）创新超越的体系

创新超越的理念，必须要有创新超越的科学体系保证其贯彻落实。大庆油田先后制定了一系列优秀、科学的创新超越体系，推动了油田创新超越活动的开展。

1.科技创新体系

大庆油田科技创新体系主要包括六方面内容：即超前的战略规划、高效的组织方式、开放的科研环境、共享的知识平台、全员的创新氛围、长效的动力保障。围绕这一体系，大庆油田坚持搞好科技决策、知识管理、组织实施、环境支持四个系统和科研项目全过程管理机制、重点项目课题制攻关机制、科研成果加快转化机制、以业绩贡献为导向的激励机制、促进人才成长的人力资源开发机制的建设，推动了油田科技的迅速发展。

2.科技决策体系

根据石油企业科技工作的特点和实际，大庆油田建立了领导有力、民主科学的科技决策体系，设立了油田科技工作的最高领导和决策机构技术委员会。该委员会主任由总经理（局长）兼任，负责组织制定有关科技发展战略和中长期科技发展规划，组织审定油田重大科技政策和管理办法，组织重大科技项目论证，指导重大科技项目实施，审定重大科技成果奖励等事项。技术委员会下设若干专业技术委员会，由副总经理或总师兼任专业技术委员会主任，负责专业技术决策。油田所属单位也相应设立了技术委员会。三级科技决策体系的建立和完善，确保了重大科技决策的全局性、权威性和科学性，同时为重大科技决策的制定和实施提供了强有力的组织保证。

3. 科技管理体系

为加强科技管理，确保各项科技工作任务的完成，大庆油田有限责任公司逐步建立完善了四个层次的科技管理体系。第一个层次是公司技术发展部，它是公司技术委员会的日常办事机构，是公司科技工作的归口管理部门，主要负责贯彻执行国家和上级主管部门科技政策、法规和制度；研究制定公司科技工作的有关政策、管理办法、规定和管理流程等。第二层次是公司所属单位的科技管理部门，第三个层次是公司所属单位的矿、大队、研究室等，第四个层次是生产小队、项目组等。这套管理体系有效地保证了油田科技决策的贯彻实施和科技计划的高效运行。尤其在"科研立项'三结合'""课题制管理"等制度的执行都收到了好的效果。2016 年，大庆油田对涉及勘探、开发、天然气等领域的十三个重大专项课题进行了论证，并实行对课题长全面实施竞聘上岗，经过组织答辩和专家打分，13 位佼佼者脱颖而出，成为课题长。

4. 科技激励体系

为了调动科研人员的积极性，制定了一系列的激励机制。"科技人员全程激励机制"，即在技术研发阶段，科技人员通过承担科研课题拿酬金；在技术完成阶段，通过取得优秀成果获重奖；在技术推广阶段，通过科研成果转化得提成，核心技术骨干每年还可享受 500 – 5000 元的技术津贴。对贡献大的给予重奖，在给予物质奖励的同时也授予荣誉称号。同时还设立了"技术创新突出贡献奖"，还进行了"科技英才"的评选活动，有力地推动了创新超越活动的开展。

（三）创新超越的措施

大庆产的每一吨油里都有很高的科技含量。大庆油田开发建设以来，依托科技创新，一次次挑战极限，一次次勇闯世界难关，一次次创造了令人瞩目的奇迹，使油田保持了持续发展，体现了大庆精神的时代旋律，展现了大庆人的开拓豪情和发展壮志。之所以如此，是因为在先进理念和完善的科技体系推动下得益于一系列科技措施的得当运用。

1. 开发方式的转变

油田开发方式并不是一成不变的，会随着地下情况的变化适时调整的。进入新时期的 1981 年，大庆原油综合含水已达 60%，全油田进入高含水开采期,地下投入的主力油层高含水有的已达80%,生产能力显著下降,而非主力油层产油量很小,含油很低,有些低渗透油层甚至根本不出油。保证稳产,必须采取一系列重大措施,主要包括三个方面:一是增产挖潜的对象要由过去以主力油层为主转变为以中、低渗透层为主;二是挖潜措施要从过去以油水井"八分四清"综合调整为主转变到以新钻调整井细分层系为主;三是开采方式要从过去自喷采油为主转到机械采油为主。在近10年中,通过"三个转变"方式,每年增到5000万吨可采储量,与每年采油量保持平衡,实现了油田开发的良性循环。油田综合开发调整,这是油田开发过程中为保持油田稳产而采取的综合措施的总称,对油田稳产起到了保证作用。油田加密井就是在原有油井的中间再打井。在1980年油田对原有井网进行加密后的1990年,又开始了油田二次加密井调整,使井距进一步缩小,以增加可采储量。

2. 采油技术的运用

三次采油是指油田进入高含水期后期以提高最终采收率为目标,综合使用物理及化学方法,对油田进行的特殊开采。"一次采油"是油田开发初期利用油层天然能量驱动开采;"二次采油"是注水开发;"三次采油"是通过特殊方法提高采收率。"三次采油"的方法主要包括注入聚合物和表面活性剂,可使最终采收率提高10%~20%,是油田今后增加可采储量的重要途径之一。"三元复合驱油",是继聚合物驱油技术之后又一项世界领先技术,截至2009年已获发明专利23项。该技术可在水驱基础上提高采收率20%,对油田持续有效发展具有十分重要的意义。泡沫复合驱油是在三元复合驱及在天然气驱基础上发展起来的又一种三次采油技术。作为重大技术接替,这种技术可在聚合物驱和三元聚合驱的基础上再提高采收率,已在美国、英国、俄罗斯、加拿大等国申报了发明专利,是当今世界最前沿的驱油技术。微生物采油是利用微生物及其代谢产物在油藏中生长、繁殖、运移过程中产生的一系列生物化学作用来影响和改变油层中流体和岩石的性质,从而达到提高原油采收率的目的。研究表明,微生物采油技术可在三次采油之后进一步提高采收率,有望成为油田开发后期第四次采油的主要接替技术。

四、艰苦奋斗

这是大庆精神时代内涵的根本特质，有着鲜明的时代性，蕴含着主要内涵大庆精神的熏陶感染。艰苦奋斗，是中华民族的传统美德，是经济社会生活的一个基本价值观念和行为准则。大庆人艰苦奋斗名扬中外，令人敬仰。"为石油事业艰苦奋斗一辈子"，是铁人王进喜的名言，也是以他为代表的大庆人的共同意愿和实际行动的表达。在大庆石油会战中，大庆人不畏重重困难，艰苦奋斗，以"六个传家宝"精神，一举拿下了大油田，创造了石油史上的奇迹。现在条件好了，环境变了，但是大庆人艰苦奋斗的精神没有变，在新时期、新时代不断发扬光大，创造着新的业绩。

（一）直面挑战、攻坚克难

艰苦奋斗，首先就要有直面挑战、攻坚克难的勇气。2015 年，大庆油田经过长期的高速高效开发，一些制约油田发展的瓶颈问题逐渐显现，特别是进入经济新常态以后，加上油价低迷的影响，有质量有效益的可持续发展面临的挑战和压力越来越大。大庆油田提出，破解当前油田发展的难题，就要发扬艰苦奋斗的精神，优化整合资源，加大攻关力度，加快创新步伐。

1. 锁定方向加快进程

锁定方向、加快进程，坚持"业务导向、部门组织、项目管理、集中攻关"，立足发展完善五大技术系列，紧紧扭住"十大公关任务"，突出提交规模优质储量、加快难采储量动用、重大攻关突破等方面，实行问题导向，严格科学立项，超前公关储备技术等，为油气当量 4000 万吨稳产提供可靠支持。各级领导，尤其是主要领导，讲服务、讲支持、开绿灯，积极为项目研究保驾护航。公司机关、科研院所、生产单位，加大统筹力度、尽快组织推进步伐，取得重大实质性突破。

2. 攻坚啃硬敢于拼搏

第一采油厂认真贯彻公司关于艰苦奋斗的要求，在直面挑战、攻坚克难中不断进步，在迎接挑战中坚定前行。面对资源接替不足、成本刚性增长等一系列矛盾和挑战，艰苦奋斗，化压力为动力，变挑战为机遇,在队伍中大力倡导艰苦奋斗精神,引导各级干部开拓进取,时刻引领发展,鼓舞队伍士气;引导广大科技人员心无旁骛,潜心钻研、刻苦攻关,敢于挑战极限,勇于超越自我;引导广大职工爱岗敬业、创新创效,与企业同呼吸共命运,树立困难越大干劲越足,群策群力、艰苦奋斗的良好形象。

3. 创新推动增加效益

艰苦奋斗,不仅要勤俭节约,更要创新增效,这已是大庆人的共识。三元复合驱自从在油田规模化推广以后,年产油逐年攀升。相继突破 200 万吨、300 万吨大关后,2016 年产量已达到 406 万吨,累计动用地质储量 2.09 亿吨,油水井 8482 口,累计产油 2055 万吨。三元复合驱 2016 年产能工程地面方案通过应用"三优一简"措施,节省地面建设投资 7.3 亿元,节资比例达 11.5%。创新增效已成为大庆人的自觉行动。1974 年出生的第二采油厂工人、石油天然气集团公司技能专家、"刘丽工作室"负责人、厂"技师之家"总会长刘丽,参加工作 22 年,以老一辈石油工人为榜样,艰苦奋斗,苦练技术,为基层单位解决技术难题 800 多项,研制创新创效成果 93 项,推广应用革新成果 25 项,获油田公司重大技术革新成果 20 项、国家专利 12 项,累计创效 5800 多万元。仅 2014 年就完成技术攻关 16 项、革新 13 项,推广使用 6 项。刘丽工作室被评为省"劳模创新工作室""省书香班组";同年,刘丽获黑龙江省"铁人式"职工,并以排名第一的成绩当选为油田"十大巾帼建功标兵"。

(二) 杜绝铺张、厉行节约

杜绝浪费、厉行节约,是我们党的优良传统,也是大庆人的优良作风。中国特色社会主义新时代,大庆人以更加艰苦奋斗的精神统一思想、凝聚力量、破解难题、降本增效、推进发展。

1. 降本增效摆在突出位置

面对石油量价双降的严峻形势和降本增效的巨大压力,大庆人深知,大庆现在比以往任何时候都要更加重视效益,突出效益,要眼睛向内、苦练内功,努力控投资、降成本、控能耗,走低成本发展之路。要在转方式、调结构、降成本、提效益上下功夫。要牢固树立过紧日子思想，做好过苦日子的准备，不断提高经营管控能力、市场竞争能力和可持续发展能力，真正以革命性的措施把推进开源节流、降本增效放到更加突出的位置。在这一思想的指导下，各单位掀起了开源节流、降本增效的活动。大庆石化公司紧跟市场抓效益，化工生产主打"优化牌"，坚持管理优化保项目、操作优化深挖潜、产品优化争效益。截至 2016年 11 月末，仅石化公司塑料厂线性装置生产 DNDA－8320 新产品 7271吨，创效 203 万元。

2. 突出效益节约生产成本

大庆人围绕进一步提升生产经营总体效益出发，深入开展主题活动，组织各系统、各单位，从业务现状出发，调整经营策略，完善经营机制，靠实经营措施，确保效益突出成本降低，取得实实在在的效果。油田功勋员工李雁鸿，1980 年参加工作，多年来获得一系列荣誉称号，他带领自己的作业区，按照"提高效率、降本增效、规范管理"的思路，科学组织生产，合理安排人员岗位，解决了人员紧张的问题，年节约人工成本百余万元。带领作业区骨干开展多项技术革新，大大节约了生产成本，累计创经济效益 883 万元。钻井一公司 3076 钻井队，坚持超前做好生产组织运行工作、坚持做好设备维护保养工作、坚持做好安全环保工作、严控成本做好降本增效工作，2016 年进尺突破 8 万米，相当于原来没有表层套管施工的 11 万多米，实现节余 400 多万元，位居钻井一公司各钻井队首位。

3. 节约挖潜坚持持久经常

艰苦奋斗不是权宜之计，而是百年大计、千年大计、万年大计。作为一个单位，节约挖潜就是厉行艰苦奋斗的行为之举。大庆人在新的历史时期，发扬大庆的光荣传统，在工作中处处注意勤俭节约，时时不忘挖掘节约潜力，强化日常管理，不仅盯紧大是大非，也抓好小事小节，落实到各项具体措施中去，这已经成为大庆人的习惯。

（三）打好基础、立足长远

艰苦奋斗不是一阵子，而是要坚持一辈子。作为一个人可以这样，但作为一个党、一个国家、一个单位，那就是世世代代、必须永远持之以恒的事情。正因为如此，大庆人始终坚持艰苦奋斗思想，并将这一作风置于制度保障之下，要求所有的大庆人必须事事处处做到艰苦奋斗。

1. 坚持思想教育经常化

这是保持和发扬艰苦奋斗作风的基础。大庆人从细小的问题抓起，坚持天天讲、时时讲，事事讲、处处讲，引导大家首先从思想政治的高度认识艰苦奋斗作风在当代的重要性。在思想开放、理念更新、生活多样化的时代，坚持艰苦奋斗的优良作风，就是保持一种生活准则，一种工作作风，一种利益观念，一种精神状态，乃至追求一种高尚的奋斗目标和人类共同的价值方向。只有大力弘扬艰苦奋斗精神，才能永远高扬艰苦奋斗的旗帜不动摇，对于全党、全社会自觉抵御各种腐朽思想侵蚀、保持党和国家政权永不变质、全面推进社会主义现代化建设事业无疑具有十分重大的意义。对大庆来讲，只有继承发扬大庆艰苦奋斗的作风，才能高扬大庆红旗，闯过当前的难关，做好大庆的转型发展、全面振兴和创建百年油田、持续有效发展的工作，当好旗帜标杆。

2. 坚持艰苦奋斗制度化

这是保持和发扬艰苦奋斗作风的保障。思想上保持艰苦奋斗重要，制度上保证艰苦奋斗更为重要。因为有这样的制度，可以监督制约不艰苦奋斗的人，使之艰苦奋斗；使艰苦奋斗的人会更加自觉，坚持经常持久。大庆人总结了一系列经验，也制定了一系列制度。从制度层面上规定要以艰苦奋斗为原则，制定和规范党政公务财政支出与消费的细则与条例，严禁公款超标接待、陪同、差旅以及购置、赠送物品等奢华行为的出现。在大庆油田规定的"党政干部'十不准'"中突出强调了领导干部保持清廉作风和艰苦作风，对约束领导干部起到了重要作用。大庆油田根据集团公司《关于深入推进全面开源节流降本增效工作的实施意见》和股份公司勘探与生产分公司制定下发的《国内上游业务深入推进开源节流降本增效的实施意见》，制定了开源节流降本增效工作实施方案。油田各单位，都加大了应对低油价挑战的措施力度，把低成本发展贯穿于生产经营全过程，使开源节流降本增效工作取得了很大的成绩。

3. 坚持艰苦奋斗日常化

这是持久保持和发扬艰苦奋斗作风的体现。"不积小流，无以成江海"。要让艰苦奋斗的精神在工作中、生活中形成一种行为习惯和高度自觉，矢志不渝、一以贯之，就必须从节约一滴油、一个螺丝、一团棉纱的细微工作入手。在供电公司电修厂滤油车间，职工常年打交道的就是变压器油，从 1962 年起，滤油车间的职工就用抹布把滴在桶边、地上的油一点一滴的蘸起来，积攒多了拧到桶里。37 年 1 万多天，油滴变成油流，小桶变成大桶。仅这一项，从 1988－1998 年就回收废油 100 多吨，为国家节约资金 63 万余元。这就是"一滴油的故事"。"芝麻里榨油"的故事，是钻井二公司钻井队搬家节约用材的故事。以往每次搬家用完 8 号铁丝就扔掉，后改为拆开又接着用；每完钻一口井就要扔掉 6 个阀座，后视情况而定是否更换；铜螺丝不再一次就换，而是进行二次利用；旧棉纱不再是使完就丢，坚持洗后再用。类似这样的事例举目皆是，这种艰苦勤俭的精神已沉浸在头脑里，形成了行为自觉。

（四）勇于进取、甘于奉献

艰苦奋斗不仅体现在过紧日子、苦日子、俭日子的艰苦上，还体现在艰苦奋斗上的实干、敬业、奉献精神上

1. 勇往直前拼搏

大庆第五采油厂，在经济发展进入新常态、国际油价持续震荡低迷、国企改革不断深化的大背景下，弘扬"三超"精神，牢固树立站排头、当先锋的争先意识，保持永不服输、不甘人后的进取形象，做到有第一就争、见红旗就扛，在自己所处的岗位和领域上，敢于同强者比、向高者攀、跟快者赛，始终保持率先发展的豪气、勇于创新的胆气、争先创优的锐气，在企业的发展中勇立潮头，在管理提升的道路上敢为人先。

2. 恪尽职守敬业

大庆人的敬业精神是十分突出的。在新时代，紧紧围绕中心工作，忠于事业，勤于事业，恪尽职守，永不松懈，不论什么时候、什么情况下，都把工作放在第一位，满怀激情地工作，千方百计地把本职工作干好。在经济新常态下，更有"等不起"的紧迫感、"慢不得"的危机感和"争一流"的使命感，挑得起重担子、肯得下"硬骨头"，问题面前不回避，压力面前不躲闪，困难面前不推脱，挑战面前不畏惧，使工作在难中求进、难中求成、难中创优，绝不让本岗位的工作拖后腿、损全

局。

3. 勇于开拓奉献

讲奉献是主要内涵大庆精神的核心，这一精神在新时代发扬光大，构成了大庆精神时代内涵的闪光点。大庆人面对转型发展全面振兴和创建百年油田持续有效发展的艰巨任务，干劲十足，奋勇争先，气贯长虹，继续着我为祖国献石油的伟业，在为共和国发展助力的道路上，挥洒汗水，积极奉献。今天的大庆油田仍然"气势十足"，2017 年以来，按照"天然气业务加快发展"的要求，他们怀着"争气""争气"再"争气"的雄心，积极推进致密气藏增压开采和措施挖潜，在 2017 年前两个月生产天然气 7.13 亿立方米，比去年同期多生产 0.37 亿立方米。① 大庆石化通过优化资源配置、深化对标管理，截至 2016 年 11 月 25 日，大庆石化乙烯产量再次跨越 100 万吨关口，实现年产乙烯 100.17 万吨，百万吨产量周期由 350 天缩短至 329 天。投产 30 年来，大庆石化累计为国家生产乙烯 1400 余万吨，为我国石化工业发展作出重要贡献。

五、严实精准

这是大庆精神时代内涵的贯穿主脉，体现了党的优良传统和作风，蕴含着主要内涵大庆精神的厚实积淀。大庆优良作风与"三严三实"，二者紧密相连、一脉相通。"三老四严""四个一样""干工作经得起子孙万代检查""宁要一个过得硬，不要九十九个过得去""高度的革命精神与严格的科学态度相结合"，这些掷地有声的铿锵话语，是大庆人求实的科学精神、严谨的工作作风、实干的奋发劲头的语言表达，是大庆精神时代内涵生成的丰厚基础。新时期特别是进入中国特色社会主义新时代以来，大庆人把各项事业提升到创一流、当标杆、举红旗的标准之上，在不断破解改革发展遇到的困难和瓶颈问题、推动大庆经济社会发展中，又丰富发展了这一作风，展现了新时代大庆人严细认真态度和踏实务实作风，体现了超凡的思想觉悟、积极的工作态度、强烈的责任意识、卓越的管理水平和高度的匠心风范。

---

① 幸福：《大庆油田"气势"十足》，《大庆日报》，2017 年 3 月 15 日。

（一）严谨工作作风带动

严谨既是一种思想态度，也是一种工作作风；既具有严格、严密、严厉等含义，也具有谨慎、谨严、郑重等涵义。这一严谨工作作风，是大庆"三老四严""四个一样"光荣传统在新时代的发扬。

1.律己从严,遵规守纪

"严"是作风之根，在"他律"越来越突出的形势下，从严"自律"必须成为常态。大庆第一采油厂是大庆油田成立最早的采油厂，是"三老四严""四个一样"、岗位责任制等大庆优良传统的发源地。新时代，他们从加强干部员工队伍教育入手，引导广大干部员工律己从严，遵规守纪。一方面，把干部教育的重点放在践行"三严三实"上，引导广大干部将"三严三实"作为修身做人的基本遵循，严格执行中央八项规定和廉洁自律规定，坚守底线，保持清正廉洁本色，树立制度敬畏、涵养法治思维，时刻自重、时刻警醒，心有所戒、行有所止。另一方面，把职工教育的侧重点放在制度约束上，引导广大员工发扬光荣传统，一切行动都严格按照企业的规章制度执行，做到坚持原则、严肃认真，干标准活、上标准岗、交标准班，真正通过制度约束使"习惯成自然"，把工作的小事抓紧，大事抓牢，难事一抓到底，树立履职尽责、勤业敬业的良好形象。

2.干事从严,一丝不苟

作为"三老四严"发源地的大庆油田采油一厂第三采油矿中四采油队21任队长侯涛，1999年参加工作，秉承"高度觉悟，严细成风"的作风，处处以身作则，时时率先垂范，带领全队员工践行传统，开拓进取，实现了中四队新时代的新发展，2011年以来，中四队荣获了"全国工人先锋号""全国青年安全示范岗"和"先进基层党组织"、集团公司"基层建设百个标杆单位"、大庆油田"功勋集体"等荣誉。他本人也被评为黑龙江省"青年五四奖章"获得者、大庆油田"功勋员工"。他们面对油田油气当量4000万吨的任务，针对密井网小井距开发层间矛盾突出、含水上升速度快的问题，确立"三老四严，诚信开发"思想，引导全员践行"4000万吨源于每一个真实数字"理念，推行"真、精、细、优、强、美、实、数"八字一体化油田开发管理方法，深化"一口井"工程，油水井资料全准率始终保持在100%。作为具有辉煌发展历史文化底蕴的中四采油队的队长，侯涛代表了新一代大庆人，以老队长辛玉和为榜样，干事从严、一丝不苟，用"三老四严"抓开发管理、抓管理提升、抓安全环保、抓创新创效，以做"三老四严"传人为目标，续写了中四队的辉煌，为大庆精神增添了新光彩。

（二）实事求是思想统领

实事求是既是优良传统，也是思想路线；既具有扎实、诚实、务实等涵义，也具有研究、要求、追求等涵义。实事求是的思想，是主要内涵大庆精神的灵魂，同样也是时代内涵大庆精神的灵魂。

1. 尊重规律

尊重规律就要讲究科学，讲究科学必须尊重规律。新时期，大庆人更加坚持一切从实际出发，按客观规律办事。各级组织立足实情作决策，联系实际谋发展，在上情下达、下情上达上"讲实话"；各级领导干部深入基层调研，集中职工智慧，总结实践经验，开展工作中"求实情"；广大岗位职工坚持取全取准第一手资料，做到问题一件一件解决，务必水落石出，成绩一点一滴积累，务必脚踏实地，坚守岗位"做实功"。通过在队伍中弘扬"钉钉子"精神，营造不怕麻烦做"笨事"、乐于辛苦做"傻事"的务实氛围锤炼干部员工队伍的过硬工作作风，树立了科学求实、勤勉务实的良好队伍形象。

2. 知行合一

知行合一，是指客体顺应主体，知是指科学知识，行是指人的实践，知与行的合一，既不是以知来吞并行，认为知便是行，也不是以行来吞并知，认为行便是知。认识事物的道理与在现实中运用此道理，是密不可分的。知是行之始，行是知之成。不仅要认识"知"，尤其应当实践"行"。大庆人是知与行的统一论者，是理论与实践统一论者。大庆人坚守良知，一言一行符合道德规范要求，实时遵守社会公德、职业道德、家庭美德，守住灵魂深处善恶的总开关。大庆人肯于吃亏，为人处世，惟宽惟厚，有容人、容言、容事的胸襟，留得清净之心去思考问题，推动工作。大庆人淡泊名利，做人安分守己，竭力干事，淡泊宁静，看淡金钱名利，内心平静如水，精神境界高尚。

3.脚踏实地

习近平总书记说："要踏石留印、抓铁有痕"。大庆人尤其是广大干部，在进入中国特色社会主义新时代以来，大庆"三老四严"的作风进一步发扬，争做讲党性、作表率，讲规矩、守纪律，重自律、保廉洁，敢担当、勇作为，重实干、办实事，行正道、树清风的好干部。广大干部在"三严三实"和"两学一做"教育中，自觉检视思想灵魂、检视政治品格、检视履职实绩的行动也教育了基层站队和广大员工，他们认真发扬大庆的优良作风，检视自己的行为。作为有60余年厚重历史和光荣传统的"尖刀队"1202钻井队，自觉传承"尖刀"精神，擦亮"尖刀"形象。回头看"尖刀队"的爱国情怀是否坚定、创业激情是否保持、求实态度是否端正、奉献精神是否发扬。党支部自觉担当起传承"尖刀"精神的重任、使命和责任。1202队的干部员工认为：现在，工作环境和条件好了，但"尖刀"精神不能丢；形势任务变了，胸怀石油安全的责任不能变；队伍的人员新了，大庆的优良传统不能变；生产条件变了，军事化作风不能变；时代向前了，弘扬无私奉献精神不能变。要永葆"尖刀"的本色，永远迈着铁人的脚步，踏着"尖刀"的足迹，高扬"我为祖国献石油"的主旋律奋勇前进。

（三）精细管理服务立标

精细既是一种缜密思考的习惯，又是一种行为的取向；既具有精神、精彩、精妙等涵义，又有仔细、详细、周密等涵义。精细管理在大庆精神新内涵中，既是一种理念、又是一种标准，既是一种管理模式、又是一种实践要求。

1.强化理念——精细管理的文化切入点

精细管理的基本内涵是：以精益求精作为管理活动的价值取向；以精确细致作为管理过程的基本要求；以高效优质作为服务的衡量标准。这已成为大庆人进行管理的普遍理念，在各单位成为自觉的行动。近几年，射孔弹厂通过深化改革、业务重组、工作流程再造等一系列改革，内部的分工越来越细，精细管理作为新的理念显示了强有力的作用。这个单位，十分重视这一理念的教育，"打造国际一流的射孔器材制造企业"的工厂愿景、"人人都是经营者"的经营理念、"贵在落实，赢在执行"的行为理念，已深入到每个干部员工的心中，做到人人理解，形成了自觉的价值取向和行为准则，连续多年开展了精细管理、精品质量、精进效益活动，进一步增强了竞争实力，筑牢了发展根基。形成"四个一样"的采油一厂二矿北八采油队，是经过半个多世纪打拼的光荣老队，依然雄风犹存、历久弥新。为了适应新形势，这个队不仅增加了岗检的频率，还拟定了新的作战方案，将检查工作做得更加细致、全面，正是这种精细管理的理念，让北八采油队斗气长存，成为多年众多采油队的领跑者。

2. 制定标准——精细管理的尺度和要求

精细管理理念固然重要，但真正要起作用，还必须把管理理念化作具体的规章制度，即必须有明确的标准和要求。这是管理的核心内容。大庆油田勘探开发研究院，是油田的眼睛和地下尖兵，在打造国际水准研究院的过程中，全力推进规范化管理，制定了一系列管理制度。加强制度管理。他们健全了机构职责、核心管理办法、专项管理制度、管理工作的流程体系，推进"制度流程化，流程标准化，标准表单化，表单信息化"的工作机制，定期对原有规章制度进行有效性评估，强化制度修订和系统设计，保证制度的科学系统。加强合规管理。合规是企业责任的底线。为进一步推进以规制企，这个院成立了合规监督自查自纠工作领导小组，在工程建设项目管理、物资采购管理、科技项目管理、海外市场项目管理等方面，规范经营管理，强化内部控制，做到实时监管，坚决杜绝业务风险事故的发生。加强标准管理。技术标准已成为科技竞争的重要手段。这个院历来重视标准化工作，近几年来为中石油、集团公司、油田企业制定了一系列标准，使全体干部员工提高了标准化意识，提升了标准化管理的水平。

3. 人才队伍——全面推进精细管理根本

理念也好、规章也好，都是需要人去学习、树立，规范、制订，执行、落实。因此，加快培养一支适应精细化管理的人才队伍才是精细化管理的根本。随着油田开发的不断深入，精细开发、精细调整、精细挖潜已经成为保稳产的重要支撑，对油藏描述的准确性，调整措施的精细性、技术工艺的可靠性，包括开发路线的确定、开发方式的优化、开发技术的集成，都提出了更高的要求。因此，只有有针对性地培养精、尖、钻的专门人才，提高开发队伍精细管理、精细挖潜的技术能力，才能不断开创油气生产的新局面。

4. 狠抓落实——保证精细管理上新水平

大庆油田各单位认真进行精细化管理理念教育，狠抓精细化管理制度落实，千方百计促使精细化管理上水平。多年来，大庆油田化工有限公司结合高危行业的特点，始终弘扬光荣传统，并不断赋予新的时代内涵，形成了具有化工特色的精细管理，有效地规范了员工的安全行为。在实践中，他们突出了"五个"关键环节，做到了"五个"精细，即精细交接、精细操作、精细巡检、精细维护、精细检修。这样的管理，保证了人的安全行为和设备安全状态，促进了管理水平的逐年提升和经济效益的显著提升。2014 年，获得国家危化品安全生产标准化一级企业，并获油田"安全生产、文明生产"七连冠和环境保护先进单位。2015 年，采油七厂细化产量运行，强力组织推进。老井挖潜坚持精细油藏描述、精细注采系统调整、精细注采结构调整和精细开发基础管理的"四个精细"水驱挖潜技术，为油田年产 4000 万吨稳产作出了贡献。

（四）精准聚焦发力施策

精准既是对一种行为结果的评价，也是对行为结果的一种预期；既具有标准、准确、一定等含义，也有真实、正确、恰当等涵义。由精细到精准，一字之差大不相同，细是一种程度，准是一种定量，由细到准，是质的变化，这是一个新的转折，也是一个新的台阶。习近平总书记在 2016 年"两会"期间参加黑龙江代表团发表重要讲话时指出：黑龙江要扬长避短、扬长克短、扬长补短，向经济建设这个中心聚焦发力，打好发展组合拳，奋力走出全面振兴新路子。大庆人认真贯彻落实习近平总书记的指示，结合实际谋思路、定措施、配资源、练本领、转作风、求实效，精准向经济建设中心工作聚焦发力。

1. 精准对标,向先进水平聚焦发力

2017 年伊始，大庆油田电力集团"来电了"，撸起袖子加油干。他们高点站位，对标国内同行业标杆单位，全面规范和升级油田主配网管理，推广标准化管理模式。深入开展与同行业同类型的先进水平、一流标准和历史最优对标,认真查找在降煤耗、电耗、线损等关键性指标上存在的差距,实现了以指标升级推进厂网运行质量升级。一季度,圆满完成发电、供电、供热三大指标,发电量同比增加 1.4 亿千瓦时,首季生产完美收官,为推进大庆转型发展作出了贡献。①

2.精准定位,向基础研究聚焦发力

进入"双特高"开采后期,采油一厂为摆脱困境,强化油田开发工作的"基石"——地质基础研究工作,擦亮"千里眼",重新探秘千米地下情况。地质基础研究强化工作就是对构造、储层、剩余油的再认识。构造相当于人的"骨骼",储层对应于肉,剩余油好比人的血液。强化地质基础研究,不仅要看清油藏"骨架",还要"有血有肉"的全面摸清。该厂地处长垣老区,经网密度最大,储层发育最全面,意味着地质研究工作量最大,想摸清剩余油分布,如同绣一幅十字绣,需要拿起"绣花针",在密密麻麻的格眼中布针穿线。这根"绣花针"就是精准油藏描述技术。该厂在 2013 年成立了井震结合研究室,与地质室、多学科精细油藏描述研究室"三剑合璧",通过储层、构造研究,结合测井解释、储量计算、数值模拟,精准开展油藏描述,量化剩余油分布。几年来,采油一厂先后开展了 10 个油层组、158 个沉积单元的储层认识,达到了 100% 覆盖面的由"相识"到"相知",走出了一条老油田精准开采的清晰之路。

3.精准开发,向地下油层聚焦发力

2017 年,是大庆油田实施"三年滚动规划"的启动之年,也是振兴发展的开局起步之年,如何打好这一仗至关重要,关系到大庆精神的魅力和高举大庆红旗问题。只有油田开发产量高、水平高、效益好,大庆油田的标杆才能树得更稳、旗帜才能举得更高。因此,在开局之初,就大力突出勘探、精准开发,进一步筑牢发展的"压舱石"。坚持精准地质研究、精准方案设计、精准工艺措施、精准管理手段,不断深化老油区剩余油的高效挖潜,扎实推进水驱控水提效、聚驱优化提效、复合驱工业化应用,逐步改善老油田开发效果,取得一季度生产原油 846 万

---

① 朱丽杰:《首季生产"电力十足"》,《大庆日报》,2017 年 4 月 19 日。

吨、天然气 10.75 亿立方米的好成绩。

六、开放包容

这是大庆精神时代内涵的活跃因子，充满了生机和活力，蕴含着主要内涵大庆精神的润泽滋养。大庆精神形成于计划经济时期，石油会战时期，大庆同整个国家一样，在国际上受到霸权主义的经济封锁和军事威胁，很难实行对外开放。从上世纪 90 年代建立市场经济体制起，开放包容的大庆人大踏步走向了国际市场，特别是在"和平合作、开放包容、互学互鉴、互利共赢"精神和理念指引下，以更加高远的国际视野拓展发展空间，把跳动不息的开放包容音符上升为对外发展战略，以大胸怀、大气魄、大手笔与世界经济发展互动，在国际舞台叫响了"大庆品牌"，立起了"大庆标准"，展示了大庆红旗，展现了大庆人的全球视野、宽广胸怀、博大风采和发展思维，体现了大庆制定的新战略、实施的新举措、发展的新路径。

（一）对外开放是发展必由之路

开放是国家繁荣发展的必由之路。习近平总书记在 2016 年"两会"期间参加黑龙江代表团审议时强调，要积极推进全方位对外开放，注重同俄罗斯远东地区开展战略对接，积极参与"中蒙俄经济走廊"建设。大庆人积极适应经济新常态，抓住发展新机遇，认真贯彻这一指示，坚定不移地扩大对外开放，为大庆的转型发展全面振兴不断拓展新的空间。

1. 全球化使大庆与世界经济联系更紧密

经济全球化又叫世界经济国际化，是指世界各国经济在生产、分配、交换和消费环节的全球趋同化趋势。主要表现为生产、市场、资金、科技开发和应用、信息传播的全球化，国际直接投资迅速增长，并呈现多元化格局。经济全球化是一把双刃剑，一方面，它为发展中国家提供了难得的发展机遇，另一方面，它也给发展中国家带来不利和风险。经济全球化是不可阻挡的趋势，大庆只有适应经济全球化的新形势新要求，用全球化的视野谋划和推进发展，更好地利用国际市场、国际资源，坚定不移地扩大开放，在开放中注意规避风险，不断壮大自己，才能在这一趋势中争得主动，有所作为。

2. 大庆转型发展全面振兴需要扩大开放

对外开放，对于一个国家、一个地区，乃至一个企业都是非常必要的，尤其是像大庆这样典型的资源型城市、大庆油田这样的资源型国有企业更是必要的。作为担负大庆可持续发展重任的大庆油田，无论是贯彻落实集团公司全面建成世界水平综合性国际能源公司的战略部署，还是推进公司各项业务的整体协调发展、建设百年油田，都要求必须加大走出去的力度。只有坚定不移走出去，才能培育形成新的经济增长点，保持油田经济总量的稳定增长。近年来油田上下立足"两种资源、两个市场"谋发展，大力实施走出去战略，总体上实现了市场布局初步形成、业务范围不断拓展、规模效益持续增长，竞争优势逐步显现。2015年，虽然受到低油价的影响，外部市场开发难度大，但继续呈现出稳健发展的良好态势。伊拉克鲁迈拉、艾哈代布，沙特钻井项目，收入、利润同比增长10.6亿元和7.3亿元，工程建设项目利润率达到10%以上；蒙古国塔木察格项目原油产量首次突破百万吨。

3. 大庆在对外开放中才能增强开放本领

大庆人在对外开发的实践中，也学到了很多走出去的本领。在开放过程中，进一步完善了技术、创新管理、培育人才、打造品牌等，为进一步拓展海外市场，巩固现有市场，扩大潜在市场，进入高端市场，创造了条件，打下了基础，使油田发展的道路越走越宽广。2017年4月，从遥远的非洲传来喜讯，大庆油田力神泵业有限公司乍得项目部签订了新合同，签约总额达到4亿元人民币。此合同的签订，标志着乍得项目部市场空间进一步扩大，竞争能力进一步增强，乍得市场继续被大庆油田力神泵业独家占有。项目能够成功中标并非朝夕之事，是力神泵业员工长期努力的结果。力神泵业自2010年开辟乍得市场以来，始终传承大庆精神铁人精神，倡导"让用户100%满意，让100%用户满意"的服务理念，并贯彻"全时 + 全天候 + 全过程 = 三全服务"的服务承诺，处处以用户为中心，执行好各项合同任务。①

① 卞鹤：《力神泵业中标乍得4亿大单》，《大庆日报》，2017年4月24日。

（二）对外开放必须要扬长避短

对外开放，必须坚持扬长避短、扬长克短、扬长补短，发挥优势。大庆油田开发建设已经半个多世纪，大庆建市近40年，大庆精神、大庆红旗，不仅国内知晓，国际也声名远扬，有很高的知名度、信誉度；油田开发建设国际一流，有很多成熟的经验和技术；中国在世界上是最大的发展中国家，这些年特别是进入中国特色社会主义新时代以来，国际地位日益提高，国际威信与日俱增。大庆在对外开放中发挥了优势，取得了成功。

1. 人才

世界国与国的竞争、即使是企业间的竞争，归根结底也是人才的竞争。大庆油田之所以能适应对外开放的需要，是因为在国际化上提升人才层次，站在国际石油工业的最前沿，树立人才培养的开放视野，把握现代企业的发展趋势，不断向世界先进水平迈进，打造了高精尖的人才队伍。近几年来适应对外开放的需要，着重培养了三支队伍：适应精细开发、持续稳产需要的人才队伍，适应站排头、立标杆需要的人才队伍，适应"走出去"需要的人才队伍。目前大庆油田提高采收率技术系列，已经走出国门、走向世界，尤其从全球已开发油田看，许多处于开采中后期，对大庆这套技术的需求特别迫切。目前大庆油田已经与印尼、苏丹等国家开展了技术合作，与哈萨克斯坦等国家达成了合作意向。要进一步加快培养一支懂专业、通外语、熟悉商务、擅长管理的全科性国际化人才，在全球市场树立大庆形象，叫响大庆品牌，以油田开发技术的全面走出去，带动相关业务的共同发展。

2. 机制

大庆人深知，良好的运行机制对促进和保证对外开放运行极其重要。对外开放，既要调动一切积极力量、积极因素，也要协调统筹，确保步伐一致，在竞争中不断壮大自己。无论是市政单位，还是油田石化企业，都制定了相应的机制，保证集中整体的力量，保证在对外开放中取得最大的效益。大庆油田积极应对国内外市场变化，完善市场开发体系，整合市场开发资源，完善机制走出去。对油气开发业务实施归口管理，做实海外提高采收率项目部，对非油气业务推行分类管理，探索公司托管等形式，实行海外业务经营主体责权利相统一，实现同一地区人员队伍、设备物资、营销培训等资源共享。完善相关配套激励政策，进一步激发市场开发活力，增强外闯市场能力，调动涉外队伍积极性。

3. 技术

大庆油田勘探、开发、装备制造、维修维护等方面的技术都很过硬，很多国家和地区都愿意同中国的员工交往合作，都喜欢运用中国的技术。中国的石油工程技术很有特色，在盘活海外市场等停钻机、拓展南、北苏丹技术服务市场、全力保障印尼里茂油田增产和蒙古塔木察格上产等项目上，都显示了中国石油工程技术的优势；工程建设在推进伊拉克、印尼、蒙古国产能及管线建设项目中都展现了中国的优良技术；装备制造，在阿曼、苏丹、乍得等国市场，都体现了电泵、射孔器材的威力；生产服务上除了我国服务人员的良好态度外，在电力保运、涉水业务、域网改造等领域的技术也普遍受到了欢迎。这些方面既是我们的技术优势，也是我们突出走出去的重点。2017 年 6 月又传来好消息，大庆油田依靠特色技术实现一体化、规模化进入纯外方市场，进一步确立了在印尼石油物探市场的主导地位，在新项目市场的开发中呈现明显的竞争优势，大庆油田国际工程公司印尼物探项目部收到了印尼国家石油公司 2017 年度至 2018 年度中标通知书，合同额折合人民币约 3 亿元。

（三）对外开放的步伐不断加大

开放无止境，发展无穷尽。实践证明，对外开放越积极、越自觉、越主动，经济发展就越繁荣、越有活力。大庆坚持"引进来"与"走出去"、引资引商与引智引技并举，不断扩大对外开放，构筑全方位、多层次、宽领域的对外开放格局。

1. 畅通对外开放多种通道

加快推进对外基础设施互联互通，努力构建布局合理、衔接顺畅、安全高效的现代化综合交通运输体系，着力打通对外开放大通道，大力发展铁路、公路、水运、航空、管道交通和信息通道。

2. 大力开展招商引资活动

充分发挥地理区位、资源禀赋、城市功能、园区承载及文化传承等方面的优势，遵循产业发展规律，以市场机制为基础，强化政府推动，提高招商引资质量和水平。"十三五"期间，力争全市招商引资到位资金年均达到 300 亿元，每年新增中外 500 强企业、央企和行业龙头民企投资产业项目（含增资）20 个以上。

3. 提高利用外资规模质量

抓住国际产业和资本转移机遇，坚持引进外资和引进技术、管理经验、人才并重，扩大外商投资领域，提高利用外资的规模和水平。2020年，全市实际利用外资要达到 12 亿美元，年均增长 10%。

4. 加快转变外贸发展方式

搭建对外出口载体和平台，积极申报建设综合保税区，加快建设装备制造、石化、汽车、新材料、农产品等出口基地，发挥集聚扩散效应，做大做强外贸产业。2020 年，全市进出口总额要达到 100 亿美元，年均增长 7%。

5. 加快对外交流合作步伐

突出对俄交流合作，加强与哈萨克斯坦、伊拉克、蒙古、以色列等国家和地区的交流合作，进一步推进与日韩及欧美发达国家的交流合作，密切与港澳台的交流合作。大庆油田继续实施"走出去"战略。巩固和发展与国际友好城市、世界能源城市伙伴组织、海外交流协会、社团的关系，推进经济文化交流合作。

（四）对外开放取得了辉煌成果

大庆的对外开放，无论是市政单位还是石油石化企业，都取得了很大成绩，大庆红旗在对外开放中始终高扬，与对外合作的国家和地区人民建立了友谊，对大庆的转型发展全面振兴作出了贡献。

1. 大庆精神得到了广泛传扬

大庆油田装备制造集团力神泵业有限公司销售公司苏丹项目部，服务于南、北苏丹两个国家的四个用户、三个区块，在十几年的市场拼搏中，先后被评为集团公司先进基层党组织、海外油气田合作先进单位、大庆油田功勋集体、市场开发优秀项目部。在多年的奋斗历程中，始终坚持靠"产品"说话、凭"诚信"立足、以"服务"增值、用"行动"创效。这只铸就铁人魂的队伍，靠着坚韧不拔的毅力和铁一般的意志，把力神泵业的旗帜牢牢树立在了海外，把大庆铁人的风貌深深镌刻在了苏丹，在战火硝烟中树立了"平时工作看得出，关键时刻站得出，危难关头豁得出"的力神党员形象，在市场拓展中展现了"追求完美，永争第一"的力神员工风采。他们用自己的青春和汗水谱写着"专业的力神、服务的力神、世界的力神"铿锵之曲，演绎着新时代大庆石油人海外创业之歌，高擎着大庆的旗帜阔步前进。

2. 增进了同海外人民的友谊

目前，大庆与中亚、东北亚、欧美以及中国（香港、澳门、台湾省）等国家和地区广泛开展交流与合作，成功进入哈萨克斯坦、南北苏丹、伊拉克、俄罗斯、印尼、阿联酋、蒙古、埃及等国钻探、采油、工程建设、设备装备制造、技术服务市场，与那里的人民建立了很深的情谊。力神泵业职工刘勇，在南苏丹工作的数年间，始终铭记一句话：走出厂门我是力神人，走出大庆我是大庆人，走出国门我是中国人。在海外服务，个人不仅仅是个人，更代表着公司和国家的形象。为了不给公司和国家抹黑，勤学苦练技术，很快成为能够应对各种难题的"技术大拿"。他不但技术高超还收了许多洋徒弟，将浑身的本领倾囊传授给他们。经过几年的努力，已经有了一支由雇员组成的生力军。但是由于南苏丹宣布独立，又需要培训一支新的队伍。刘勇负责现场培训，每天起早贪黑，终日带领雇员到井场练兵，有的雇员甚至要讲几遍才能记住。4 年来，他总共教会了 44 个徒弟，这些南苏丹的徒弟也给刘勇很长脸，在各自的岗位上都能拿得起放得下，胜任所承担的工作。刘勇看到徒弟的进步很自豪，徒弟也特别感激师傅，他们之间结下了深情厚谊。

3. 获得了很丰厚的物质成果

2015 年大庆全市进出口总额实现 64.4 亿美元、年均增长 31%。与境外 104 个城市和地区建立经贸合作关系，5 年累计引进国内外投资亿元以上项目 382 个、到位资金 1488 亿元，上市和新三板挂牌企业达到 23 家。2016 年大庆油田公司海外最大亮点是获得海外权益产量 485 万吨。此外，油田公司还先后中标伊拉克、土库曼斯坦等国家的油田维护、集输站场建设项目，以及"中俄二线"等一大批项目。2017 年 4 月 12 日，400 多辆沃尔沃 S90 长轴距版豪车从沃尔沃大庆基地发运，出口美国。① 2017 年 11 月 13 日 11 时 30 分，第 20,000 辆出口欧美的 S90 豪华轿车下线，标志着大庆沃尔沃工厂提前两个月完成了预定出口的目标。大庆市服务外包产业，依托石油石化市场等优势，已经形成了极具特色的石油石化软件与外包服务、金融外包服务、云服务、物联网及嵌入式系统、创意设计服务以及电子商务等六大新优势。目前园区入驻企业 630 家，服务外包企业 450 家，从业人员 1.3 万人。2016 年外包服务产业园企业总收入 121.4 亿元，其中服务外包类收入达到 50 亿元，利税 10.54 亿元。

七、融合共享

这是大庆精神时代内涵的重要内容，是推动大庆转型发展全面振兴的共生力量，蕴含着主要内涵大庆精神的历史基因。20 世纪 60 年代初的大庆石油会战能取得胜利，来自四面八方的支援无疑是成功的重要原因。中国人民解放军 3 万多官兵到大庆参加会战，中央各部委和各省、直辖市、自治区时刻关心和鼎力支持，特别是黑龙江大地的人们一片深情，无私地支援了会战。大庆石油会战结束后，大庆的工人、干部，为了支援其他油田的建设，又离开了深深热爱的大庆这片沃土，奔赴新的油田，继续为祖国的石油工业默默奉献。这种社会主义大团结、大协作的精神，在大庆不断延续发展，并不断得到升华，使融合共享有了新跨越，展现了大庆人的协调张力和集聚效应，体现了落实发展理念的新作为、优良传统的新发扬、经济发展的新思路、惠及人民的新福祉。

（一）"地企"融合有了升级版

坚持"发展共谋、责任共担、城乡共建、稳定共抓"方针，同举大庆旗、共创大庆业。落实省政府与中油集团签订的深化战略合作框架协议，深化地企在城市建设管理、产业发展、文化交融、社会稳定等方面的合作，推进地企深度融合发展。

1."地企"融合取得了新成效

多年来，大庆"地企"坚持在思想上同向思维、行为上双向协同、

---

① 张浩然：《大庆沃尔沃下月启运比利时》，《大庆晚报》，2017 年 5 月 15 日。

体制上健全完善、家园建设上同心、招商引资上联手、园区建设上联上。2016 年以来又有新突破，《大庆市与大庆油田有限责任公司地企合作项目框架协议》正式签订，双方进一步约定坚定共同目标，坚定同向路径，坚定最大公约数，实现大庆经济、政治、文化、社会共同发展。大庆油田售电有限责任公司正式成立，也成为深化"地企"合作的又一件大事、推动国企改革的又一实际举措。现如今，"地企"共同确定的三个方面 16 个具体合作事项正扎实推进，近百家企业新进入油田采购网，多家油田二级企业也已落户地方园区。

2. "地企"融合又有了新取向

在新形势下，要进一步促进"地企"要素流动，充分释放石油石化大企业原料、人才、技术、市场、管理和品牌优势。抓住中央企业全面深化改革契机，鼓励支持社会资本参与央企分离辅业和生产性服务业，积极推动驻大庆中央企业和地方资本合资合作开发油气资源、共建产业园区和发展混合所有制经济。鼓励支持石油石化大企业提升产能和延伸产业链，加强中央企业和地方企业配套协作，加速推进石油石化大企业生产配套本地化，积极争取同等条件下石化原材料优先考虑本地企业政策，大力提高石化产品本地加工率。围绕建设美丽城市，"地企"共谋百姓福祉，合力推进城市建设，共建和谐美好家园。

（二）"市校"融合有了高水平

坚持"战略统筹、资源共享、优势互补、发展共赢"理念，加快构建高校和科研院所支持地方经济社会建设、地方助推高校和科研院所发展新机制，充分发挥驻庆高校和科研院所的科技人才优势，全力推动经济科技结合、产学研结合，推进"市校"深度融合发展。

1. "市校"融合取得一批优秀成果

大庆市部署推进"市校"深度融合发展重大战略以来，176 个印有"市校"融合标记的合作项目纷纷启动建设，集聚推动大庆发展的转型创新力。制定出台了《关于加强市校合作深度融合发展若干意见》《关于建立健全市校沟通协调机制的实施意见》等，确定了 176 个市校合作项目。近年来，各高校、科研院所加大与中直石油石化大企业和地方企业合作力度，共转化科技成果 177 项。大庆市积极引进中科院长春分院、引进组建哈工大环境集团,与东北农业大学、黑龙江大学签订市校共建合作框架协议,黑龙江八一农垦大学国家杂粮工程技术研究中心在大同区建立示范研究基地等。

2. 突出抓好融合人才队伍建设

"市校"融合的深度、广度,很重要的是取决于人才队伍的优劣。大庆高度重视"市校"融合队伍的建设,不断加大培训力度,使人才队伍迅速成长。杜尔伯特蒙古族自治县联合东北农业大学、黑龙江八一农垦大学和省农科院,确定土壤环保等 10 个课题,培训农村科技人才3200 人次;高新区在职业学院建立沃尔沃"汽车学院","订单式"培养技能人才 120 名;哈尔滨医科大学大庆校区建立健康照护人才培训基地,开展养老、育婴护理等培训 12 批 1200 人次;萨尔图区创建大学生创业就业孵化基地,孵化项目 11 个;高新区引进创业咖啡等 4 个专业项目孵化平台,吸纳创业企业 12 家;哈医大大庆校区进行医学科普教育,计划 5 年培训 600 人;市委宣传部、市社科联邀请社科理论专家在高校召开"弘扬大庆精神"专题研讨会;大庆师范学院为让胡路区培训民办幼师 1400 名,等等。

3. 采取措施深化"市校"深度融合

围绕重点领域,在农业技术研究推广、工业技术攻关、现代服务业信息技术运用等方面开展合作,促进产业层级提升。搭建高校和科研院所技术成果供需对接平台,定期组织开展对接活动,畅通技术成果信息传递渠道;鼓励高校、科研院所与企业联合开展研发,通过技术转让、技术入股、合作开发、技术承包等公司化运营方式,激发科研人员的积极性,合力推动科技成果转化落地。围绕地方主导产业定位和企业需求,发挥高校、科研院所人才培养优势,大力培养高素质、紧缺型人才,支持高校、科研院所教师学者到地方挂职锻炼,强化人才培养交流合作。依托高新技术创业服务中心等国家级平台,强化政策、金融扶持,积极提供全方位创业创新服务,大力推广新型孵化模式,市校共推大学生和青年知识分子创业创新。发挥驻庆高校、科研院所"智库"和"外脑"作用,在发展规划编制、重大课题研究、决策咨询等领域广泛开展合作。在基础设施建设、土地利用、人才引进等方面给予倾斜帮助，支持高校、科研院所发展。

（三）区域融合有了新版图

坚持扩大开放，区域融合。突出比较优势，大力发展外向型经济，积极融入国家"一带一路""中蒙俄经济走廊"大战略，实现与周边地区协同发展、共建共荣。

1.大庆与"龙江丝路带"战略共进

大庆是"龙江丝路带"的节点城市，大庆抓住这一机遇、用足政策、辟划路径、主动作为，及时融入了"一带一路"战略布局。大庆将重点放在了加强基础设施互联互通、加强对俄产业园区建设和重点产业发展、完善配套服务体系、加大能源资源合作与开发等方面，积极搭乘国家及全省新一轮扩大开放列车，提高经济外向度。打造大通道，构建大平台。大庆立足区位优势，以滨州铁路、绥满公路、哈黑公路、松花江、萨尔图机场等运输通道为主框架，全面加强对外交通运输网的建设，尽快实现与"龙江丝路带"的通道布局全面连接，构建对蒙俄的货物运输通道。完善大园区，承载大产业。大庆按照"龙江丝路带"的"一核四带一环一外"产业布局，突出哈大齐产业聚集带建设，完善园区功能，依托本市与远东的资源和市场，加强战略合作，发展重点产业。推进大服务，形成大体系。大庆以生产性服务为重点，完善基础设施，共建资源共享平台，提升商贸流通、信息、金融等服务水平，促进对俄经济快速发展。实现大合作，释放大效益。大庆与俄远东地区加大能源资源合作与开发，释放资金、技术、土地等要素的经济社会效益。

2.积极融入"哈长"城市群建设和发展

立足地处"哈长"城市群西部区域中心的区位优势，充分发挥与长春和哈尔滨等中心城市产业互补性强、资源能源丰富、石化和装备制造等产业基础坚实的比较优势，加快实现与哈尔滨、齐齐哈尔、绥化、松原等周边地区交通基础设施的互联互通，找准利益契合点，加强在产业发展、资源利用、要素流动等方面的合作，实现协同发展、互利共赢。

3.共建"大齐绥"发展转型示范区

瞄准京津冀、长三角、珠三角及香港地区、台湾省、日韩、欧美等产业发达地区，依托高新区、经开区、大庆（肇州）国家农业科技园等重点园区构建产业转移对接平台，积极承接与市场需求相衔接、与资源环境相适应、符合全市发展战略的优势产业。

4.合力创建"哈大齐"国家创新示范区

充分发挥高新区科教人才、产业基础和开发开放优势，加强与哈尔滨高新区和齐齐哈尔高新区在产业发展、研发设计、人才交流、科技成果共享等方面的合作，提升区域创新体系整体效能，努力打造战略性新兴产业聚集区、开放创新引领区和创新创业生态区。

八、人本惠民

人本惠民是大庆精神时代内涵的根本指向，体现了党为人民服务的根本宗旨，蕴含着主要内涵大庆精神的光荣传统。大庆石油会战时期，面对国内外的严峻形势，面对勘探开发的艰巨任务，大庆会战工委领导始终把职工的生活放在心上，坚持关心人、爱护人的原则，做到了全面关心职工生活。此后，大庆的各级领导一直坚持这样做，使职工的生活在发展生产的基础上不断改善。铁人王进喜当时作为基层干部，为职工子弟建学校、照顾亡故职工母亲多年、亲自抓食堂等，成为职工的贴心人。进入新的历史时期特别是进入中国特色社会主义新时代以来，大庆的各级领导，将人民对美好生活的向往，作为自己的奋斗目标，坚持以人为本，全心全意为人民服务，恤民情、察民意、解民忧、惠民生，不断完善民生工作思路，坚持经济遇冷不冷民心、财政困难不难百姓，以百姓需求为导向，全力解决群众最关心最直接最现实的利益问题，促进整体均衡，增进民生福祉，让人民群众有更多获得感。

（一）打赢脱贫攻坚战

2016年，全市超额完成扶贫脱贫任务。整合投入扶贫资金14.1亿元，发放扶贫再贷款8.9亿元，20个贫困村2.95万农村人口脱贫，完成计划的117%。"十三五"期间，加大了财政扶贫投入，调动和发挥社会各界力量，提高民族地区脱贫攻坚力度，促进民族地区经济加快发展，力争2019年全面消除贫困村，现行标准下贫困人口全部脱贫。

1.因人因地实施"五精"战略

"五精"，即精准扶贫、精准脱贫、精准施策、精准推进、精准落地。对有劳动能力的支持发展特色产业和转移就业，落实生产经营项目，免费提供技能培训，引导鼓励外出务工创业；对丧失劳动能力人员实施兜底性保障政策；对因病致贫人员提供医疗救助保障，将符合政策的贫困人口纳入低保范围，扶持贫困农民子女就学就业，保障基本生活。

2. 实施主体帮带贫困户的工程

鼓励新型经营主体吸收贫困户入股、入社，对贫困农民实施土地流转、农田托管、代耕代收、产品销售等服务，解决贫困农民生产没资金、管理上不去、经营收入低的状况。

3. 动员社会力量参与扶贫工作

大力倡导民营企业扶贫，积极引导社会组织扶贫，广泛动员个人扶贫，深化对口定点扶贫，使社会各界扶贫意愿转化为具体的扶贫行动，构建形成政府引导、社会各方面力量积极参与的社会扶贫新机制。

（二）提升社会事业水平

社会事业关乎千家万户，涉及每个人切身利益，特别是教育和医疗是人们普遍关心的突出问题。大庆保证到 2020 年全面建成小康社会目标的实现，必须调动全市人民的积极性，因此教育和医疗问题的解决意义重大，它关乎人才的培养、人们的身体健康，也关乎着小康社会的全面建成，因此，必须下大力气抓好这两项工作。

1. 均衡发展义务教育，促进教育公平

2016 年，安排县区义务教育专项资金 1.6 亿元，整合义务教育薄弱学校 43 所，撤迁普通高中 4 所。"十三五"时期，进一步推进教育公平发展，逐步缩小城乡、校际差距，加强农村薄弱校、寄宿制学校建设改造，高标准普及高中阶段教育，扶持普惠性幼儿园教育，鼓励发展民办教育，增强职业教育服务经济社会发展能力。

2. 建设"健康大庆"，搞好医疗改革

2016 年，组建医联体 8 个，实施农村医疗卫生服务能力提升工程，投资 987.1 万元完善乡镇卫生院医疗设备，培训基层卫生人员 6450 人次。"十三五"时期，提升人民群众健康素质，2020 年人均预期寿命达到 77 岁，确保 5 岁以下儿童死亡率控制在 9.5‰以下、孕产妇死亡率控

制在 19/10 万以下。要围绕建设健康大庆，深化公立医院改革，扩大医院联盟理事会覆盖，促进医疗优质服务向基层、农村延伸；整合城乡居民基本医疗保险制度，落实省内、国内异地就医即时结算制度；完善重大疾病防控和慢性病管理体系，加强计划生育服务管理；深入开展全民健身、爱国卫生运动，守住群众"舌尖上的安全"和用药安全。

（三）办好惠民利民实事

越是在发展困难时期，越要保证民生支出只增不减，心系百姓冷暖，及时雪中送炭，托实托牢民生底线。在 2016 年的基础上要把民生工作做好，这是"十三五"时期的大事情，必须实打实地做好。

1. 实施就业优先战略

2016 年，发放城乡综合救助资金 4.8 亿元、灵活就业社保补贴资金 5642 万元，城镇新增就业 3.8 万人，城乡居民可支配收入分别达到 36，460 元和 13，860 元、增长 6% 和 5%。"十三五"时期，实施更加积极的就业政策，努力实现更加充分、更高质量就业，城镇登记失业率控制在 4.5% 以内；完善城乡统一的就业政策，建立城乡统一、规范灵活的人力资源市场，维护劳动者平等就业权利；做好就业再就业工作，鼓励高校毕业生到基层就业，帮助城镇失业人员、残疾人等重点群体和就业困难人员到企业就业、自主创业或灵活就业；拓宽退役军人就业渠道；加强技能培训和就业引导，推动以创业带动就业，力争"十三五"期间城镇新增就业 18.5 万人。持续增加城乡居民收入，实施全市城乡居民收入增长计划，确保到 2020 年全市城乡居民人均收入比 2010 年翻一番。

2. 提高社会保障水平

2016 年，城乡居民大病商业保险参保 157 万人，新农合人均筹资提高到 570 元，增强公平性，保持普惠性，适应流动性，缩小差异性，保证持续性，努力构建兜底线广覆盖、高标准多受益的社会保障体系，使广大人民群众共享发展成果；各类养老机构发展到 106 所，床位突破 1 万张；改造老居住区 14 个、农村危房 1.5 万户；修建城市道路 103 条，新增停车泊位 4100 个；加强供热应急联网及备用热源建设，更新供热管网 29 公里，东城供热主管网实现连通，启动重点水域截污控制工程等。"十三五"时期，要推进全民参保计划，完善社保待遇调整机制，扩大社会保险覆盖范围，确保 2020 年城镇职工养老保险参保率达到96%，城乡居民养老保险参保率保持在 90%以上，城镇医疗保险参保率达到 98.5%。健全社会福利、公益慈善的社会救助体系，推广"医养结合"模式发展老年事业。加强保障性住房建设和供应，照顾好困难群众的基本生活，推进铁路沿线、龙凤新兴地块等棚户区改造，完成红岗塞纳新村、大同北路区块等城中村改造，加强四县城关镇棚户区改造，"十三五"期间改造 4500 户，完成农村泥草危房改造，优化住房供给结构，扩大中低价位、中小户型住房供给，研究探索库存商品房改为保障性住房，多措并举解决好新就业职工等中低收入群体基本住房问题。积极发展体育事业，释放公共体育设施功能，加快群众体育健身设施建设，普及群众性体育活动，提升人民健康素质，创建国家级、省级体育先进社区，2020 年全市人均健身场地面积达到 1.6 平方米，城市社区和农村乡镇全民健身工程覆盖率达到 100%。

大庆精神的时代价值

大庆精神是中国共产党的伟大精神之一，是国家和人民的宝贵精神财富。大庆油田开发建设近 60 年来，大庆精神在促进国家经济社会发展方面尤其是助推大庆经济社会发展和大庆城市文化建设方面发挥了巨大作用。中国特色社会主义进入新时代，经济发展新常态下，大庆面临的发展环境发生了重大深刻的变化，但大庆精神的价值依然宝贵丰富，特别是在推进大庆转型发展全面振兴、争当全国资源型城市转型发展排头兵、全面建设社会主义现代化的新大庆中的作用不可替代，在经济、政治、文化、社会等方面具有重大的时代价值。

一、经济价值

大庆精神形成于大庆石油会战的实践。它从诞生起就崇尚效率，致力于发展生产力、积极创造价值。全国"工业学大庆"就充分反映出了大庆精神的经济价值。当前，经济建设依然是中心工作，而且任务艰巨繁重，大庆精神依然肩负着为经济建设服务的使命，因而其价值首先表现为经济价值。大庆精神的经济价值主要是指新时期特别是进入新时代以来，大庆精神在助推大庆经济发展和产业转型中发挥的作用，突出表现在为经济建设指明方向、凝聚动能、聚集人才、增添亮点以及创新助力方面。

（一）为经济建设指明方向

发展是解决我国一切问题的基础和关键，要发展首先要进行经济建设。无论国家还是地方，在不同历史时期和具体的历史条件下，其经济建设面临的形势和任务明显不同。20 世纪 60 年代初，在大庆精神的指引和鼓舞下，大庆石油会战职工仅用 3 年时间就拿下了大油田，实现了国家建设用油的基本自给。十年动乱期间，还是在大庆精神的指引和鼓舞下，大庆油田仍然始终坚持生产、快速增产，原油产量在 1976 年迅速跃上 5000 万吨高峰。改革开放以来，在由传统计划经济向社会主义市场经济转型的条件下，实现"二次创业"是大庆经济建设的主要目标和方向。大庆油田实现了稳产十年、再十年，并把这一辉煌延伸到了 21 世纪，大庆精神同样发挥了至关重要的作用。今天，经济新常态下，大庆精神依然能够为经济建设指明方向。

党的十八大以来，如何实现大庆的成功转型和科学发展，成为摆在大庆市干部群众面前一项极具挑战性的任务。2017年1月，中国共产党大庆市第九次代表大会召开，会议提出了"弘扬大庆精神，激发内生动力，奋力开创大庆转型发展全面振兴新局面"的目标。2017年，中国共产党黑龙江省第十二次代表大会提出了"决胜全面建成小康社会，奋力走出黑龙江全面振兴发展新路子"的发展战略目标。为深入贯彻落实黑龙江省第十二次党代会精神，2017年5月17日，大庆市委提出了"争当全国资源型城市转型发展排头兵"的发展任务。大庆市委和黑龙江省委提出的目标任务是高度一致的——对大庆来讲，争当"全国资源型城市转型发展排头兵"是黑龙江省"决胜全面建成小康社会，奋力走出黑龙江全面振兴发展新路子"的重要路径和重要步骤。为实现省委、市委两级党代会目标，大庆需要在以下三个方面聚焦发力。第一，坚决同党中央保持高度一致，深刻领会习近平新时代中国特色社会主义思想的精神实质和丰富内涵，全面准确贯彻落实这一思想尤其是习近平总书记对黑龙江省重要讲话精神，切实担负好四项责任，即保障国家能源战略安全的政治责任、实现石油资源型城市转型发展的历史责任、支撑黑龙江省全面振兴发展的战略责任以及确保大庆人民过上全面小康生活的时代责任。第二，进一步明晰在全省发展格局中的站位担当。要明确：大庆是世界著名的石油城市，是中国重要的化工城市，是哈长城市群区域的中心城市，是黑龙江省全面振兴发展的标杆城市。在此基础上，大庆要深入研判市情，抢抓历史机遇，承接好全省新三步走战略目标。第三，聚焦经济建设，开创转型发展全面振兴新局面。其中，重点是要弹好转型发展"四重奏"。即要重新调整产业结构，围绕做好"三篇大文章"、抓好"五头五尾"，在多样性资源转化深度方面、在延伸优势产业链增值、在战略性新兴产业培育方面进一步挖掘潜力；重新组合发展要素，集聚政策要素、活化体制要素、共享生产要素、嫁接域外要素；重新凝聚发展动能，实现全民创业培育一批、成果转化落地一批、盘活存量提升一批、要素引入催生一批、壮大民营涵养一批；重新塑造发展环境，要一手抓软环境建设，简政放权、减税降负、剪繁除弊，一手抓硬环境建设，以城促产、以产兴城、产城互动。第四，以问题为导向找准转型发展全面振兴的实现路径。用新理念、新思想、新战略的钥匙开思维观念固化之锁；用老字号、原字号、新字号的钥匙开产业结构偏重之锁；用新技术、新产业、新业态的钥匙开传统动能减弱之锁；用挖存量、扩增量、提质量的钥匙开市场主体不强之锁；用产业化、项目化、园区化的钥匙开资源转化低效之锁；用系统性、普惠性、精准性的钥匙开城乡二元结构之锁。

实现上述各项目标和任务，大庆不仅需要增强经济和科技等"硬实力"，还要提升文化"软实力"。因此，必须传承弘扬大庆精神，努力在全市人民心中形成共同的思想基础，树立起共同的精神支柱并使之成为引领广大干部群众奋勇前进的号角，从而凝聚人心，鼓舞干劲，为大庆市新一轮发展提供强大的精神动力、智力支持和思想保证。

（二）为经济建设凝心聚力

先进文化对经济基础产生的推动作用常常是难以估量的。要更好地实现大庆经济发展和产业转型的目标，必须凝聚社会各方力量，首先是凝聚精神力量。中国特色社会主义进入新时代，大庆精神依然是统一思想、凝聚人心、汇集力量的强大精神武器，是催生创新精神、激发创造热情、推动创新发展的强劲力量，依然是动员组织各界群众为更加美好蓝图和更加幸福生活努力奋斗的精神支柱，它可以将新时代"五位一体"总体布局、"四个全面"的战略布局转化为大庆全市人民共同奋斗的崭新目标。

2017年1月，中国共产党大庆市第九次代表大会召开。此次党代会报告强调：大庆要高举中国特色社会主义伟大旗帜，以邓小平理论、"三个代表"重要思想和科学发展观为指导，深入学习贯彻习近平总书记系列重要讲话特别是两次对黑龙江重要讲话精神，认真落实省委部署要求，坚持以"五位一体"总体布局、"四个全面"战略布局和新发展理念为引领，以"五大规划"实施、"龙江丝路带"建设为牵动，以稳增长转方式调结构、增强发展内生动力为主线，以全面建成小康社会为目标，着力壮大接续产业，着力深化改革、扩大开放、推动创新，着力优化发展环境，着力保障改善民生，着力推进全面从严治党，传承弘扬大庆精神铁人精神，奋力开创大庆转型发展全面振兴新局面。报告提出，要力争经过 5 年的不懈努力，把大庆建设成为"五市"城市。大庆市第九次党代会报告是大庆人民改革发展实践经验的高度概括，充分体现了全市共产党员和人民群众的共同意志和热切期盼，对大庆转型发展全面振兴具有继往开来的重大意义。毫无疑问，大庆的转型发展全面振兴是地方党委、政府的职责使命，也是包括石油石化企业在内的所有大庆人的共同利益和共同责任。因而，全市各级党组织和广大党员只有认真学习、全面贯彻市第九次党代会精神，把思想和行动统一到大会的决策部署上来，才能把智慧和力量凝聚到大会确定的目标任务上来，才能以更宽的视野、更高的要求、更大的勇气奋力开创大庆转型发展全面振兴新局面。而要开创大庆发展新局面，谱写大庆发展新篇章，就必须要牢牢抓住大庆转型发展的重要机遇期，切实增强紧迫感和责任感，就必须坚定大有可为的信心和决心，始终坚持问题导向、把握主攻方向，就必须以昂扬向上的良好精神状态和工作热情，攻坚克难、真抓实干。

简言之，要实现大庆市委第九次党代会描绘的发展蓝图，需要全市人民在市委、市政府的集中领导下，同心同德、紧密团结，开拓进取、创业创新。在此过程中，离不开发挥大庆精神这一宝贵文化遗产的伟大作用，即用大庆精神这面旗帜去激发内生动力，集中力量，奋发有为。

（三）为经济建设聚集人才

人才是实现民族振兴、赢得国际竞争主动的战略资源。发展经济离不开各类专业的高素质人才。创业年代，在开发建设大庆油田创业中，涌现出了许多石油地质专家、优秀的工程师、钻井英雄、劳动模范。当然，更多的是默默无闻、辛勤耕耘的普通劳动者。正是靠着这些宝贵人才，在有限的基础上，油田开发高歌猛进，取得了一个又一个难以想象的伟大胜利，刷新和创造了无数业内记录，新中国石油工业由此蒸蒸日上。知识经济时代、信息化时代，人才已经成为新一轮国际竞争中最重要的战略资源，起到基础性、战略性甚至决定性的作用。对具体的地区和企业而言，人才是第一资源，是决定竞争力的第一资本。只有占领了人才的制高点，才能在激烈的竞争中处于主动地位。因而，人才开发是地方和企业实现发展的第一要素和根本保证。今天，在为经济建设聚集人才方面，大庆精神仍将发挥其独特作用。

党的十八大以来，党中央高度重视人才工作，习近平总书记对人才工作作出一系列重要指示，强调要"坚持党管人才原则""择天下英才而用之""人才政策方面手脚还要放开一些，要集聚一批站在行业科技前沿、具有国际视野和能力的领军人才""让人才事业兴旺起来"。在深入学习领会习近平总书记重要指示的基础上，大庆市委、市政府坚持高端引领、突出实用、引培并重、以用为本的原则，深入实施人才强市战略，全力打造支撑加快建设宜居宜业的现代化城市的智力引擎。采取的主要措施有：第一，整合队伍，建立更加专业的人才工作机构。对涉及人才工作的职能和管理资源进行重新划分，专门组建大庆市人才工作办公室，作为市委、市政府负责统一管理全市人才工作的机构。第二，修订和制定人才政策。修订和制定了《大庆市优秀人才引进工程指导意见》《关于实施若干人才优惠政策的暂行规定》等30多项配套政策、制度、方案、办法，全力打造人才政策优势。第三，加大对人才工作的资金保障力度。各级财政加大倾斜力度，提供人才资金保证。2010年以来全市人才发展专项资金达到1.98亿元以上，制定了《大庆市人才发展专项资金管理办法》，以此规范资金使用程序，提高资金使用效率。同时，各县区也积极响应，不断加大人才工作的资金投入力度，参照1%的比例在每年财政预算中设立人才发展专项资金，并积极引导用人单位、社会增加人才投入。第四，引进高校和科研院所。引进东北石油大学和黑龙江八一农垦大学等高等院校后，又成功引进黑龙江旅游职业技术学院大庆校区、黑龙江科学院大庆分院、大连工业大学大庆生物技术研究院两家科研院所。目前，大庆高校数量已经达到8所，科研院所达191家，在校大学生规模超过8万人，涵养高层次人才2000余人。第五，面向国内外选拔高层次专门人才。创造全方位、立体化的人才引进载体，在美国、加拿大等国家和地区举办"海纳英才、创业大庆"专场招聘会；组织实施"千名人才选拔引进行动计划"，面向国内外选拔引进1000名急需紧缺高层次人才；围绕推动全市重点产业发展，在中国国家人才网等媒体面向全国公布年度产业发展急需紧缺高层次人才引进目录，成功为重点产业、重点项目引进急需紧缺高层次人才1万余名。第六，柔性引进高端人才，积极借外脑、引外智。组织实施"高端人才大庆行"项目，邀请知名高校教授到大庆参观考察并与数十家机关企事业单位、科研院所代表交流座谈，签订合作意向；实施"百名专家下基层"活动，组织科技、农业、教育卫生领域专家深入全市部分乡镇和街道社区，制定相关发展规划，落实致富项目，帮助群众解决实际问题；建成专业园区和孵化基地，为人才引进搭建平台。2010 年以来投入5000 余万元，建设完善科技创业园、留学人员创业园、服务外包产业园等专业园区和孵化基地，吸引 102 家企业入驻，吸纳从业人员 5000 多人。投入 6000 余万元加快信息共享平台、技术公寓、人才公寓等建设。第七，大力推动"市校合作"。建立了联席会议制度，制定了《市校合作人才专项工作方案》，确定了组织机构、工作任务、责任分工和落实举措，并建立了全体会议、工作会商和工作信息报送 3 项机制。"十三五"期间，着力推动加强"市校合作"，充分发挥释放高校和科研院所的科技和人才优势，使之转化为产业优势和发展优势，为加快发展方式转变和城市转型注入强大动力。宣传文化部门，坚持每年都有计划地推进精选社科课题项目、服务社科研究、促进研究成果转化等方面工作，发挥了高校社科研究"人才库""智囊团"作用，促进了社科研究"市校"融合，在为当地党委、政府决策咨询方面发挥了作用。第八，建立大学生"创客"旅游模拟实训公司项目、农业科技培训班项目、认定就业见习基地招募大学生见习项目等。第九，以高层次人才、后备人才为重点，抓好市级人才培养。

从根本上讲，上述各项举措其实是大庆石油会战辉煌创业历史的延续，是对大庆发展建设重视人才队伍建设、注意发挥人才优势传统的继承和发扬。未来，大庆精神在聚集人才方面仍将大有可为，仍能发挥其独特作用。

（四）为经济建设增添亮点

近年来，大庆依托大庆精神这一文化资源优势，大力发展壮大文化创意产业并取得了明显的业绩，为经济发展增添了亮点。

大庆在文化创业产业上最突出的成就首推大庆百湖艺术群落。大庆百湖艺术群落成立于 2009 年 7 月，位于大庆高新区，总面积 15，000余平方米。该群落按照"政府扶持、市场运作"的模式，整合大庆文化资源，为繁荣文艺事业和文化产业兴建起来的集创意生产、宣传交流、展览销售为一体的文化产业园区。它是大庆艺术家的创作基地，是集创意生产、宣传交流、展览销售为一体的文化产业园区，被大庆市民誉为"欣赏选购原创艺术品的文化采摘园"。目前，群落已入驻艺术家120余位，文化艺术企业40家。艺术家包括书法家、国画家、版画家、雕塑家、油画家、摄影家、收藏家等，文化艺术产品或企业包括获得国家专利、代表北方特色的冰雪版画，有大庆地域特色的芦苇画，有人间第一"福"之称的平安是福文化传播公司，有大庆老字号经营书画装裱及出售文房四宝的企业"举月轩"，有继承祖国传统工艺的装裱企业"泼墨草堂"，还有画材企业"杰·丹青"、松花砚专营企业、搏木轩根艺企业及大庆观赏石协会等。自开业以来，群落成员单位参加各种文化交流活动，举办各种展览、义卖等活动，满足了群众的文化需求，取得了良好的经济效益。同时，也提升了市民的素质和城市品位，成为大庆市一张靓丽的文化名片。

百湖影视创意基地是大庆经济建设中的又一亮点，同样依托大庆精神形成。该基地是投资2.3亿元兴建的文化创意产业项目。项目占地面积5.1公顷，规划建筑面积约8.5公顷，计划分3期历时3年建设完成。项目主要包括影视中心大楼、影视多功能厅、数码印刷出版大厦、动漫创意大厦、艺术培训中心及相关配套系统等。全部项目建成后，将成为集影视、动漫、会展、人才培训于一体的文化产业集聚基地，届时将实现年产值7000万元。该基地建成的最大意义在于：它使大庆文化产业实现了从"文化制造"向"文化创造"转变。

2016年7月，大庆市委、市政府在《关于推进供给侧结构性改革的实施方案》中提出，大庆要充分发挥大庆独特的文化艺术资源和产业基础优势，发展"高知识性""高附加值"和"高融合性"的文化创意产业。2017年大庆市政府工作报告提出，要大力挖掘文化资源，推动石油文化、民俗文化与现代文化元素兼容并蓄，释放文体设施功能效益，增加公共文化服务供给，开发多元文化产品，创建国家级文化产业示范园区。未来，大庆市要进一步强化文化创意产业园、百湖艺术群落、百湖影视基地、百湖文化广场、黑鱼湖国际艺术村等载体和平台功能，加快推进休闲创意文化博览园、汽车文化博览园等项目建设，重点发展动漫游戏、数码设计、广播影视、广告策划、文化展览、资讯传播等业态。同时，还将优化布局、壮大产业、培育名牌，打造东北一流、独具特色的文化创意产业示范区。主要途径是，发挥百湖影视基地等场馆功能，通过创意催生影视动漫、精品演出、主题会展、文化时尚、大众健身等文化产品，引进中国素质机器人运动项目落户大庆，推动市场细分项目开发。《大庆市国民经济和社会发展第十三个五年规划纲要》则对此提出了明确的目标，即到 2020 年，力争实现增加值 100 亿元、年均增长 8% 以上。当前，大庆文化创意产业正迅速形成规模和市场竞争力，逐渐成为大庆经济的重要支柱。

大庆文化创意产业依托的是大庆精神这一独特的文化资源，借助的是大庆精神高度的知名度和强大的影响力，该产业把大庆精神作为文化产品的主要题材和创作素材，充分吸收了大庆精神的精华，各种文化创意产品从新的艺术视角展现了大庆精神，诠释了大庆精神的深刻内涵，传播了大庆精神的持久魅力。因此说，大庆文化创意产业是大庆精神为大庆经济建设增添的亮点。

（五）为经济建设创新助力

"创新是一个民族进步的灵魂，是一个国家兴旺发达的不竭动力。""创新是引领发展的第一动力，是建设现代化经济体系的战略支撑。"提高自主创新能力、建设创新型国家，是国家发展战略的核心，是提高综合国力的关键。多年来，我国坚持走中国特色自主创新道路，坚持把增强自主创新能力贯彻到现代化建设各个方面。而大庆精神在为经济建设创新助力方面，也有着自己独特的优势。

大庆油田的发展史就是一部持续创新的历史。毫不夸张地讲，大庆精神形成发展的历史也是一部精神文化为经济建设创新助力的历史。近60 年来，大庆油田高度重视创新，持续推进创新，靠创新保持了勘探开发的领先水平，靠创新为企业发展提供了不竭动力，靠创新走出了一条具有大庆特色的发展之路。从当年自主开发建设大油田、首创"三基"工作等基本经验，到新时期探索新型工业化道路、荣获首届"中国工业大奖"，大庆人始终秉承"三超"精神，开拓进取、锐意创新。在油田开发过程中，大庆人把开拓进取的满腔热情同严格的科学态度结合起来，始终注重发挥科技的主导作用，实现了科技的有序接替和油田的良性开发；油田科技坚持"应用一代、储备一代、研究一代"，形成了水驱、聚驱、三元复合驱等一整套具有自主知识产权的核心主导技术系列；企业管理坚持立足基层、面向实际、注重特色，形成了以岗位责任制为基础，传统管理与现代管理相结合的油田特色管理模式。多年来，大庆市委、市政府高度重视科技和教育事业的发展，辟建了大学园区，大庆自主创新能力持续增强，科技服务体系日益健全，研发力量迅速壮大，产学研一体化进程不断加快，科技进步贡献率达47%。无论是油田长期高产稳产的实现、石化产业链条的延长、地方高新技术产业的发展，还是农村经济的壮大，科技进步起到了决定性作用，各类教育提供了可靠的智力保证。

近年来，大庆市认真落实国家中长期科学和技术发展规划纲要，加大对自主创新投入，着力突破制约经济社会发展的关键技术。加快建设创新体系，支持基础研究、前沿技术研究、社会公益性技术研究；加快建立以企业为主体、市场为导向、产学研相结合的技术创新体系，引导和支持创新要素向企业集聚，促进科技成果向现实生产力转化；深化科技管理体制改革，优化科技资源配置，完善鼓励技术创新和科技成果产业化的法制保障、政策体系、激励机制、市场环境；实施知识产权战略，大力保护知识产权；充分利用国际国内各种科技资源，积极营造鼓励创新的环境，注重培养一线的创新人才，努力造就科技领军人才，使全市创新智慧竞相迸发、各方面创新人才大量涌现。

2017年大庆市政府工作报告提出"催生新经济形态，力争在涵养发展动能上有更大进展"，并将其作为未来5年奋斗目标和路径措施。具体来说，就是要着眼破解"三偏"问题，适应转型升级内在需要，大胆进行创新，推动新产业、新业态、新技术、新商业模式协同发展，打造动力强劲的新引擎。主要措施是：第一，发展复合型经济业态。建设萨尔图现代农科城等60个三产融合基地，关联延伸两江水稻、乳肉加工、观光旅游、涉农金融、农耕体验等新业态，促进农业接二产连三产；引进知名赛事，策划展会博览，举办专业论坛，促进旅游、文化、体育、健康等业态嫁接融合。第二，发展智能型经济业态。实施促进大数据发展行动计划，以互联网＋、物联网＋、智慧城市建设为主要抓手，加快发展智慧农业、智慧制造、智慧服务等新业态，推动产业智慧化、智慧产业化。第三，发展平台型经济业态。引建平台联盟主体和成熟经济体，重点拓展多元融资平台、混改合作平台、科技创新平台和资源交易平台，为产业和项目落地提供载体支撑。第四，发展循环型经济业态。突出农牧业和工业领域，支持企业循环式生产、产业循环式组合、园区循环式改造，建设生产和生活系统循环链接的共生体系，推动经济低碳绿色发展。

新时代，大庆的发展日益依靠创新。而要实现上述新经济形态的创新，就更加需要继续发扬大庆精神的作用。

二、政治价值

大庆精神的政治价值是指大庆精神在推动执政党自身建设以及促进社会主义政治文明建设中发挥的作用。大庆精神的政治价值在坚定党员及社会成员理想信念、树立"四个意识"、加强党的基层组织建设及优化政治生态等方面表现得尤为突出。

（一）坚定理想信念

理想信念是世界观和政治信仰在奋斗目标上的具体体现。坚定理想信念，坚守共产党人的精神追求，始终是共产党人安身立命的根本。党的十八大报告指出："对马克思主义的信仰，对社会主义和共产主义的信念，是共产党人的政治灵魂，是共产党人经受住任何考验的精神支柱。"习近平总书记反复强调要拧紧理想信念"总开关"。他还强调："理想信念就是共产党人精神上的'钙'。没有理想信念，理想信念不坚定，精神上就会'缺钙'，就会得'软骨病'。现实生活中，一些党员、干部出这样那样的问题，说到底是信仰迷茫、精神迷失。"党的十九大报告进一步指出：要把坚定理想信念作为党的思想建设的首要任务，教育引导全党牢记党的宗旨，挺起共产党人的精神脊梁，解决好世界观、人生观、价值观这个"总开关"问题，自觉做共产主义远大理想和中国特色社会主义共同理想的坚定信仰者和忠实实践者。党的最高理想和最终目标是实现共产主义，共产党人为此英勇奋斗，前赴后继。新中国成立后，在经济文化落后的大国进行社会主义建设、实现国家富强和人民幸福，成为党的主要历史任务。社会主义建设时期，党继承革命年代精神培育形成的大庆精神，正是中国共产党人豪迈气概的生动体现。大庆精神为党带领人民建设社会主义提供了强大的精神动力。

大庆石油会战职工从创业之日起，就自觉地接受马克思列宁主义、毛泽东思想的教育，自觉把全人类最崇高、最美好、最远大的理想——实现共产主义，浓墨重彩地书写在了自己的旗帜上。并且在长期的实践中，将实现这一伟大理想作为激发力量的源泉，作为形成大庆职工群体共同信念的思想基础。大庆人懂得，社会主义现代化是共产主义奋斗目标的阶段性体现，不同历史时期的奋斗目标又是社会主义奋斗目标的组成部分。大庆人总是把自己正在从事的事业看成是共产主义事业在现阶段的一个具体组成部分。因而，坚定的共产主义理想和信念就成为大庆人克服困难、取得胜利的巨大精神动力。正因如此，大庆人才能在任何复杂情况下，始终保持坚定正确的政治方向，始终充满克服各种困难的勇气和力量。大庆精神就是坚持共产主义理想信念的现实表现。"革命加拼命精神""硬骨头精神"等，无不鲜明地反映着大庆人的理想信念。大庆精神集中展现了石油职工为国争光、为民族争气的强烈爱国主义情怀。近60年来，这种情怀深深扎根于大庆油田，扎根于中国石油战线，鼓舞石油系统干部群众始终以祖国石油事业振兴为己任，埋头苦干，锐意进取。大庆人为之艰苦奋斗、勇敢牺牲的目标其实就是中国共产党人的理想信念，就是要建设一个崭新的、富强的、名副其实的中华人民共和国，一个富强民主文明和谐美丽的社会主义现代化国家，就是要实现中华民族伟大复兴的"中国梦"，就是最终要实现共产主义。因此，大庆精神同井冈山精神、长征精神、延安精神及其后的"两弹一星"精神、雷锋精神、改革开放精神一样，是坚持中国共产党人理想信念的精神。

今天，中国特色社会主义是中国共产党和中国人民团结的旗帜、奋进的旗帜、胜利的旗帜。大庆人正高举中国特色社会主义的伟大旗帜，坚定不移地坚持和发展中国特色社会主义，为全面建成小康社会、实现

"两个一百年"的战略目标和实现中华民族伟大复兴的中国梦而努力奋斗。在新的前进征途中，面对新的任务和挑战，大庆精神依然能够发挥坚定理想信念、攻坚克难、催人奋进的伟大作用。

（二）树立"四个意识"

2016 年 1 月 29 日，中共中央政治局召开会议，首次公开提出"增强政治意识、大局意识、核心意识、看齐意识"。政治意识就是要求每个党员都要把政治规矩、政治纪律挺在前面，要有从党的理想、信念和宗旨的角度看问题，时刻同党中央在思想上政治上行动上保持高度一致的意识。大局意识就是既要看到自己从事工作的特殊性，更要看到在全党全国大盘子中的作用和影响，能把自身的特殊性和大局的普遍性统一起来，在大局下谋划、开展工作。核心意识就是要通过维护以习近平同志为核心的党中央这个核心，进一步加强党的集中统一领导，强化党在中国特色社会主义事业中的领导核心地位。看齐意识就是要主动向以习近平同志为核心的党中央看齐，向党的理论和路线方针政策看齐，自觉把一切工作置于党中央集中领导之下。这"四个意识"，根本目标在于加强党中央的集中统一领导，建立强有力的中央权威。其中，政治意识保证目标和方向，大局意识保证局部和整体的协调统一，核心意识保证领导力量的权威，看齐意识保证队伍的整齐划一。强化这四种意识，有利于我们自觉在思想上政治上行动上同党中央保持高度一致，进一步增强我们党的凝聚力和战斗力，发挥好党作为中国特色社会主义事业坚强领导核心的作用。

"四个意识"是宝贵的治党管党经验，它在大庆精神当中得到了充分的体现。近 60 年来，大庆人自觉学习作为马克思主义中国化和大众化成果的理论著作《实践论》和《矛盾论》，思想上、政治上、行动上主动向中央靠拢，表现出了高度的政治意识；大庆人坚持国家和集体利益高于一切，自觉服从国家建设的大局，将大庆油田发展和国家民族的利益紧密联系在一起，个人服从集体，下级服从上级，不计名利、不计报酬、不计得失，表现出了高度的大局意识；大庆人始终坚定不移地服从党中央的正确领导，坚决听从党中央决策部署和毛泽东同志的指示，时刻维护中央和领袖的权威，表现出了高度的核心意识；大庆人自觉向党中央看齐，向党的理论和路线方针政策看齐，向解放军看齐、向全国优秀企业看齐，主动学习其优秀的管理经验，表现出了高度的看齐意识。

党的十八大以来，大庆各级党组织和党员深入学习以习近平同志为核心的党中央治国理政的新理念新思想新战略，学习习近平新时代中国特色社会主义思想，深刻理解"五位一体"总体布局、"四个全面"战略布局，自觉在思想上政治上行动上同党中央保持高度一致，坚持党的领导特别是党中央的集中统一领导，坚决维护党中央的权威。2017 年 3 月 20 日，中共大庆市第九届纪律检查委员会第二次全体会议指出，要深入学习贯彻党的十八届六中全会精神，按照中央和省委部署要求，进一步强化"四个意识"。会议还强调，党员干部要牢固树立看齐意识，始终向党中央看齐，向党的理论和路线方针政策看齐，不断校正坐标，以中央要求为行动指南，保证全党统一意志、统一行动、步调一致，把中央的决策部署坚决有力落实到位。2017 年 4 月 5 日，在大庆市领导干部学习贯彻党的十八届六中全会精神专题研讨班开班式上，市委主要领导进一步强调，要增强"四个意识"、要站稳政治立场，坚决维护核心，要对党绝对忠诚，坚决拥戴核心，向党中央看齐，坚决服从核心，听党话、跟党走，做到党中央提倡的坚决响应、党中央决定的坚决照办、党中央禁止的坚决杜绝。

无论过去还是现在，大庆广大党员干部始终牢记自己是人民公仆的身份，在其位谋其政，做人为官都表现出强烈的担当精神，忠诚履责、尽心尽责、勇于担责，表现出了共产党人的先进性和纯洁性。他们党性强，扎实贯彻中央精神，坚决维护中央权威，坚定地走群众路线，严格要求自我，作风优良过硬，行动果断迅速，效果巩固持久。总之，讲政治，对党绝对忠诚，自觉把共产主义的远大理想和建设中国特色社会主义的具体任务结合起来，与岗位工作结合起来，忠贞不渝地为社会主义事业奋斗，这是大庆精神和大庆党员在理想信念方面最突出的特点和表现。

（三）加强党的建设

重视党的建设，通过加强党的建设来推进事业发展是中国共产党始终坚持的一条重要经验。在长期的奋斗历程中，大庆各级党组织高度重视思想建设、组织建设、作风建设、制度建设和反腐倡廉建设。重视党组织的自身建设，是大庆石油会战能够打赢的关键，同时也是大庆精神得以形成的基本保障。

近 60 年来，大庆油田取得的成就，得益于坚持党的领导、加强党的建设以及弘扬大庆精神。近年来，内外部形势发生了变化，但大庆油田始终坚持抓基层、打基础不放松，做到了"党政组织同步建立，党政干部同步配备，党政制度同步制定，党政工作同步考核"，有 3 名以上党员的基层队全都建立了党支部。油田长期开展基层建设"六好"（党支部建设好、领导班子好、队伍素质好、经营管理好、文化氛围好、环境建设好）达标活动，全油田已有 90% 以上的基层站（队）通过了"六好"达标考核验收。同时，扎实开展"四好"（政治素质好、经营业绩好、团结协作好、作风形象好）领导班子建设和"五型"（学习型、安全型、清洁型、节约型、和谐型）班组建设，集中开展党员先进性教育，推进党的先进性建设。2006 年，大庆油田领导班子被中共中央组织部和国资委党委评为全国国有企业创建"四好"领导班子先进集体。2016 年 8 月，大庆油田党委专门出台《落实集团公司领导干部会议精神，加强油田党的建设工作方案》，为持续加强油田党建做好顶层设计。《方案》提出：按照中国石油天然气集团公司党组"一个坚持、一个弘扬、四个要求、六个强化"党的建设总体思路和重点部署，把坚持党的领导作为重大政治原则，继承发扬大庆精神铁人精神和会战优良传统，高举红旗抓党建、从严从实抓党建、立足基层抓党建，用"五个新"统领发展，用"五个不动摇"增强定力，用"四个走在前列"激发斗志，持续推进油田党的思想建设、组织建设、作风建设、反腐倡廉建设和制度建设，为"持续有效发展、创建百年油田"提供坚强保障和强大动力。大庆油田党委积极落实集团公司党组工作部署，陆续制定了《大庆油田党的建设规划纲要》《大庆油田反腐倡廉建设规划》《大庆油田企业文化建设规划》等制度。在此基础上，提出重点抓好思想建设、组织建设、作风建设、反腐倡廉建设、制度建设、强化责任落实等六个方面的 35 项工作。

继承发扬大庆精神和大庆石油会战优良传统，高举红旗抓党建、从严从实抓党建、立足基层抓党建，是近年来大庆油田党建工作的鲜明特色。并且，还结合新的任务和要求作出了发展创新。具体表现为三个方面：第一，从严从实抓党建，踏石留印，抓铁有痕。持续推进油田党的思想建设、组织建设、作风建设、反腐倡廉建设和制度建设，出台"四种形态"实施办法，进一步把监督执纪做深做细做实。通过述职评议方案，全面考核党组织书记抓基层党建工作情况，并将考核结果纳入业绩考核体系，通过层层压紧、传导压力，推动形成大抓基层的鲜明导向，把党建工作抓认真、抓扎实、抓深入。第二，固本强基促党建，学以致用，久久为功。大庆油田7700多个各级党组织星罗棋布，12万多名党员奋战在各个岗位。在"两学一做"学习教育中，油田党委突出"学、做、改、干"，打牢"学"的基础，增强"做"的干劲，各级党组织开展专题研讨、讲党课，严抓党的建设；组织广大党员比作风、比业绩、比贡献，以实际行动传承优良传统，树起先锋形象。同时，创新方法载体，提高学习教育实效。各党支部自主研发了党支部书记培训课程体系，组织开展基层党支部书记轮训。第三，凝心聚力强党建，干事创业，奋勇担当。积极探索党建工作新方法新途径，在"当好标杆旗帜，走在四个前列"主题实践活动中，努力当好弘扬"石油精神"的标杆，让大庆精神铁人精神持续发挥强劲动力，激发广大党员干事创业，凝心聚力，面对困难和挑战，以昂扬的状态推进发展。用优良传统践行严实作风，通过重塑中国石油良好形象大讨论活动，全面释放精神正能量。

未来，大庆油田仍将继承发扬大庆精神优良传统，铸牢"根"和"魂"，发挥政治优势，以改革创新精神加强新时期党的建设，继续当好标杆旗帜，为可持续发展提供坚强保证，为"我为祖国献石油"增添强大底气，不忘初心，继续前进。

（四）优化政治生态

习近平总书记指出："加强党的建设，必须营造一个良好从政环境，也就是要有一个好的政治生态""政治生态好，人心就顺、正气就足""自然生态要山清水秀，政治生态也要山清水秀"。近60年来，大庆精神在改善和优化政治生态方面，发挥了十分积极的作用，而且今后仍将发挥重要作用。

首先，大庆精神促进领导干部形成正确的权力观，秉公用权。创业年代，会战领导机关严格执行领导干部"约法三章"，始终坚持每月开党小组会，每年组织基层干部、工人、家属代表进行检查，形成了"定期检查制度"。每个领导干部在领导班子内必须做到思想、缺点、工作、生活"四个公开"，并制定了具体措施，向群众公布，主动接受群众监督。这些措施防止了干部特殊化，确保了整个石油队伍的战斗力。改革开放后，大庆油田党委对"约法三章"进行了及时完善和发展，制订了企业"党政干部'十不准'"。今天，在新时代，大庆精神对领导干部作出的"永不特殊化""不能做官当老爷""永不说假话"等要求，仍然具有强烈的现实意义。

其次，大庆精神促进领导干部处处身先士卒，率先垂范。领导干部的一言一行都被群众看在眼里，因而具有强烈的社会示范效应。对此，大庆人早有明确认识，并对其作出了精炼的概括："干部以身作则，闻风而动，严格要求，一丝不苟，对搞好工作、带好队伍的关系很大"。因此，大庆领导机关历来强调："严格要求，首先从领导严起，要求群众做到的，领导要带头做到；要求群众不做的，领导坚决不做"。在实践中，从学"两论"到参加劳动，再到坚持"三老四严"作风，都是从领导干部抓起。正因如此，这些活动的效果得到了很好的保证。1980年，《关于党内政治生活的若干准则》公布，各级领导干部认真学习贯彻《准则》精神，带头纠不正之风，除了本人严格按《准则》办事，还教育家属和子女遵纪守法。在促进领导干部处处身先士卒、率先垂范方面，大庆创造了一系列好经验好做法。如：领导"指挥靠前""工人三班倒，班班见领导""工人身上有多少泥，干部身上也有多少泥""三定一顶"，等等。

再次，大庆精神密切干群关系，领导干部真正把群众当亲人。群众心里有杆秤，谁轻谁重心自明。胡锦涛同志曾告诫全党："群众在我们心里的分量有多重，我们在群众心里的分量就有多重""只有我们把群众当亲人，群众才会把我们当亲人"。"领导心里装着工人，工人心里装着企业"是大庆油田的经验之一，它很好地体现了上述思想。企业领导机关时刻不忘全心全意依靠工人阶级，充分发挥职工群众的积极性和创造性。职工群众则以高度的主人翁责任感和使命感，把自己的利益和企业的效益紧密联系在一起，自觉为实现企业目标努力拼搏。大庆坚持依靠工人阶级办企业，保证了职工群众在企业中的主人翁地位，极大地调动了职工群众的主动性、积极性和创造性，他们把企业看成自己的家，与企业休戚与共，全身心投入到企业的生产建设和各项工作之中。在此背景下，大庆的企业风气、机关风气、社会风气都呈现出了积极健康的状态，形成了良好政治生态。

2017 年 3 月 20 日，中共大庆市第九届纪律检查委员会第二次全体会议对最近两年多以来政治生态建设取得的成绩作出了充分肯定。会议认为：大庆市委坚持把学习贯彻习近平总书记系列重要讲话特别是两次对黑龙江重要讲话精神作为首要政治任务，以严明党的政治纪律和落实中央八项规定精神、狠刹"四风"为重点，从市委常委会做起、从具体问题抓起，层层压实责任，深化制度建设，规范权力运行，严格正风肃纪，保持反腐高压态势，有效净化了政治生态。在此背景下，大庆党员、干部作风逐步改变，群众也通过身边的变化增强了对转变党风政风、改善社会风气的信心。此次会议还指出了今后的任务，即要以毅然决然、义无反顾地恒心和韧劲继续净化和优化政治生态。而且，还特别强调要更加注意从大庆精神这一宝贵文化资源当中汲取智慧与营养。

总之，数十年来的经验证明：在净化和优化政治生态方面，大庆精神一直在发挥着重要的引领导向、约束规范作用。

（五）站稳人民立场

习近平总书记指出："人民立场是中国共产党的根本政治立场，是马克思主义政党区别于其他政党的显著标志。"马克思主义始终坚持人民立场，站在人民群众的角度认识问题、解决问题。一切为了人民、一切相信人民、一切依靠人民，全心全意为人民服务，是中国共产党人运用马克思主义观察、分析和解决问题的根本立足点和出发点。中国共产党始终坚持以人为本，致力于实现好、维护好、发展好最广大人民的根本利益，这是党的先进性的体现，也是大庆精神得以形成的价值观基础。因此，继承和发扬大庆精神，有利于站稳人民立场。

　　首先,大庆精神最根本的宗旨是为了最大限度地实现人民的根本利益。大庆精神最直接的价值就在于它能有力地推动大庆油田的生产实践。这种实践的主体是人民群众,实践的目的也是为了实现人民的根本利益。石油作为重要的战略物资,能否持续有效地供给,关乎国家安危、民族兴衰,最终关系到人民的根本利益。大庆石油会战的胜利,把中国贫油的帽子甩到了太平洋里,实现了原油的自给,开始结束了石油主要依赖外国的历史,摆脱了中国石油工业受制于人的困境,这是对中国人民根本利益的极大实现、极大维护和极大发展。今天,大庆油田对国家的责任远未结束——为保障国家能源战略安全,持续创造辉煌,还要肩负起新的使命,迈出新的步伐。能否履行好这一使命,既关乎国家民族利益,也关系到大庆这座城市的长远发展以及生活在这片土地上的人们的未来。

　　其次,在大庆的工业企业管理过程中始终渗透着以人为本的思想。以人为本是我们党全心全意为人民服务的根本宗旨和立党为公、执政为民的执政理念在新的时代条件下最集中最生动的表达。以人为本是科学发展观的核心,它要求坚持人民在中国特色社会主义事业中的主体地位,坚持发展为了人民、发展依靠人民、发展成果由人民共享,不断实现好、维护好、发展好最广大人民的根本利益;它强调人文关怀,满足人的需求,尊重人的权益,关注人的价值,激发人的潜能,促进人的全面发展。大庆精神在注重科学理性的同时,也关注人的利益、满足人的需求、促进人的发展,体现出强烈的人文关怀。大庆精神教育人,更激励人、发展人,始终体现着对人的尊重和关怀。大庆油田一直坚持全心全意依靠工人阶级办企业的方针。康世恩同志在《坚持走有中国特色的工业发展道路》一文中指出,大庆油田创造的一整套依靠工人管理企业的经验,核心问题是把严格的管理、严格的要求建立在工人高度自觉的基础上,建立在群众路线的基础上。而企业领导的责任,正是在于启发、培养工人的主人翁精神,激发他们当家作主的积极性,使职工队伍成为有严密组织的高度纪律性的战斗集体,能够出色地完成各项任务。1991年5月3日,《人民日报》刊登了中共中央办公厅调研室关于《大庆油田重视和探索产业工人作用的调查》。调查报告将大庆经验概括为

10条：第一，始终坚持全心全意依靠工人阶级的优良传统，既重视发挥脑力劳动者的作用，又重视发挥体力劳动者的作用。第二，加强民主管理，拓宽民主管理渠道，完善民主管理制度。第三，实行群众监督，基层检查机关，工人检查干部。第四，在分配政策上，向生产一线倾斜，福利待遇一线高于二线，基层高于机关。第五，加强生产一线党的工作，做到队有党支部，班组有党员。第六，从优秀工人中选拔干部，既强调文化知识，又重视实践经验。第七，关心群众生活，领导心里装着工人，工人心里装着企业。第八，开展劳动竞赛，人人争立功，队队夺红旗。第九，加强舆论宣传工作，树立工人阶级形象，弘扬工人阶级正气。第十，提高职工队伍素质，教育职工进大庆门，做大庆人。可见，无论是会战时期的老传统，还是近年来的新创造，都体现了大庆精神以人为本的特征。

再次，大庆精神全面关心群众生活的意蕴得到了落实。全面关心群众生活，是大庆常抓不懈的一个大问题，也是把思想政治工作和关心职工生活结合起来的一条基本经验。大庆的干部们深刻认识到：只讲思想问题，不联系实际困难，思想工作就是空谈。"注意劳逸结合，抓好生活""一手抓生产，一手抓生活"等成功经验证明，领导越是关心职工生活，职工就越发集中精力搞好生产。关心职工生活不是为搞好生产而采取的一种简单手段，更不是领导的"恩赐"，而是体现了党全心全意为人民服务的宗旨，体现了社会主义建设的根本目的。新的历史条件下，油田各级党组织依然牢固树立"以人为本"的理念，围绕构建中国石油和谐示范矿区，大力推进民生工程建设，努力把全心全意为人民服务的宗旨实践好。近年来，大庆的住房、教育、医疗、养老等各项事业取得了长足的进步，社会成员思想道德素质不断提高，专业技能不断提升，业余文化生活不断丰富，社会呈现出更加和谐的局面。

此外，大庆精神促进领导干部深入基层，向群众学习并集中群众智慧。在深入基层、深入群众和集中群众智慧方面，大庆人创造了诸多优秀经验。通过"领导干部'五同'"，鼓舞了群众的干劲，大大加强了对基层的领导工作，保证了会战各项任务的完成。同时，也锻炼了广大干部，提高了干部素质。通过"干部'七跟班'劳动"，激发了群众的积极性、主动性和创造性，保证了生产任务的完成，而且使干部永远保持劳动人民的本色。通过"机关充实基层"，既加强了基层领导力量，又精简了机关，转变了机关作风，特别是对造就一大批能上能下的干部队伍有着重要意义。通过"五级三结合"会议制度，保障了广大职工在审议企业重大决策等方面的权利，调动了广大职工参与企业管理的积极性，更好地集中群众智慧搞好生产、管理和各项事业。

大庆精神来自人民群众创造历史的伟大实践，这种精神本身就是人民立场的集中体现，是人民群众利益在文化上的反映，是人民群众力量和智慧的结晶。因而，无论何时，坚持大庆精神都有助于站稳人民立场，有助于续写人民群众创造历史的新的辉煌。

三、文化价值

大庆精神的文化价值，是指大庆精神作为社会主义先进文化在推进社会主义文化建设特别是思想道德建设方面发挥的作用。具体表现为：大庆精神是坚定文化自信的重要源泉，是社会主义荣辱观的重要来源，是育人铸魂的有力思想武器，是城市品位和精神高度的标志。

（一）坚定文化自信的重要源泉

习近平总书记强调：在 5000 多年文明发展中孕育的中华优秀传统文化，在党和人民伟大斗争中孕育的革命文化和社会主义先进文化，积淀着中华民族最深层的精神追求，代表着中华民族独特的精神标识，是我们文化自信的源泉。因此，我们今天要继续弘扬以爱国主义为核心的民族精神和以改革创新为核心的时代精神，不断增强全党全国各族人民的精神力量。大庆精神体现并丰富了民族精神和时代精神的内容，是我们坚定文化自信的重要源泉。

首先，大庆精神体现并丰富了民族精神。第一，大庆精神始终体现吃苦耐劳、坚韧不拔。无论会战时期还是今天，大庆人始终保持着吃苦耐劳的本色，面对种种困难，他们愈挫愈奋，坚忍不拔，夺取了一个又一个新的胜利。第二，大庆精神始终体现团结友爱、互助协作。石油事业是数以万计的劳动者、数以百计的工种间协同工作的集体行动，没有互相关怀、团结奋斗的精神，就无法取得整体和全局的胜利。尽管在激烈的劳动竞赛中，大家你追我赶、互"不服气"，但当"对手"遇到困难时又会倾力支援。日常工作中，干部关心工人，工人关心干部，处处呈现出团结友爱、通力协作的新风气。而且，大庆油田在搞好自身生产的同时，还大力支援其他油田建设，提供物力、资金、人才及技术支持。大庆油田一直都是全国石油人才输出的重要基地。半个多世纪来，"凡有石油处，就有大庆人"，这从一个侧面生动注解了大庆精神团结友爱、互助协作的品格。第三，大庆精神始终体现自强不息、挑战极限。创业之初，大庆人白手起家，充分发扬爱国主义、集体主义精神，自强不息、挑战极限，高速度高水平地拿下了大油田，将中华民族精神发挥到了淋漓尽致并使之得以丰富和发展。新时代新征程，大庆人在经济发展和城市转型中，在新一轮创业和创新的浪潮中，依然保持本色，昂扬向上，攻坚克难，不断向新的更高目标发起挑战。

其次，大庆精神体现并丰富了时代精神。第一，大庆精神拥有开放的世界眼光。1991年，中国石油天然气集团公司提出了可持续发展的"三大战略"，国际化经营战略是其中之一。面对海外特殊多变的环境和众多国际竞争对手的挑战，大庆油田这支经过千锤百炼的铁人式队伍，以大无畏的英雄气概和气魄，在风云变幻的国际石油舞台上纵横驰骋，从无到有，从小到大，使中国石油不断赢得新的突破，海外石油事业实现了跨越式发展。大庆油田全力推进印尼综合一体化项目，加快"稳油控水"、三次采油技术的商业化应用步伐，快速完成了方案编制审定和区块合同签约，形成了油田开发、工程技术、工程建设、装备制造共闯市场的新局面，实现了大庆油田走向世界、走向未来的新跨越。大庆油田积极推进海外战略，加快走出去步伐。2016年先后中标伊拉克、土库曼斯坦等国家的油田维护、集输站场建设项目以及"中俄二线"等一批重大项目，实现海外收入人民币80.75亿元。第二，大庆精神拥有强烈的效率效益观念。从创业伊始，大庆油田对生产和管理就实行精细化的组织，全力提高效率；努力节支挖潜，收入大幅增加；强化各项标准，优质高效施工。今天，面对国际市场的激烈竞争，大庆人更是主动向生产、向管理要效益，努力提高自身竞争力。2016年，大庆油田井下作业分公司伊拉克修井项目坚持对标国际先进企业，优化生产运行，深化降本增效，实现了效率效益双提升。他们从提高搬家效率入手，优选搬家承包商，细化每个人、每项辎重的搬迁计划，与甲方建立了边施工、边验收的高效验收机制。搬家大包施工周期压缩了三天半，较合同标准节省了3天，搬家施工效率提升了53.08%。他们积极创新管理模式、改变工作流程，将项目部由大庆鲁迈拉项目部搬迁至修井配套基地，优化了项目部职工交接班方式，精简了外籍用工和医务人员，降低了生活服务费、搬家费及其他运输费等合同价格，已实现综合挖潜1560多万元。他们采取领导干部驻井监督、施工全过程、全方位联合检查等举措，三个修井平台全部实现了满日费运转。其中，DQWO074平台连续4年无损工，在BP公司综合排名中名列前茅。截至2016年底，该公司日费率高达107%，创出修井日费率历史最高水平。第三，大庆精神拥有高度的自主意识。大庆人深信"吃别人的馍没滋味"，他们在自主决策、自主实施、自主攻关、自主开拓中获得了成功，在自主谋划、自主管理、自主研发、自主创新中脱颖而出、辉煌于世。在大庆，无论地面、还是地下，成千上万的工程，大多由大庆油田自主研发、设计和施工，带有鲜明的大庆特色。而且，在勘探、开发和建设过程中，大庆油田逐渐形成了自主研发的强烈意识、明确思路和良好习惯；培养形成了精干、系统的油田自主研发队伍；建立健全了自主研发的科学体制和充满生机活力的自主研发机制。在开发实践中，形成了一整套世界领先的非均质多油层大型陆相砂岩油田勘探开发地质理论及配套技术，充实了世界石油科技的宝库。

大庆精神是民族精神和时代精神在社会主义条件下的生动展现，它极大地丰富了民族精神和时代精神的内容，成为民族精神和时代精神的新的重要组成部分，是党、国家和全国各族人民坚定文化自信的重要文化源泉之一。

（二）社会主义荣辱观重要来源

2006年3月4日，胡锦涛同志在参加全国政协十届四次会议民盟、民进界委员联组讨论时提出，要引导广大干部群众特别是青少年树立以"八荣八耻"为主要内容的社会主义荣辱观。这一重要论述概括精辟，内涵深邃，具有很强的民族性、时代性和实践性，体现了中华民族传统美德与时代精神的有机结合，体现了社会主义基本道德规范和社会风尚的本质要求，体现了社会主义价值观的鲜明导向，对推动形成良好社会风气，构建社会主义和谐社会具有重要意义。

大庆精神把社会主义道德规范内化为大庆人的道德修养，转化为道德实践，始终坚持重在深入人心、重在联系实际、重在弘扬正气，做到了道德认知与道德行为的有机统一。以"八荣八耻"为核心的社会主义荣辱观，在大庆精神当中也体现得相当充分。第一，大庆人始终以热爱祖国为荣。"这困难，那困难，国家缺油是最大的困难；这矛盾，那矛盾，国家没油是最大的矛盾。"大庆人始终把祖国利益看得高于一切，时刻心系国家前途命运，时时处处坚持"先国家后个人"，把爱国思想和情怀化作"我为祖国献石油"的实际行动。第二，大庆人始终以服务人民为荣。大庆各级党员干部坚持立党为公、执政为民，把对人民的深厚感情融入各项工作中去，"甘愿为党和人民当一辈子老黄牛"。各行业职工自觉履行责任，立足本职岗位，努力为人民、为社会多作贡献。第三，大庆人始终以崇尚科学为荣。无论专业科研人员、各级领导还是普通职工，大庆人一直将尊重规律、尊重科学视为劳动者的基本素养。当年，"五级三结合""四全四准""六分四清"使采油速度大幅度提高。新时代，大庆人大力弘扬科学精神，普及科学知识，提倡科学方法，提高科学素养，爱科学、学科学、讲科学、用科学，自觉反对愚昧、反对迷信、反对伪科学，养成科学、文明、健康的生活方式。第四，大庆人始终以辛勤劳动为荣。大庆人把劳动看作是幸福的源泉。"大干社会主义有理，大干社会主义有功，大干社会主义光荣""干，才是马列主义；不干，半点儿马列主义也没有""宁肯少活 20 年，拼命也要拿下大油田"，这些信条无一不表明：是否热爱劳动，能否自觉地为社会主义建设添砖加瓦，是大庆人衡量一个人道德素质的重要尺度。今天，大庆人依然崇尚劳动，主张通过奋斗创造美好生活，实现人生理想。在大庆，劳动光荣、创造伟大的价值取向基本形成，人们讴歌劳动、赞美创造，反对好逸恶劳和不劳而获。第五，大庆人始终以团结互助为荣。弘扬集体主义精神，崇尚团结互助，是社会主义新型人际关系的重要体现。大庆人相信，团结就是力量，互助必定增进和谐。每名职工、每个市民都被看作大庆这个大家庭中的平等成员。在日常生活中，人们团结友善、互帮互助、和睦相处；危难关头，一方有难、八方支援、和衷共济。第六，大庆人始终以诚实守信为荣。"三老四严""四个一样"在本质上就是慎独，堪称诚实守信的至高境界。新时代，在大庆，道德模范不断涌现的生动事实有力地证明了大庆人的诚实守信。第七，大庆人始终以遵纪守法为荣。重视规章、制度和纪律建设是大庆的基本经验之一，大庆精神很大程度上体现在规章制度建设上。大庆人模范地遵守规章制度，推动了大庆石油会战高速度、高质量地完成。新时代，大庆"弘扬法治精神，普及法律知识，服务科学发展，营造法治环境"，全面贯彻落实依法治国方略，不断深化普法依法治理工作，大力开展"法治大庆"建设，全力推进依法治市进程。第八，大庆人始终以艰苦奋斗为荣。在物资奇缺、困难重重的条件下，大庆人毅然选择了"先生产后生活"，在进退两难的境地中，大庆人最终选择了前进，"有条件要上，没有条件创造条件也要上"表明了创业的决心。今天，经济发展了，社会财富增加了，但大庆人保持传统不丢，艰苦创业的"六个传家宝"至今仍是大庆事业兴旺发达的重要保证。

社会主义荣辱观的每个基本点，在大庆精神当中都得到了相当完美的展现。而反观两者关系，从根本上讲，社会主义荣辱观正是党领导人民进行革命和建设的伟大实践及伟大经验在道德层面的提炼与浓缩。在此意义上，作为党和国家在社会主义建设时期宝贵精神的大庆精神，称其为社会主义荣辱观的重要来源之一，实不为过。

（三）育人铸魂的有力思想武器

党的十八大报告提出："全面提高公民道德素质是社会主义道德建设的基本任务。"公民道德建设是全社会的系统工程，需要用社会主义核心价值观引领社会思潮，凝聚社会共识。推进公民道德建设，就是要大力弘扬真善美、大胆批判假恶丑，引导人们自觉履行法定义务、社会责任、家庭责任，在全社会营造劳动光荣、创造伟大的社会氛围。大庆作为大庆精神的发源地，拥有得天独厚的精神文化资源优势，大庆精神是推进公民道德建设、育人铸魂的有力思想武器。

首先，大庆精神能引导人们树立正确的道德价值态度。任何社会为了维持正常秩序，都要建立一整套调整人与人、人与社会之间的行为规范体系，其中包括道德理论、原则、规范和评价方式等。它们对人的行为有特殊的引导和约束作用，涉及善与恶、真与假、美与丑等具有普遍意义的社会现象。人们对道德价值的理解，形成了不同的道德价值态度。大庆精神要求人们根据是否有利于发展社会生产力和是否能够促进社会全面进步来确定道德价值，引导人们形成正确的道德价值态度。有了这种道德价值态度，人们对事业热爱情感得以生成。新时期铁人王启民曾说："只有把别的都看淡了，才能把事业看重了。"这就充分体现了大庆人兢兢业业、克己奉公的精神和正确的道德观念与价值目标，充分体现了大庆人的道德价值态度。

　　其次，大庆精神规范引导人们培养高尚的道德人格。道德人格的形成过程即是道德的精神形态向实践形态转化的过程。大庆精神在人们的道德人格修养过程中，具有多方面作用。第一，大庆精神为人们的道德接受活动提供了动力。道德接受活动即道德由"知"向"行"的转化，是一种有目的的高级精神活动，由一定的道德需要引发。这种道德需要，一旦被人们认识理解，便以动机的形式支配人的行为，并力图通过行为来满足人的需要。大庆精神强化了人们的道德需要，使道德主体渴望在社会实践中净化灵魂、升华人格、完善人生，实现自我价值。第二，大庆精神为道德接受活动把握道德价值取向。理论形态的道德转化为实践形态的道德，离不开道德接受活动的主体对道德现象的反映与选择、理解与解释、内化与践行。道德主体选择接受的内容和程度，依赖于主体的道德认识水平。大庆精神一旦深入人心，就能发挥道德价值尺度功能，对道德现象进行选择。人们真正认识到维护国家社会整体利益的合理性、正义性、必要性，就会发自内心地维护社会整体利益的道德需要，并在其驱使下，树立社会主义、集体主义的道德原则。第三，大庆精神为道德接受活动的顺利运行提供保证。道德接受活动有别于其他能够满足人的物质利益需要的接受活动。它除了需要一定的动力推动，一定的目标激励实施，还需要一定的约束力保证运行，从而使道德接受活动沿着健康的轨道发展。从道德接受活动的内外关联性特征看，约束力来自内部和外部两个方面：来自主体内部的约束力即自律；来自社会的外在约束力即道德评价和道德监督。大庆精神是具有高度自律性特征的道德文化，它能为人们的道德接受活动提供强大的内在约束力。同时，大庆精神作为一种群体文化为道德接受活动提供了充足的外在监督力。从"三老四严""四个一样"中，不难感受到道德自律精神与群体道德价值认同基础上产生的道德选择的监督力。

大庆精神在"育人铸魂"方面的作用一直在持续。从大庆创业初期的铁人王进喜到二次创业中的新时期铁人王启民，再到新世纪新时代的大庆新铁人李新民，三代铁人作为大庆人的杰出代表以及中国石油工作者的楷模，其个人成长、进步、成功乃至成就中无不凝聚了大庆精神的伟大力量。未来，大庆精神还将为大庆、为国家培育塑造出更多思想品德高尚、素质技能过硬的优秀劳动者，为实现"两个一百年"的奋斗目标和中华民族伟大复兴的中国梦提供人才上的支持。

（四）城市品位塑造的精神高度

城市文化是城市全面、协调、可持续发展的必要条件，也是彰显城市品位的重要途径。优秀的、有竞争力的城市必定拥有独具特色的文化。而文化是历史的生成物，城市文化只有具备一定的历史根基方能彰显其厚重与特色。大庆油田波澜壮阔的开发建设史是大庆城市文化的根基，而大庆精神则是大庆城市文化的深厚底蕴。

提升大庆的城市品位、展现大庆的精神高度，都离不开大庆精神的作用。第一，大庆精神倡导的积极进取、永远拼搏是现代城市文化不可或缺的元素，能够为城市文化建设提供重要的思想保障。第二，大庆精神为市民的人格创新提供了根本的价值立场和价值追求。大庆精神那种人民利益高于一切的价值立场、"国家利益、民族利益的实现就是个人价值的最大实现"的价值追求，使大庆人能够克服狭隘，始终站在城市长远发展的高度想问题、办事情，并自觉接受城市文化的规范和约束，实现个人与城市的和谐发展。第三，大庆精神蕴含的那种关心他人胜过关心自己的团结友爱精神、不计名利的无私奉献精神、干工作要经得起子孙万代检查的诚信精神、坚持原则不徇私情的公平正义精神等，有利于营造公平正义、诚信友爱、充满活力、安定有序、人与自然和谐相处的文化状态，进而为加强城市文化建设、提升城市品位提供难得的条件。

正是基于大庆精神对大庆城市文化建设的特殊作用，大庆将发展以大庆精神为核心的文化事业和文化产业作为实现城市转型和可持续发展的一个重要突破口，把加强文化建设作为打造百年油田、建设和谐大庆的动力，大力弘扬大庆精神，积极推进以石油文化为主的大文化战略。近年来，大庆坚持以大庆精神为引领，以石油文化、创业文化为鲜明特色，以湿地文化、冰雪文化、民族文化、都市文化为多元融合，以高度的文化自觉和文化自信提升文化软实力，以大气派建设文化设施、大视野培育人文精神、大境界打造文艺精品、大格局引领文化立市，全力打造魅力独具的"中国北方文化名城"。主要采取了以下措施：第一，以大庆精神筑牢城市之魂。坚持用大庆精神教育人、鼓舞人、塑造人，强化忧患意识，彰显"三超"的时代精神，把握"创业、创新、创优"的人文品质，传承"三老四严"优良传统，在全社会最大限度地凝聚共识，引导市民以主人翁姿态投身城市建设。第二，以大庆精神提升市民思想道德素质。以巩固全国文明城市创建成果为牵动，重点整治诚信缺失、道德失范等问题，深入实施"文明大庆从我做起"市民素质提升行动，全力倡导"十大观念"，全面整改"十大陋习"，形成现代文明、开放包容的生活方式。在规划文化基础设施的同时，努力完善文化设施网络，构建了以标志性文化设施为龙头、以县区文化设施为支撑、以乡镇（街道）文化设施为骨干、以村屯（社区）文化设施为补充的四级文化设施体系。第三，以大庆精神繁荣都市文化。鼓励创作更多具有大庆特色、大庆风格、大庆气派的优秀作品，繁荣都市文化，提高大庆文化影响力。第四，以大庆精神壮大文化产业。以市场化运营模式提升湿地文化节、文博会等活动影响力，加快建设文化创意产业园、黑鱼湖国际艺术村、阿木塔民族风情园等项目，支持新闻传媒集团、文化体育旅游集团做大做强，提升文化产业国际竞争力，等等。

大庆今日的城市品位与大庆精神密不可分。大庆精神为提升大庆的城市品位和精神高度提供了坚实基础和珍贵素材，使大庆这座城市得以散发出独特而持久的文化魅力。

四、社会价值

大庆精神的社会价值是指大庆精神在推动和促进社会建设中发挥的作用。大庆精神的社会价值在促进爱心城市建设、推动诚信大庆建设、办好利民惠民实事以及深化社会治理创新方面，作用表现得尤为突出。

（一）促进爱心城市建设

奉献是大庆精神的基本内涵。无论创业年代还是今天，大庆人始终把奉献当作一种美德，为他人、为社会，他们甘于奉献并乐于奉献。创业年代，大庆人的奉献精神主要表现为胸怀全局、为国分忧、不计报酬。而发展到今天，大庆人的奉献精神还表现为凡人善举，传递爱心。爱心需要激发，爱心需要表达；人人播撒爱心，城市才会更加美好。奉献精神只有转化为具体的爱心行动，大庆精神的价值才能得以更有效地发挥。一直以来，特别是近年来，越来越多平凡的大庆人通过善行义举感染了身边人、感动了全社会，他们将爱心传遍了百湖大地。

大庆"温暖上学路"公益活动是大庆公益事业的重要品牌。此项活动由大庆人民广播电台发起，由市文明办、市教育局、市民政局、市文广新局、市总工会、团市委、市妇联、大庆新闻传媒集团联合主办，于2011年正式启动，每年举办一届，一直持续至今。活动启动以来，累计为千余名贫困学生筹集款物100多万元，重新点燃了他们生活、学习的希望。大庆人民广播电台还在2013年、2014年、2016年各举行一次大型公益演唱会，演唱会成为集结全城爱心的公益平台，市民们不断倾注爱心。仅2016年冬季，全市2000多名爱心人士、50多家爱心企业和团体为全市贫困留守儿童奉献爱心，共筹集爱心款物折合人民币近50万元，为百余名孩子铺就了温暖的上学路。

大庆"学雷锋志愿服务广场"活动是大庆公益事业的又一品牌。活动搭建了一个平凡人奉献爱心、播撒爱心的平台，它注重活动的实效性，每项内容都立足百姓生活需求。在"医"方面，它注重服务百姓健康，卫生系统志愿者提供免费义诊和心理咨询服务；在"食"方面，它侧重食品药品安全知识普及，专业志愿者提供酒、药、食品鉴别以及保健品、化妆品选购的基本常识和方法；在"住"方面，家电行业和通信公司的志愿者提供免费小家电维修、手机软件安装等服务，园艺专业的大学生志愿者则提供花卉种植、家居绿化的知识咨询；在"行"方面，礼仪宣讲志愿者讲解游览购物、人际交往、职业服务、观赏赛事等方面应具备的文明常识，文明交通志愿者开展文明出行车贴认领、交通法规宣传及文明督导等。此外，还开展"科普大篷车"科学知识普及、"文化大篷车"送文化下基层等丰富多彩的活动，推动志愿服务制度化。

大庆市道德模范评选活动的影响力不断扩大。2010 年，大庆市委宣传部、市文明办、市委政法委、市总工会、团市委、市妇联联合组织开展大庆市道德模范评选活动。活动号召市民争做助人为乐、见义勇为、敬业奉献、诚实守信、孝老爱亲等方面的道德模范，全体市民都可以通过信件、电话、网络等形式积极推荐道德模范人选群体和个人。目前，评选活动已经举行了三届，对加强全市精神文明建设，引导全市人民提升道德水平、凝聚道德力量，起到了积极的助推作用。在评选出的"大庆道德模范"和"大庆好人"身上，爱心和奉献表现得淋漓尽致。从慷慨解囊的企业家到义务资助贫困学生的收废品者，从国家公务人员到普通村民，从耄耋之年的老人到 20 岁左右的青年，感人的事迹传播了爱心，温暖了城市。在"大庆道德模范"和"大庆好人"善行义举的感召示范下，越来越多的人悄然伸出了友爱之手，参与到爱心传递中来。近年来，每逢高考，大量的爱心"的哥""的姐"、车友会成员及私家车驾驶人都会主动参加"爱心送考"活动，无偿为有需要的考生提供免费接送帮助。爱心司机驾车穿梭在城市的大街小巷，往来于考生的家庭和考场之间，他们为大庆高考谱写了人文关怀的新篇章，他们的爱心体现了大庆精神的奉献品格，他们的行动促进了良好社会风尚的传播。

今天大庆的凡人善举，深受大庆精神的鼓舞感召；今天大庆的爱心涌动，是大庆精神在薪火相传。大庆这座城市能够始终充满爱心和温暖，大庆精神功不可没。

（二）推动诚信大庆建设

诚信是一种社会价值观和道德观，是一种美德。无论对社会还是对个人，诚信都具有重要的意义。诚信的基本要求是守诺、践约、无欺。

通俗地讲，就是要说老实话、办老实事、做老实人。在社会生活中，诚信不仅具有教育功能、激励功能和评价功能，而且具有约束功能、规范功能和调节功能。就个人而言，诚信是高尚的人格力量，是立身之本；就单位而言，诚信是宝贵的无形资产，是立业之本；就国家社会而言，诚信是正常的生产生活秩序，是良好的国际形象，是立国之本。在加强诚信建设方面，大庆精神有着独特的优势。早在会战时期，"三老四严""四个一样"就蜚声全国，成为诚实守信的样板。市场经济条件下，在经济、社会生活的各个领域中，大庆人依然恪守诚信，将大庆精神的诚信传统不断发扬光大。

2011 年 7 月，《2011 年诚信大庆建设工作要点》印发。文件提出了"诚信大庆"建设的总体思路，即坚持以科学发展观为指导，以工程建设领域诚信建设、金融生态环境诚信建设和食品工业企业诚信体系建设工作为重点，大力推进政府诚信、企业诚信和社会诚信，积极培育信用服务市场，整合信用服务资源，提升社会信用体系建设水平，为大庆经济社会又好又快发展提供优良的环境支撑。该文件从推进政府诚信建设、工程建设领域诚信体系建设、企业信用体系建设、信用平台建设、培育信用服务市场等方面提出了目标和措施，对推进"诚信大庆"建设起到了促进作用。而《2014 年"诚信大庆"建设工作要点》又进一步提出，要围绕市委、市政府重大战略部署，贯彻落实国家、省关于社会信用体系建设工作总体要求，以社会主义核心价值观为统领，积极推进关键领域信用体系建设，激励守信，惩戒失信，不断提升社会信用体系建设水平。并且，提出了具体的要求。第一，在加强政务诚信建设方面，在推进政务公开的同时，建立政府守信践诺机制。规范行政权力运行，严厉查处项目引进和实施过程中承诺不兑现、政策不执行或打折扣、推拖躲绕、不作为、乱作为甚至吃拿卡要等行为，不断提升政府公信力。而且，要求开展公务员诚信教育培训，强化公务员信用观念和诚信意识，提高信用水平。第二，推进重点行业和领域诚信体系建设。深入推进食品药品企业诚信体系建设。组织企业参加省食品行业诚信企业评价认证和企业质量承诺工作，将生产基地、食品企业纳入诚信档案信息管理，确保食品生产安全；建立食品药品经营者诚信档案，建立"红黑榜"制度，对食品药品经营企业实行诚信分类监管。同时，积极推进重点人群信用体系建设。建立健全企业法人、律师、医疗卫生从业人员、导游、保险代理人、注册会计师、注册建造师、监理工程师等重点从业人员信用档案和信用信息记录及应用制度，加强行业诚信作风建设。第三，建立守信激励和失信惩戒联动机制。各部门根据行政监管职责，逐步建立市场主体信用红、黑名单，实行信用分类监管，并及时向社会公布。加强对拥有良好信用记录的市场主体的激励，在金融服务、政府采购、招投标、补助补贴、评级评优等工作中，同等条件下予以优先，使守信者"处处守信、事事受益"。建立多部门失信惩戒联动机制，对失信企业在公共服务项目活动、金融活动中予以严格限制，对重点行业和领域市场主体典型失信行为公开曝光，使失信者"一处失信、寸步难行"。第四，加强信用记录和信用产品的应用，在行政管理中实施信用记录核查。贯彻落实黑龙江省人民政府办公厅《关于在行政管理中实施信用记录核查的意见》，建立健全信用记录核查工作制度及相应的责任追究制度，各级行政机关、公用事业单位及行业组织在行政审批、评级评优、安排补贴资金和优惠政策等行政管理方面，以及招商引资、政府采购、公共项目招标投标、项目投资等活动中，应对市场主体进行信用记录核查。第五，加大企业信用信息资源归集工作力度，逐步归集事业单位和社会团体信用信息，加大归集整合政府部门自身掌握的各类信用信息资源工作力度，提高信用信息整合率，做好信用信息公开和共享。第六，加强诚信宣传教育和诚信文化建设。充分利用各种媒体和平台，开展诚信公益宣传工作，弘扬社会正能量。继续开展信用教育进机关、进企业、进学校、进社区、进家庭活动，倡导"爱国、敬业、诚信、友善"价值理念和道德规范，提高全民诚实守信意识，努力营造崇尚诚信、践行诚信的社会环境。

可见，"诚信大庆"建设的目标和具体举措，都是对大庆精神中"三老四严""四个一样"等优良作风的继承和发扬，是大庆精神时代价值的生动体现，对加快诚信大庆建设起到了积极的推动作用。

（三）办好利民惠民实事

创业年代，大庆人着眼大局，秉承"先生产后生活"的理念，生产上，为国家作出了巨大贡献，同时，在关心职工群众和家属生活方面也做出了积极努力，使职工群众生活条件逐步改善，生活水平稳步提高。近年来，特别是党的十八大以来，大庆继续发扬大庆精神，在大力发展城市经济的同时，倾力保障和改善民生。

近年来，大庆市委、市政府进一步完善民生工作思路，做到了保障民生支出只增不降，每年都集中力量落实一批群众关心的民生大事实事。具体举措如下：第一，提升社会保障。按照"六统一"要求，扎实做好城乡居民医保制度整合基础工作；提高城乡居民大病保险政策筹资水平，推进医保省内异地就医即时结算；动态调整城乡低保和特困人员供养救助标准，确保"应保尽保、应得尽得、应退尽退"；着眼满足不同层次养老需求，启用市第一福利院，建好金色年华等规模化养老供给主体，推进互联网＋养老服务，实现居家养老创新实验全域覆盖。机关事业单位职工工资和离退休人员基本养老金、市区企业退休人员养老金稳步提高。第二，推动创业就业。实施全民创业 3 年行动计划，支持科技人员、大学生、农民和城镇转移就业职工创新业、创更高质量之业。2016 年，已利用大学生创业孵化服务中心、中科创业园、创客梦工厂等平台，打造市级创业孵化基地 11 个，新增市场主体 3 万户，开发征集创业项目千个以上，城镇登记失业率控制在了 4.5% 以内。第三，促进教育均衡。继续统筹推进教育资源配置，分流结构性富余人员，补充教师队伍。提升乡村学校信息化水平，促进城乡优质教育资源共享。2016年，建立了留守儿童、进城务工人员子女基本情况台账，帮助解决生活照料、就学保障等实际问题。职业技术教育方面，选择了 6 所院校试行中职教育双元培育改革，通过教育资源引入等途径发展高等职业教育，全面建成沃尔沃汽车学院，培养产业急需人才。第四，完善卫生保障。实施健康大庆专项行动，深化名院名医合作共建，开展普惠型远程医疗。完善乡镇卫生院医疗设备，强化医疗卫生人才培养，开展乡村医生学历教育。实施农村医疗卫生服务能力提升工程，完善了乡镇卫生院医疗设备，培训了基层卫生人员。推进医联体、医院联盟分工协作，扩大分级诊疗。第五，丰富文体生活。2016 年，建设提升农村文体广场 80个、文化大院 69 个，开展公益性惠民演出 1043 场次。2017 年，又举办了斯诺克国锦赛、铁人三项赛等品牌赛事。未来 5 年，大庆在办好利民惠民实事上将要进一步加快步伐加大力度。

通过以上措施，过去 5 年大庆市城乡差距进一步缩小，民生事业整体均衡改善。5 年累计投入民生资金 665 亿元，年均增长 12.5%。改造城市老居住区 106 个、改造农村危房 6.7 万户，维修和新建城市道路 280 条，建设农村公路 669 公里。新建改建学校和公办幼儿园 271 所。累计新增就业 25.7 万人次，城乡居民人均可支配收入年均分别增长 8.7% 和 10.8%。

以上措施的积极推进和各项成绩的取得，都离不开大庆精神。新时代新形势下，大庆精神在服务群众生活、改善民生方面发挥了巨大的助推作用，并且这种作用还将继续持续下去。

（四）深化社会治理创新

根据形势任务的需要，大胆开动脑筋，积极创新工作方法，创造性地开展工作，这是大庆的一项光荣传统，也是大庆创业、改革和发展历程中积累的一条宝贵经验。创新贯穿于大庆发展的全过程。近年来，在社会治理方面，大庆因时因地制宜，不断改进工作理念和工作方法，取得了实实在在的效果，并得到了上级党委、政府、广大市民及社会各界的一致好评。

首先，完善社会治理运行机制，增强社会自我调节能力。早在 2009 年初，大庆市就开始探索构建"党委领导、政府负责、社会协同、公众参与"的管理格局。建立了多方联动、统分结合的工作体制；建立了地企协调会议制度，市、县和高新区都建立了社会工作协调运行体系，确保社会工作与各战线、各部门、各单位工作同步研究、安排、落实、考核；建立了社会工作评估与督查制度。对社会工作重点项目、相关机构和部门承担的重点工作进行督办和考评，把社会工作实绩纳入党委、政府综合目标管理和干部考核内容；建立了"1 + X"政策体系。其中，"1"指 2010 年发布的《中共大庆市委关于进一步加强社会建设的若干意见》，该文件搭建了大庆市社会建设政策体系基本框架，成为指导大庆社会建设的基本文件。"X"指有关社会建设与管理的政策、法规及相关文件，包括社会事业与社会保障、社会管理、公共服务、社区建设、社会组织建设、社会人才队伍建设、社会矛盾化解、公共安全建设、社会领域党建等 10 余个类别的近 40 份相关政策法规文件。目前，"五项工作机制"即表达参与、矛盾化解、宣传引导、服务群众、组织领导基本健全，社会发展活力和自我调节能力得到增强，社会秩序总体良好，各类信访案件大幅减少。

其次，启动群众工作站，变解释问题为解决问题。第一，在全市各区开展责任社区建设，强化社区服务功能。社区干部深入住户家中、企事业内部掌握情况，设立公示牌，发放便民服务卡，在小区楼宇单元内走廊和各行业场所设立公示牌，公示该区责任人姓名、联系方式等信息。统一印制和发放便民服务卡，明确服务内容和办事程序。实行首问负责、来电登记归档、跟踪问效等工作制度。2009 年下半年，大庆市依托村屯和社区前置服务平台，在肇源县、让胡路区开展群众工作站试点，实现了城乡全覆盖；抽调县区干部进站开展工作。工作人员每月定期三次进站，接待群众来访，倾听群众诉求；入户走访老党员、老干部、信访户、贫困户、特殊家庭；将各类情况据实写入《工作日志》，审核、上报。第二，推行"一单办结"，由解释问题向解决问题转变。对重大问题和事项，实行《办理通知单》制度，"一事一单、事随单转、单回事结"，做到群众反映的问题都有回音和着落。强化"制度规范"，由分散管理向系统推进转变。规范工作运行，强化"五账"督办，严格干部管理。落实"六包责任"，由随机包保向定向包保转变。针对村（社区）的发展现状，合理调配工作站。党政部门包弱的，政法部门包乱的，经济部门包穷的，技术部门包专的，建设部门包旧的，乡镇机关包好的。

再次，开展"枢纽型"社会组织建设。第一，确定团市委为第一家枢纽型社会组织试点单位，发挥其广泛联系社会"自组织"和青年的独特作用。针对大庆爱心传递、义工联盟、"心缘"志愿服务队、大庆网公益论坛等公益性青年"自组织"，大庆团市委统战部组建了全省首支"关爱农民工子女志愿家教服务团"，提供"1＋1"助学服务；和"小红帽"联手，为农民工义务提供过节回家导乘服务；和"车友会志愿队"联手，为藏区学生征集到千余件校服和文具。根据《"枢纽型"社会组织管理办法》，认定市总工会等群团组织和协会组织为"枢纽型"社会组织，加强对同性质、同类别、同领域社会组织的联系、服务和管理，培育扶持社会组织发展壮大。定期选拔服务能力强、发展潜力大的社会组织法人或负责人开展专业训练。第二，推进社会领域党建工作开展。联合市总工会、团市委、市妇联组建"党群共同体"，命名大庆东湖医院等"两新"组织（新兴经济组织、新型社会组织）为示范点。做到党群工作"组织对接、工作同心、目标同向、资源共享、活动联办"，形成了党建带群建、群建服务党建、党群共建的新局面。在全市社区和"两新"组织党组织和党员中，广泛开展以助老、助弱、助残为内容的"三助"活动，对独居老人和残障人员提供节点关怀和日间照料等方面的服务，对贫困学生进行财物帮扶，与贫困党员结成帮扶对子，免费为贫困家庭开展致富技能培训。第三，建立三级社会工作人才数据库。积极储备社会工作专业人才信息，并及时开展系统培训。

大庆的社会治理创新是全方位的，并不局限于以上方面。如：学习先进地区经验，构建网格化服务管理体系；推进市、县区党政领导同步接访常态化；实行各级党政领导接访、包案等制度，依法依规解决信访问题；建立健全党委和政府主导的维护群众权益机制；建立健全重大决策社会稳定风险评估机制；深化社区改革、更好地发挥社区的作用；加大数据警务、警务基层基础、执法规范化、社会治安防控体系、维稳情报体系、队伍素质能力六项工程投入，深化法治大庆平安大庆建设，等等。所有这些创新都离不开大庆精神的作用，大庆精神为大庆社会治理创新提供了充足的精神动力和有益的经验启示。

尽管轰轰烈烈的大庆石油会战早已成为历史，激情燃烧的岁月也已渐渐远去，然而大庆精神在本质上属于社会主义先进文化，它符合人类社会发展进步的普遍规律，故其价值将是恒久的。当然，随着时代条件的变化，大庆精神发生作用的领域、方式和具体途径也必将发生相应的变化，但继承大庆精神当中最本质最精华的部分，并随时代发展不断赋予其新的内涵，使之更深入、更持久地发挥内在价值，更好地服务于经济、政治、文化、社会等诸领域的建设——这才是我们对待这笔宝贵精神财富需要永远坚持的正确态度。

第六章

大庆精神传承
实践的现实使命

一、推动转型发展和振兴

二、着力筑牢政治新优势

三、助力提升文化软实力

四、提振干事创业精气神

五、锻造攻坚克难真本领

伟大的精神催生伟大的力量，伟大的力量成就伟大的事业。习近平总书记在党的十九大报告指出：中国特色社会主义进入新时代，意味着近代以来久经磨难的中华民族迎来了从站起来、富起来到强起来的伟大飞跃，迎来了实现中华民族伟大复兴的光明前景。① 在实现中华民族伟大复兴中国梦的进程中，无数前辈浴血奋战、艰苦创业，在挑战自己的过程中创造了一个又一个奇迹，形成了井冈山精神、延安精神、大庆精神、雷锋精神、改革开放精神等一系列中国共产党伟大精神，这些伟大精神对于牢固树立中国特色社会主义道路自信、理论自信、制度自信、文化自信，确保党和国家事业始终沿着正确方向胜利前进具有重要的理论价值和实践价值。大庆精神作为中华民族精神的重要组成部分和中国共产党伟大精神之一，历经时代的锻造、思想的凝练、实践的检验，已经成为大庆城市之魂，是振兴龙江和激励创新发展的不竭动力。传承弘扬大庆精神，使命所系责无旁贷，是大庆人的历史责任、是大庆城市发展的现实需要。习近平总书记在参加十二届全国人大四次会议黑龙江代表团的审议时特别强调"大庆就是全国的标杆和旗帜，大庆精神激励着工业战线广大干部群众奋发有为。"这既是对大庆发展成就的鼓舞关怀，也是对大庆振兴发展的鞭策期许。在新时代，我们要用大庆精神凝聚转型发展的强大动力，攻坚克难，为城市的可持续发展、厚植文化自信、助力全面从严治党、打造发展好环境提供强大的精神动力。

一、推动转型发展和振兴

20 世纪 60 年代初，大庆人在举世闻名的大庆石油会战中，锻造形成了大庆精神。大庆精神产生于特殊的历史时期，是马克思主义中国化的理论成果与社会主义建设伟大实践相结合的光辉典范。"有条件要上，没有条件创造条件也要上"的号子喊出了石油人对于国家兴亡、匹夫有责的强烈责任感和使命感；"莫看毛头小伙子，敢笑天下第一流"凝聚了石油人敢为天下先、攻坚克难的创业历程。半个多世纪以来，无论形

---

① 习近平总书记在中国共产党第十九次全国代表大会上的报告，《人民日报》，2017 年 10 月 28 日。

势如何变化、任务如何转换，无论遇到多少挑战、多大困难，大庆人始终不断从大庆精神中汲取营养和力量，创造了一个又一个奇迹。作为资源型城市，要想保持城市的健康可持续发展，转型升级是必由之路。在当前国际油价断崖式下跌及大庆油田自身产量的逐渐降低双重压力下，大庆经济转型升级更加显得迫在眉睫。而正是拥有这样一笔宝贵的精神财富，使大庆人更加有激情和信心实现城市的转型和腾飞，让大庆人振奋精神、凝聚力量、激发干劲，变中求新、变中求进、变中突破，让大庆人更加明确大庆市的战略定位，制定出更加科学的战略目标、战略任务、战略举措，争当全国资源型城市转型发展排头兵。这是中央和省委交给大庆的政治任务，是这一代大庆人必须担负起的责任和使命。

（一）战略定位：世界和中国"三个城市"

一个城市的战略定位极其重要，决定着它的战略任务、战略步骤和战略举措，具有全局性、方向性的决定意义。大庆城市战略地位的科学定位，也是在实践中逐渐清晰和明确的，经历了一个不断深化的过程。中共大庆市委八届七次全会提出，"'十三五'时期，大庆经济社会发展总的目标，就是与全国、全省同步全面建成小康社会，把大庆建设成为产业多元发展的经济大市、彰显大庆特色的文化名市、促进区域繁荣的中心城市、环境和谐优美的生态园林城市、人民群众认同感自豪感获得感不断提升的幸福城市。"①

大庆市"十三五"规划纲要完全遵循了这一规定目标。这从经济、文化、区域、生态和体验等几个维度对大庆的发展进行了系统的定位，特别是在文化领域提出要建设"彰显大庆特色的文化名城"。习近平总书记在党的十九大报告指出，文化兴国运兴，文化强民族强。没有高度的文化自信，没有文化的繁荣兴盛，就没有中华民族伟大复兴。要坚持中国特色社会主义文化发展道路，激发全民族文化创新创造活力，建设社会主义文化强国。这需要更好地发扬大庆精神，以大庆精神彰显大庆特色，用大庆精神提升城市品质。

2017 年 5 月 7 日，市委、市政府主要负责同志就深入贯彻落实省第

---

① 中共大庆市委八届七次全会精神，《大庆社会科学》，2016 年第 1 期，第 5 页。

十二次党代会精神专题讲座时强调，要进一步明晰大庆在全省发展格局中的站位担当，按照省委主要负责同志传承弘扬大庆精神、争当全国资源型城市转型发展排头兵的要求，深入研判市情，抢抓历史机遇，研究好大庆"世界著名的石油城市、中国重要的化工城市、哈长城市群区域中心城市、黑龙江全面振兴发展标杆城市"的城市定位，承接好全省新三步走战略目标。

中共大庆市委、大庆市人民政府，在 2017 年 9 月 9 日制定的《关于争当全国资源型城市转型发展排头兵的意见》和 2017 年 12 月 12 日中国共产党大庆市第九届委员会第二次全体会议通过的《中共大庆市委关于奋力践行习近平新时代中国特色社会主义思想争当全国资源型城市转型发展排头兵的意见》中，对大庆城市的战略地位作出了科学定位。政策机遇、实践成效、区域竞合、资源潜力、发展生态等五个方面具备的基础优势，使得大庆有条件、有基础、有动力，争当转型发展的排头兵，成为世界著名的石油和化工城市——在全球视野中彰显大庆石油底色，在国家生产力布局中打造大庆产业高地、战略要地；成为中国新兴的高端制造城市——构建起大庆现代制造产业体系，在"中国制造"战略中架构大庆的创新航图、智造版图；成为中国绿色生态典范城市——工业文明与生态文明协调并进，在国家可持续发展战略中树立大庆的实践模板、示范样板。这"三个城市"发展定位，突出了大庆转型发展的示范性、引领性，具有鲜明的大庆优势和特色。

大庆是世界能源城市伙伴组织重要成员之一，"十三五"时期油气当量仍保持 4000 万吨水平；中俄原油管道二线工程和天然气管道建成投运后，大庆将成为全国俄罗斯石油和天然气进口集散地。同时，大庆正在推进石化公司千万吨炼油扩能石化大项目，与周边城市加强交流合作，努力打造资源型城市转型升级示范区、体制改革创新先行区、民生普惠均衡样板区、环境优化再造典型区、精神传承弘扬引领区。

但更要清醒地认识到，大庆发展中结构性、资源性和体制性矛盾突出，经济社会发展不持续、不协调、不平衡的问题仍然存在，给城市转型发展带来巨大挑战。只有加快构建支撑大庆转型发展、可持续发展的多元产业体系，促进经济结构调整优化，明大势、看大局，深刻认识、准确把握大庆市发展的阶段性特征，把所处的发展环境和条件分析透，把前进的方向和目标理清楚，把面临的机遇和挑战搞明白，保持战略定力、坚定发展信心，立足优势、积极作为，正视困难、迎难而上，才能为建设"三个城市"提供根本保证。这也就需要在转型的过程中注重继续保持弘扬大庆精神的传统，让大庆人在面对困难与矛盾时，在充分尊重规律的基础上，发挥人的聪明才智和主观能动性，实现城市的健康可持续发展。

（二）战略目标：完成三步走三级跳

习近平总书记在党的十九大报告指出：从十九大到二十大，是"两个一百年"奋斗目标的历史交汇期。我们既要全面建成小康社会、实现第一个百年奋斗目标，又要乘势而上开启全面建设社会主义现代化国家新征程，向第二个百年奋斗目标进军。①

紧紧围绕党的十九大确定的"三个目标、两个阶段、两步走"的战略安排，深刻把握省委十二届二次全会描绘的建设现代化新龙江"两个阶段"的发展蓝图，全面建设社会主义现代化新大庆分两个阶段来安排。

第一个阶段，从现在起到 2035 年，奋力走出转型发展全面振兴新路子，实现争当全国资源型城市转型发展排头兵目标，基本建成社会主义现代化新大庆。具体分"三步走"，实现"三级跳"。

到 2020 年，完成"一步走一级跳"：坚持稳中求进，高质量发展，经济增速在"十三五"期末实现与全省同速，地区生产总值在结构调整优化中突破 3500 亿元、力争重上 4000 亿元规模，大庆在全国资源型城市排位中前移 3 位。

到 2025 年，完成"两步走两级跳"：资源要素全面激活，发展方式显著转变，构建起强力支撑可持续发展的多元产业体系，地区生产总值突破 6000 亿元，非公经济比重达到 55%，推动经济实现中高速增长、迈向中高端水平，大庆在全国资源型城市排位中进入前 5 名阵营。

---

① 习近平总书记在中国共产党第十九次全国代表大会上的报告，《人民日报》，2017 年 10 月 28 日。

到 2035 年，完成"三步走三级跳"：经济发展的质量、效率、动力发生深刻变革，基本构建起现代化经济体系，大庆跨入地区生产总值"万亿俱乐部"，非公经济比重达到 65%，大庆站稳全国资源型城市排头。

第二个阶段，从 2035 年到本世纪中叶，在巩固提升全国资源型城市转型发展排头兵地位的基础上，全面建成富强民主文明和谐美丽社会主义现代化新大庆。

实现大庆转型三步走三级跳离不开大庆精神。在困难的时期，大庆精神引领大庆人战天斗地、爬坡过坎、开拓进取，实现了新中国石油自给；在转型发展的关键时期，在完成三步走三级跳战略目标关键时期，更需要大庆精神引领大庆人树立更加艰巨的创业决心，大庆人将在"大众创业、万众创新"的大背景下掀起新一轮的创业热潮，这也正是大庆精神所赋予大庆人"敢为天下先"的动力；求实和奉献更是大庆在实现三步走三级跳进程中所必不可少的高尚品格，是转型发展进程中的强大动力。因此，在新时代，传承弘扬大庆精神不仅仅只是一句口号，大庆精神当中所蕴含的哲学智慧、创业激情和方法原则，让大庆人在遇到困难时，能充分发挥"有条件要上，没有条件创造条件也要上"的主动性和创造性，顺利完成三步走三级跳，真正成为全国资源型城市转型发展的排头兵。

（三）战略任务：实现五个转型

党的十九大报告指出：实现"两个一百年"奋斗目标、实现中华民族伟大复兴的中国梦，不断提高人民生活水平，必须坚定不移把发展作为党执政兴国的第一要务，坚持解放和发展社会生产力，坚持社会主义市场经济改革方向，推动经济持续健康发展。[①] 虽然我国的主要矛盾发生了变化，但是我国仍将处于社会主义初级阶段的基本国情并没有改变，我国仍是最大的发展中国家的国际地位没有发生改变，基于此，只有把握了经济建设这一"重点"工作，在经济发展各个环节上，维护

---

① 习近平总书记在中国共产党第十九次全国代表大会上的报告，《人民日报》，2017 年 10 月 28 日。

好、实现好、发展好人民群众的根本利益，才能为实现美好生活打下坚实基础。因此，在工作中，要坚持推进"五位一体"总体布局、协调推进"四个全面"战略布局，既要抓重点、补短板、强弱项，要从深化供给侧结构性改革、加快建设创新型国家、实施乡村振兴战略、实施区域协调发展战略、加快完善社会主义市场经济体制、推动形成全面开放新格局等方面推动经济发展质量变革，不断提高我国社会生产力水平；要从保障和改善民生上下功夫，深入开展脱贫攻坚，实现幼有所育、学有所教、劳有所得、病有所医、老有所养、住有所居、弱有所扶，保证全体人民在共建共享发展中有更多获得感。同时，又要在经济发展的基础上，健全人民当家做主制度体系，推动社会主义文化繁荣兴盛，推动社会主义文化繁荣兴盛，提高保障和改善民生水平，逐步解决这些人民群众最关心的问题，努力实现人民群众对美好生活的新期盼。

新时代，大庆要想成为转型发展的排头兵，就要坚持"两点论"与"重点论"的统一；坚持"变"与"不变"的统一，依托大庆经济发展的实际，以经济转型为牵动，跟进推动城市、生态、体制和社会治理全方位、多领域的同步转型五个方面32项重点任务，是对"三步走三级跳"的战略目标的分解和量化，既立足大庆当前产业、城市、生态、改革和社会发展基础，又有继承、创新和发展。

大庆石油会战时期，面对恶劣的自然环境、艰苦的工作环境、封锁的国际环境，石油部机关党委作出了学习毛主席《实践论》《矛盾论》的决定，号召广大干部职工坚持解放思想、实事求是，从大庆油田开发建设的生产实际出发。可以说"两论"起家成为大庆油田开发建设的行动指南和理论支撑。在新时代，以习近平同志为核心的党中央提出了新时代中国特色社会主义思想，包含了一系列治国理政的新理念、新思想、新战略，尤其是"五大发展理念""四个全面战略布局"都是依托于当今中国发展的实际，解放思想，实事求是，锐意进取，加强创新。大庆要想实现五大转型，就必须坚持创新、绿色、协调、开放、共享的理念，加速推动能源主导的单一型经济向多元综合型经济跨越升级，加速推动传统矿区型城市向现代都市型城市跨越升级，加速推动粗放消耗型生态向绿色低碳型生态跨越升级，加速推动相对内向型体制向纵深开放型体制跨越升级，加速推动集中式管理型治理向协同互动型治理跨越升级，建设幸福大庆、平安大庆、信用大庆、法治大庆、文明大庆。

（四）战略举措：六项保障措施

为实现战略目标，完成三步走三级跳，实现五个转型，就要着力根除作风顽症、加速释放政策红利、打造协同创新环境、集聚吸引优秀人才、优化再造发展环境、强化工作结果问效六项保障措施。

完成三步走三级跳，实现五个转型，需要解放思想，转变观念。要充分发挥大庆精神实事求是的干事创业方法，坚持识变、求变、应变，从思想、思维、思路层面破题，摆脱路径依赖、方法依赖，运用市场化办法、推进重大改革、学习先进地区经验等方面探索新思路、新办法、新机制。同时，健全完善容错纠错机制，传承"三老四严""四个一样"优良传统，培育"政务工匠"，大张旗鼓选树先进典型，给思想解放的干事者撑腰，让因循守旧的无为者"下课"。

完成三步走三级跳，实现五个转型，需要加速释放政策红利。要深研细落国家政策红利，重点对接国家一带一路、新一轮东北振兴、"中蒙俄"经济走廊、"哈长"城市群、中国制造2025、深化国企改革、油气改革等七个重大政策，明确大庆可承接的任务清单、能对接的项目清单，倒排时间，确保落地生根。同时要激活兑现地方政策红利，制定更具竞争力的产业政策、投资政策、人才政策，出台促进产业项目发展的意见，在培育壮大市场主体、支持企业转型升级、降低企业生产经营成本等方面给予政策支持。

完成三步走三级跳，实现五个转型，需要打造协同创新体系。大庆石油会战融入了全党全军全国人民的决心、天南海北参战的队伍和各行各业的支援，全国全省人民共享了石油会战胜利的喜悦、石油高产稳产带来的福祉、大庆精神赋予的宝贵激励。当前，大庆市内融合有了升级版，着眼哈长城市群、立足哈大齐绥、链接国际国内石油资源型城市，建立城市间的创新协作体系。集成放大大学、科研机构等创新资源优势，依托哈尔滨高新区、大庆高新区、齐齐哈尔高新区共同创建"哈大齐"国家自主创新示范区，推动区域协同创新发展。同时，构建集群联动的产业创新机制，推动产业跨界融合，建立起主导产业间的有机连接，推动"化尾"、汽车等重点产业进入全球创新链、价值链高端，搭建同行业的企业联盟，建设一批以企业为主体的国家级创新实验基地，形成企业集群创新生态。

完成三步走三级跳，实现五个转型，需要聚集吸引优秀人才。大庆会战工委十分关心知识分子和优秀人才，把他们作为工人阶级的一部分，给予高度信任。会战中一直实行"领导干部，工程技术人员，一线工人"三结合进行专题科研攻关，集中群众的智慧，不断创新解决了油田开发一系列难题。在新时代，更要重视人才。既要"引育"高端人才，也要大力培养创新型、技能型人才。实施高层次和紧缺人才引进计划，壮大高端企业家队伍，壮大创业带头人队伍，壮大年轻干部队伍，优化干部队伍结构。

完成三步走三级跳，实现五个转型，需要优化再造发展环境。"靠得住"的资源环境、"信得过"的投资环境、"过得硬"的服务环境和"地上服从地下""先生产后生活"的方针原则，成就了大庆石油会战，实现了大庆持续发展，保障了石油工业发展。落实习近平总书记"着力打造全面振兴好环境"要求，要在治标上重拳施策，在治本上久久为功，让硬件更硬、软件更好，营造形成风清气正、公平正义、开放文明、服务高效的发展环境。构建"亲""清"的新型政商关系，以更大力度支持企业转型创新、加快发展，营造稳定公平透明、可预期的营商环境，推动企业减负成效明显改善，推动行政审批效率明显改善，推动政府服务质量明显改善，推动市场经济秩序明显改善。

完成三步走三级跳，实现五个转型，需要营造氛围形成合力。上世纪 60 年代的大庆石油会战面临着诸多困难，其中重中之重就是人员的问题，因此，五湖四海的人云集大庆，带来了不同民族、不同文化的交汇与融合。面对困难，需要石油人众志成城，团结一致，形成艰苦创业的合力。新时代，这种合力对大庆城市转型更为重要。需要确保责任到位，做到层层落靠责任、层层传导压力；确保落实到位，力争每项工作的每个节点、每个阶段都有新变化、新进展；确保督查考评到位，实行量化考核结果与年度考核和干部提拔任用挂钩；确保社会动员到位，建立面向全社会的激励措施，充分调动社会力量共同参与转型发展实践。

二、着力筑牢政治新优势

大庆精神是党的优良作风、中国工人阶级优秀品质、人民军队光荣传统高度融合的产物，其跨越时空的精神伟力历久弥新。它不仅是中华民族宝贵的财富，同时也是中国共产党加强自身建设、永葆先进性的优良传统和重要政治资源。它反映了中国共产党在建设时期的坚定信念、崇高品质和正确价值取向，是中国共产党带领人民不断取得胜利的精神支柱。新时代要坚持继承不丢"根"，把党的政治基础筑得更牢、政治优势发挥得更好。把对党绝对忠诚作为最大的政治，坚决听党话、一心跟党走，坚定不移地与以习近平同志为核心的党中央保持高度一致，以绝对忠诚履行大庆转型发展全面振兴使命。

（一）牢固树立"四个意识"

习近平总书记在党的十九大报告指出，党政军民学，东西南北中，党是领导一切的。必须增强政治意识、大局意识、核心意识、看齐意识，自觉维护党中央权威和集中统一领导，自觉在思想上政治上行动上同党中央保持高度一致。党的十八大以来，以习近平同志为核心的党中央站在战略和全局的高度，坚定推进全面从严治党，严明政治纪律和政治规矩，严肃党内政治生活，净化党内政治生态，有力维护了党中央权威，保证了党的团结统一。2016 年 1 月 29 日，中央政治局召开会议，首次提出"四个意识"，并指出，只有增强"四个意识"，自觉在思想上政治上行动上同以习近平同志为核心的党中央保持高度一致，才能使我们党更加团结统一、坚强有力，始终成为中国特色社会主义事业的坚强领导核心。2016 年 7 月 1 日，习近平总书记在庆祝中国共产党成立95 周年大会上指出，"全党同志要增强政治意识、大局意识、核心意识、看齐意识，切实做到对党忠诚、为党分忧、为党担责、为党尽责。"党的十八届六中全会要求全党进一步增强"四个意识"，坚决维护党中央权威，保证全党令行禁止。这些重要论述和要求，充分体现了以习近平同志为核心的党中央维护党的团结和集中统一、推进全面从严治党的鲜明态度和坚定决心。

1. 坚持坚定的政治方向

坚定正确的政治方向，这是我们党带领人民群众取得巨大成就的实践经验，也是推进党和国家各项事业健康发展的基本保证。方向涉及根本、关系全局、决定长远。正确的政治方向是大庆精神的灵魂和统帅，也是大庆石油会战取得胜利的基本遵循和根本保证。大庆精神作为我党应对困难和挑战并领导石油人实现新中国石油自给的精神力量，维系着新中国的命运与经济前途。

坚定正确的政治方向，就是要高举中国特色社会主义旗帜，增强政治意识、大局意识、核心意识、看齐意识，在思想上政治上行动上同党中央保持高度一致。在大是大非问题面前旗帜鲜明、立场坚定，始终对党绝对忠诚、与党同心同德。在大庆石油会战时期，许多老一辈面对缺衣少食、居无定所、艰苦创业，他们是为了实现新中国经济腾飞的中国梦，来奉献自己的青春，这就是坚定正确政治方向的力量。"困难面前有我们，我们面前没困难"，凭着这股子任何困难都压不倒的勇气和干劲，凭着为国争光为民族争气的强烈责任感，挺起中国石油工业的脊梁。半个多世纪以来，大庆精神激励我们在压力和挑战中不断前进，实现中国石油工业由小到大、由弱到强，为推动我国经济社会发展、保障我国能源安全作出突出贡献。因此树立坚定的理想信念，就是要坚持传承大庆精神当中听党话、跟党走的优良传统作风，把学习贯彻习近平新时代中国特色社会主义思想作为重大政治任务，始终坚定正确的政治方向，坚持把对党绝对忠诚作为根本政治要求和政治规矩，自觉在思想上政治上行动上与党中央保持高度一致，始终做到政治方向不偏、政治信仰不变、政治立场不移，确保红色江山永不变色。

2. 坚持国家利益高于一切

树立"四个意识"，就是要从大局看问题，把工作放到大局中去思考、定位、摆布，做到正确认识大局、自觉服从大局、坚决维护大局。增强大局意识，就是要正确处理中央与地方、局部与全局、当前与长远的关系，自觉从党和国家大局出发想问题、办事情、抓落实，坚决贯彻落实中央决策部署。正是这种大局意识，要求我们树立国家利益高于一切的道德原则。

人作为个体性独立存在，在社会生活中，不可避免寻求其自身私利的满足，然而人又是社会关系的总和，社会性是人的本质属性。这凸显了个人利益在整个当代社会中的矛盾和困惑，集体利益与个人利益、暂时利益与长远利益、局部利益与整体利益就成为个人价值目标、价值取向与社会价值导向之间的主要矛盾与分歧。而解决这一问题的最重要方式就是将"小我"充分地融入"大我"当中，在实现社会理想、社会价值，履行社会规范当中，实现个体的价值诉求。集体主义原则——"大我"集中地体现了全体劳动人民的根本利益，正确地解决了个人利益与集体利益之间的关系。大庆人在处理集体利益和个人利益关系上始终坚持个人利益服从集体利益，集体利益高于个人利益，职工个人利益的满足是以人民利益和集体利益为前提的。1960年，十三路会战大军为响应党中央国务院的号召从祖国各地涌入松辽大地，大庆的自然情况：雨雪交加、脚下荒原；大庆的生活条件：缺衣少食、居无定所；大庆的生产条件：材料短缺、储量不明。"我们有许多困难，这些困难再大，也没有国家困难大……我们是为自己干，是为党增光，为民族争气，是为多打井、多出油，快快地把咱们国家建设强大，吃点苦，受点累算个啥"，这是铁人王进喜经常挂在嘴边的一句话。这正契合了个体的人格独立与对社会的崇高责任感、使命感的统一。

曾子有段话很能说明这一点："士不可以不弘毅，任重而道远。仁以为己任，不亦重乎？死而后已，不亦远乎？"当个人利益与集体利益发生矛盾时，个人利益要无条件服从集体利益，必要时还要以牺牲自己的宝贵生命为代价。从国家利益、长远利益上来看，无非是石油职工多流些汗、吃些苦，如果不上，国家没有石油这是最主要的矛盾。因此，石油工人时刻记着甩掉石油工业落后的帽子的铮铮誓言，不讲报酬、不分级别、不讲条件、不分你我相互支援，最终高速度、高水平拿下大油田。

正如邓小平所指出，"光靠物质条件，我们的革命和建设都不可能胜利"，而赢得胜利，贵在挺起民族精神的脊梁。"国家利益高于一切"，彰显了大庆石油人为实现石油强国理想所展现的坚定的政治信念，正是这种信念和追求充实了人民大众的现实生活，让现实的人的价值得到了提升和升华，实现了终极价值的回归。

3. 坚持优良传统和作风

党的优良传统和作风体现了无产阶级政党的党性原则，继承和发扬党的优良传统和作风是保持共产党员先进性的一项根本要求。我们党在长期的实践过程中，形成了许多优良的传统和作风。如：解放思想、实事求是，坚持与时俱进，群众路线，自力更生、艰苦奋斗，独立自主等。大庆石油会战期间，也形成了许多优良传统和作风，这些优良传统作风体现了中国共产党人的精神境界和价值追求，例如"两论"起家、"两分法"前进、"三老四严""四个一样""三个面向""五到现场""三基"工作、岗位责任制、思想政治工作"两抓"等优良传统和作风。这些已经内化成为大庆精神的内核，成为中国共产党宝贵的精神财富。

新时代要想实现大庆城市转型，就需要强化宗旨意识、群众意识、奉献意识，继承老一辈共产党人的优良传统和作风，引导党员干部树立廉荣贪耻的道德观念，自觉地讲党性、重品行、做表率，以会战先辈守纪律讲规矩的感人事迹，警示党员干部增强法纪意识，继承发扬艰苦朴素、勤俭节约的优良作风，永葆共产党人的政治本色。

（二）加强改进思想政治工作

习近平总书记在党的十九大报告指出，"建设具有强大凝聚力和引领力的社会主义意识形态，使全体人民在理想信念、价值理念、道德观念上紧紧团结在一起"。要加强理论武装，使习近平新时代中国特色社会主义思想深入人心，思想政治工作只能加强，不能削弱，这关乎党和国家的前途和命运。重视思想政治工作，一直以来就是大庆石油会战的传家宝。精神就是人生的理想、就是奋斗的目标、就是前进的动力。大庆石油会战中，大庆始终坚持以马列主义、毛泽东思想为指南，坚持"两论"起家，紧密结合生产实际，大力加强思想政治工作，探索形成了一套成功的思想政治工作经验。这些经验，在推进城市转型发展中仍然具有重要意义。

坚持"两论"起家、"两分法"前进的传统，用马列主义、毛泽东思想武装头脑、指导实践、推动工作，这是思想政治工作的首要任务。

会战初期，面对石油会战遇到的重重困难，会战工委号召广大干部职工以马列主义、毛泽东思想为指针，高速度、高水平拿下大油田，摘掉石油工业落后的帽子。石油工业部机关党委及时下发了《关于学习毛泽东同志所著＜实践论＞和＜矛盾论＞的决定》，规定了学习毛主席著作的重点是《实践论》《矛盾论》和《关于正确处理人民内部矛盾的问题》三本书。通过学习"两论"，用马列主义、毛泽东思想武装干部、群众，不断提高人们的认识能力，最大限度地发挥主观能动性，是大庆思想政治工作的根本经验。

坚持"抓生产从思想入手，抓思想从生产出发"，把思想政治工作融入生产经营全过程，这是发挥思想政治工作优势的有效途径。"抓生产从思想入手，抓思想从生产出发"，是大庆正确处理思想政治工作与经济工作关系的基本原则，也是思想政治工作的一条基本经验。大庆石油会战期间，会战工委始终坚持做深入细致的思想政治工作，形成了"四个为主""三个观点"和以身作则、身教重于言教的原则，以及"一把钥匙开一把锁""三个面向""五到现场""约法三章""四勤四看""三访四到"等思想政治工作方法，同时，把思想政治工作做到生产中去。在生产准备阶段，搞好思想动员；在生产过程中，做好宣传鼓动工作；在生产任务完成后，用"两分法"总结评比。

坚持典型引路，形成创先争优、比学赶帮、奋发向上的生动局面，努力打造"铁人式"职工队伍，这是思想政治工作的重要方法。抓典型树样板，是大庆会战时期形成的思想政治工作优良传统，也是思想政治工作的重要方法。思想政治工作要善于发现和总结基层工作中的先进典型，重点选树和宣传在基层一线、艰苦岗位自觉弘扬大庆精神铁人精神，做出不平凡业绩的优秀干部职工，建立定期表彰与即时表彰相结合的表彰机制，充分发挥了典型的示范引领作用，努力营造崇尚先进、关心先进、学习先进、争当先进的氛围。

坚持抓基层打基础，把功夫下在基层，进一步提高基层的凝聚力、战斗力、执行力，这是思想政治工作的出发点和落脚点。开展思想政治工作要把工作的重点放到基层建设上，强化"三基"工作，即抓实以党支部建设为核心的基层建设，以岗位责任制为中心的基础工作，以岗位练兵为主要内容的基本功训练。坚持以加强基层党组织和领导班子建设为核心，以夯实基础管理为重点，以提高职工基本素质为根本，夯实城市发展的基础。

在新时代，社会生活日益多元多变多样，思想文化频繁交流交融交锋，一些人不同程度地出现精神空虚、信仰缺失、价值迷惘和思想困惑等问题，迫切需要运用大庆思想政治工作的积极价值取向和文化自觉教育人、引导人、激励人。而充分开发利用大庆精神教育资源是我们开展思想政治工作的重要课堂、重要载体和有效途径，也是改进思想政治工作的重要举措。在开展思想政治工作过程中，将大庆精神的特质加以提炼、升华和融入，能够让广大人民群众明白马克思主义理论是可以实践的、社会主义道路是可以实现的、民族精神不是空泛的、时代精神更不是缥缈的。大庆精神不仅可以帮助群众将中国特色社会主义的共同理想信念内化为内心的坚定信仰和执着追求，还可以引导大家在中国特色社会主义事业的伟大实践中汲取营养，培养爱国情怀、改革精神和创新能力，始终保持艰苦奋斗的作风和昂扬向上的精神状态，而且能够在社会中消除各种思想障碍，有力抵制各种错误和腐朽思想的影响，树立正确的舆论导向，增强其应有的感染力和说服力。

因此，传承弘扬大庆精神就要始终坚持党的思想政治工作"传家宝""生命线"地位和作用，把牢方向、高举旗帜，真正做到"两手抓两手硬"；始终坚持以党的创新理论为统领，学以致用、深信笃行，真正做到与时代同步伐、与实践共发展；始终坚持把思想政治工作融入经济社会发展全过程，围绕中心、服务大局，真正做到有为、有力、有效；始终坚持以人为本理念，人民至上、为民负责，真正做到得人心、暖人心、稳人心；始终坚持思想政治工作制度化、常态化，主题不换、主线贯穿，真正做到内化于心、固化于制、外化于行。

（三）深入推进全面从严治党

习近平总书记在党的十九大报告指出："全面从严治党永远在路上。一个政党，一个政权，其前途命运取决于人心向背。人民群众反对什么、痛恨什么，我们就要坚决防范和纠正什么"。① 中国共产党领导全国人民在革命、建设和改革时期形成的伟大精神是中国共产党加强自身建设、永葆先进性的优良传统和重要政治资源。在社会主义建设初期形成的大庆精神，其蕴涵的优良传统和工作作风，不仅是建设年代的重要法宝，同时也为新时代加强中国共产党的作风建设，坚持全面从严治党，提供了重要的政治资源。

作为执政党和中国特色社会主义的领导核心，中国共产党在新时代、新征程、新任务下，以"四个全面"战略布局和"五大发展理念"为引领，推进中国现代化建设与民族复兴的进程，必须加强和改进党的建设，巩固和扩展中国共产党执政的政治资源。

全面从严治党，提升党的执政能力要从大庆精神中汲取从严治党的力量。坚持从严治党，不仅关系到党能否保持先进性和纯洁性，而且关系到是否能够保证党的战斗力和坚强的战斗堡垒作用。坚持推进全面从严治党，不仅是提升当前中国共产党执政能力的必然要求，同时也是推进国家治理体系和治理能力现代化的必要措施。而从严治党的关键在于治吏，习近平总书记指出："正人必先正己，正己才能正人。中央怎么做，上层怎么做，领导干部怎么做，全党都在看。"大庆精神是中国工人阶级的优秀品质、党的优良作风、人民军队的光荣传统高度融合的重要成果，大庆石油会战中践行"指挥靠前"的领导方法，是人民解放军优良传统在大庆石油会战实践中的鲜活生动的具体运用。会战时期，会战领导做出表率，亲临前线指挥生产，采取的主要形式是组织前线指挥所。前线指挥所按照解放军"野战化"的要求，就地指挥"战斗"。领导指挥靠前能深入调查研究，及时了解情况，发现问题，及时解决问题；能迅速组织队伍，配备力量，选择重点，突破难关；能加强薄弱环节，并及时总结推广先进经验，有效地发挥领导作用。大庆石油会战践行"五到现场"的领导方法，通过生产指挥到现场、政治工作到现场、材料供应到现场、科研设计到现场、生活服务到现场，对切实转变机关

---

① 习近平总书记在中国共产党第十九次全国代表大会上的报告，《人民日报》，2017 年 10 月 28 日。

工作作风、密切干群关系、调动各方面积极因素、提高工作和生产效率都具有重要意义。大庆石油会战践行领导干部"约法三章"，出差不能买卧车，办公室不准摆沙发、地毯之类高档商品，不准为领导干部建单独住房，较好地鼓舞和激励了石油人攻坚克难的勇气和信心。这些工作方法为抓住"关键少数"，也为推进全面从严治党提供了许多思路和方法。

全面从严治党，提升党的执政能力要从大庆精神中汲取人民至上的力量。大庆石油会战在根本方向上始终坚持人民主体性价值准则。主要体现在提出"三大民主"保证企业的一切工作必须走群众路线，建立"三参一管"的企业民主管理的形式，真正体现了工人在企业中的主体地位。从"选树典型"的人民群众动员方式、实事求是的认识路线、"人民主体性"的会战根本工作方法、"岗位责任制"等企业管理制度建立、"三老四严"等优良传统作风建设、"评功摆好"的思想政治工作方法等都体现了大庆精神将现实的人作为社会历史和发展的主体，并采取科学有效方法调动人民群众的积极性、主动性和创造性，在推动事业向前发展的同时，推动社会和人的全面发展。社会全体成员的能力得到全面的发展也必然会反作用于劳动生产力，从而推动社会主义事业的发展和壮大。党员干部只有坚持施政顺应群众、决策问计群众、评判交给群众，把接地气变成听民声、解民忧、聚民心的过程，才能交出群众满意答卷。

全面从严治党，提升党的执政能力要从大庆精神中汲取创业奋斗的力量。习近平总书记在不同场合多次强调，自力更生、艰苦奋斗对立党立国的重要性，是共产党人的品质，是立党立国的根基，也是党员、干部立身立业的根基。大庆石油会战时期，"北风当电扇，大雪是炒面，天南地北来会战，誓夺头号大油田。"在艰苦岁月里，老一辈石油人以革命乐观主义精神，战天斗地，将新中国贫油的帽子扔进了太平洋，创造了无愧于历史的业绩。在今天，"苦干实干""三老四严"不仅体现在"我为祖国献石油"的报国情怀，更体现在发挥主力军作用、履行好保障国家能源安全的重大使命上；不仅体现在解放思想攻坚啃硬，更体现在大力实施创新驱动战略、实现城市转型发展上。虽然现在，我们生活工作的条件改善了，但是共产党人创业创新的激情不能减。共产党人要始终保持昂扬的精神，以更加振奋的激情干事创业，决不能精神滑坡、激情消退、得过且过、无所事事。这是共产党人在新时代必须具有的品质，也是全面从严治党的重要内容，提升党的执政能力的重要条件。

三、助力提升文化软实力

习近平总书记在建党 95 周年庆祝大会的重要讲话中指出，文化自信，是更基础、更广泛、更深厚的自信。20 世纪 90 年代以来，市场经济的发展，物欲主义的价值观浸入了日常生活。精神生活的世俗化导致了价值虚无主义，一些人不同程度地出现了"信仰的失落""意义的毁灭"等价值困境，并且这种困境在当前社会上还存在着，作为一个现实的人，应该具有责任伦理的价值立场，敢于直面人生，为自己的生活赋予意义，为自己确立追求和信仰，并按照这种追求和信仰去践行。大庆精神蕴藏丰富的文化特质，饱含不朽的文化价值。大庆精神本身重要价值就在于可以巩固社会主义思想文化阵地，维护国家文化安全。

（一）厚植文化自信

大庆精神对厚植中华民族的文化自信具有重要的价值，这种厚植源于对中华优秀传统文化的积淀、传承、创新与发展。中国优秀传统文化中所倡导的"见利思义""先义后利""义然后取""杀身成仁""舍生取义"等等都说明了当个人私利与国家大义相冲突时，要有所取舍，要关心民族前途，思考国家安危之道。这样的义利观，在长期历史发展进程中，融入了人们的思想，并形成一种信仰，成为人们在民族国家危亡时刻的行动准则。老一辈石油人秉承以"爱中国""利中国"为己任，面对野兽出没的白碱滩、沼泽地，石油人住牛棚、马厩、地窖子，以"北风当电扇，大雪是炒面"的乐观精神挑战艰苦的自然环境；面对生产物资短缺，材料匮乏的现状，石油人秉承为油田负责一辈子的人生信条，以最短的时间、最快的速度，高水平地拿下了大油田，表现出了"有条件要上，没有条件创造条件也要上"的积极进取精神，充分体现了石油人"国家利益至上"的核心价值观。

　　大庆精神对厚植中华民族的文化自信具有重要的价值，这种厚植源于其本身就是马克思主义中国化的重要成果，是在马克思主义与中国社会主义建设的伟大实践相结合的进程中产生并发展的。大庆精神是广大石油人坚持以《实践论》和《矛盾论》为指导，用辩证唯物主义的观点，去分析、研究、解决建设工作中的一系列问题中形成的伟大精神。面对油田开发建设过程中存在的人力不足，资金缺乏，设备短缺，技术落后，环境恶劣等诸多困难和矛盾，如何高速度、少投入、短时间探明油田面积和储量，会战工委在毛泽东《矛盾论》的指导下，分析问题，抓住主要矛盾以及矛盾的主要方面，得出"这困难，那困难，国家缺油是最大困难；这矛盾，那矛盾，国家建设等油用是最主要矛盾"，运用矛盾分析法，让大庆石油人在复杂的形势、艰巨的任务和重重困难面前有了正确分析问题、解决问题的有力武器，使大家认清矛盾性质、特点，对不同性质的矛盾、问题采取不同的解决方案，从而为高速度、高水平拿下大庆油田提供了方法论支撑。

　　在中国革命和建设年代，中国共产党带领广大人民孕育而成的井冈山精神、延安精神、大庆精神等精神产物，都深刻地影响了人们的内心世界，国家与个人的界限被打破，广大人民为了民族的独立、国家的进步、集体的利益，把自己整个的价值追求、内心信仰、个体生命的意义全部附属于民族的伟大事业、国家的进步发展，这种内在的精神力量支撑了中国革命和建设事业的进行和开展。新时代要充分发挥文化软实力的作用，努力用文化为经济转型升级提供精神动力、价值导向和行为规范。在大庆转型发展的进程中，必然会出现很多矛盾和问题，要顺利推进经济转型升级，解决多年积累的矛盾和问题，使社会各个阶层、群体成员团结一致，较为有效的办法就是消除他们心理上、观念上的障碍。而将文化作为一种资源要素渗透到经济中，就会形成经济转型发展的内生因素，解决内在的价值认同、文化认同问题，从而形成经济发展的助推器。

　　（二）推动文化融合

　　大庆精神是产生于特定历史时期和特定的历史条件下的红色文化资源。这种精神文化就其归属性质而言，它既是地方性红色文化资源，也是民族性的红色文化资源，具有地方性和民族性双重性质。作为地方性本土红色文化资源，大庆精神只是一个组成单元，是整体性的一部分，有必要挖掘同时期、同区域生产的精神文化资源，并将其整合起来，形成一个丰富的整体。实施精品文化工程战略，以石油文化品牌为基础，发展先进品牌，创新传统品牌，扶持通俗品牌，引导流行品牌，推动各具特色的地域文化深度整合，释放大庆文化品牌的特有优势。

1. 推动大庆精神与黑龙江省精神资源的有机融合

我省在革命历史时期形成的东北抗联精神，在社会主义建设时期形成的北大荒精神等精神文化资源是与大庆精神关联性较为密切的元素。目前，我省已加大了本地历史文化资源的保护和开发，推进文化体制改革和机制创新，努力打造地方文化品牌。但是，把红色精神文化资源纳入历史文化资源这个框架中进行研究，无法深入分析和挖掘红色文化本身的特质及其价值。为了推进我省红色文化资源的开发和传承，相关单位应把本地红色精神文化资源作为一个研究领域，建立横向协同研究中心，组建有效的组织管理体系，配套建立人才培养机制，科研服务中心以及科教和宣传机制，设立保护和开发红色文化资源的专项研究课题，倾力推出一批反映以我省红色精神文化资源为题材的文学、戏剧、影视、书法、民俗等作品，形成具有龙江特色、龙江风格和龙江气派的文化精品，逐步在全国形成"龙江红色精神"的概念和印象，为大庆精神等红色资源的传播，推动地方文化的繁荣奠定基础。

2. 实现大庆本土诸多文化的融合与发展

大庆市是一个典型的移民城市，回顾大庆的城市发展史，其实就是一部多元文化相互融合、相互包容的过程。20世纪60年代的石油会战，来自四面八方、天南海北的转业军人、石油工人和大中专院校毕业的知识分子云集萨尔图，带来了不同地域、不同民族的文化，这些文化相互碰撞，相互融合，铸成了大庆人特有的核心价值观——大庆精神铁人精神。大庆经过50多年的发展，已成为一个拥有41个民族的新兴移民城市，大庆文化融合了黑土文化、石油文化、关东文化、西北文化、军旅文化、草原文化等诸多文化。在城市的发展历程中，各民族之间和谐共处，外来文化和本土文化之间共生共存、和谐相融，通过兼容并蓄、博采众长形成了魅力独特的大庆文化，而这又为大庆城市转型发展，争当全国资源型城市转型发展排头兵提供了智力支持和文化支撑。

（三）壮大文化产业

习近平总书记在党的十九大报告强调，要推动文化事业和文化产业发展，加强文物保护利用和文化遗产保护传承。健全现代文化产业体系和市场体系，创新生产经营机制，完善文化经济政策，培育新型文化业态。社会主义文化建设是促进经济社会协调发展和人的全面发展的必然要求。发展文化产业是满足人民群众日益增长的精神文化需求的需要，是产业结构战略调整的需要，是我国国民经济和社会发展到新的历史阶段的必然要求，是文化建设和文化体制改革走向深入的内在要求，是解放和发展文化生产力，应对挑战，增强我国文化竞争力的需要，是培植新的经济增长点，提高我国综合实力的需要。

推进城市转型可持续发展，必须要科学规划大庆文化产业发展布局，加快发展出版发行、网络信息、印刷复制、新闻传媒、演艺娱乐、文化旅游、影视制作、会展经济、工艺美术等产业，构建具有大庆特色的文化产业体系，积极培育文化产业新业态，探索构建立体、多元、高效、惠民的文化产业项目。

在文化产业发展方向上，推动文化产业与旅游、科技、体育等产业融合发展，增强文化产业核心竞争力，延伸产业链，增加相关产业文化含量，推进文化产业成为国民经济支柱产业。发展壮大文化产业，要深入挖掘大庆市丰富的文化资源和区位优势，坚持特色化定位、园区化聚集、市场化引导、品牌化引领、链条化延伸，谋划引建一批具有较强竞争力的文化产业项目。

在文化产业壮大路径上，依托石油文化、地域文化、温泉文化、湿地文化、民俗文化等特色文化资源，发展壮大黑龙江国际艺术村、阿木塔蒙古风情岛、大庆石油馆等体现大庆地域文化特色的产业项目。借助深圳文博会、哈洽会、中俄博览会、省文博会、大庆文博会等品牌展会平台和"大庆元素"移动互联网平台 APP，推进文化产业与新兴媒体"互联网＋"融合发展，对外宣传推介大庆文化企业和文化艺术精品，全面展示大庆文化艺术发展成就，不断扩大文化开放交流，有效提升大庆特色文化的知名度和影响力。

在文化产业阶段目标上，完善"一区十园六链"的总体发展格局，吸引一批龙头企业、骨干企业、重大项目入驻园区，重点孵化、培育、打造园区品牌、企业品牌、产品品牌、艺术家品牌，有效提升我市文化产业竞争力，争取到 2020 年文化产业增加值占全市 GDP 比重达到 5% 以上，真正成为我省西部文化产业项目聚集区和龙江文化产业发展战略支点，为大庆市国家级文化产业试验园区晋升为国家级文化产业示范园区夯实基础。

四、提振干事创业精气神

精气神，是一个国家、民族乃至一个人干事创业的精神状态和精神面貌的具体体现，也是干部作风和形象的集中展现。大庆精神就是这样的精气神，它不仅是大庆人的精气神，也是中华民族的精气神，还是中国共产党的精气神。在气吞山河的石油会战中，石油工人战天斗地、坚毅顽强、艰苦奋斗；在日新月异的改革开放伟大实践中，大庆人创新思路、奋发有为、锐意进取，展示出大庆人干事创业的精气神。这种精神气，内涵丰富，是大庆乃至全国宝贵的精神财富，是大庆转型发展的强大动力，始终激励大庆阔步前进。

（一）提振精神

中国特色社会主义的伟大实践，更加需要全国上下发扬大庆人"我为祖国献石油"那么一股志气、那么一股劲头。要把大庆精神作为提升志气的精神法宝，广泛培育、深入践行，夯实价值磐石，推动干事创业。大庆是共和国最早树起的红旗之一，大庆精神铁人精神是激励大庆人迎难进取、创新创业的不竭动力。我们始终以大庆精神铁人精神为引领，激发广大干部的干事创业热情，全力营造风清气正的良好政治生态。

大庆精神体现自强不息、挑战极限的进取精神。"天行健，君子以自强不息"，这是《周易》提出的著名的命题。要求人们对待事业要有勇往直前、绝不懈怠的精神，这在几千年的历史长河中，一直激励着奋发有为的人们积极向上，努力奋进。会战初期，物质条件极其匮乏，生活条件极其恶劣，石油人却充满了乐观主义的精神和藐视一切困难的气势情怀，这是中华民族勤劳勇敢、自强不息、威武不屈的民族气节的生动表现。"困难也有两重性，你软它就硬，你硬它就软。你要是老想困难，一个人就会瘫痪下去。前怕狼，后怕虎，什么事情也干不成。对待困难，我们要承认它，认真对待它，想办法解决它""石油工人一声吼，地球也要抖三抖"，所给予我们的就是要拥有足够的勇气和信心，战胜一切困难。会战初期，生产和工作都缺乏条件保证，石油人在尊重客观规律的基础上，充分发挥人的主观能动性，人拉肩扛、开荒种地，兴建干打垒、学校、医院等确保了石油会战的顺利展开。在石油勘探开发过程中，面对"高凝固点、高含蜡量"的现状，科技工作者以"三超"的精神探索地下石油开采规律，在实践中挑战自我、突破自我，不断开拓创新，追求更高、更远的目标，在自我完善、自我砥砺中进步成长。油田科技人员在三次采油领域不断取得突破与进展，确保大庆油田年产5000万吨以上27年高产稳产，对形成和发展中国陆上油气勘探、开发技术和理论作出了重大贡献。

大庆精神体现了兼济天下、感时忧世的责任感和使命感。爱国主义是中华民族优良传统，是历经千百年陶冶的对祖国最深厚的感情，爱国情怀和民族意识是中华民族数千年历经磨难而弥坚的核心凝聚力。千百年来，无数仁人志士、英雄儿女为着祖国的安危奔走呼号、抛洒热血，为着祖国的强大辛勤劳作、无私奉献。20世纪60年代的石油会战，正是在社会主义经济建设关节点上打响的，它关系着民族的兴衰和国家的命运。因此，"为国分忧，为民族争气"是大庆精神在社会主义建设时期对爱国主义精神的接续和传承。大庆精神实质与儒家一贯主张的"忧患意识"与"济世精神"极相吻合。这种忧患意识所体现的是在困难的条件下所激发的责任感和使命感，以及克服困难、突破困境的勇气和能力。20世纪60年代，国外敌对势力封锁压迫，国内自然条件极其恶劣，国内石油资源严重匮乏，以铁人王进喜为代表的石油人"忧国""忧民""忧世"，将个人的安危冷暖抛之脑后，以国家兴亡强烈的责任意识，以"有条件要上，没有条件创造条件也要上"的英雄气概，以"宁肯少活20年，拼命也要拿下大油田"的献身精神，埋头苦干，锐意进取，仅仅用了3年的时间，就实现了国家原油的基本自给，用自己挺拔的脊梁实践了"我为祖国献石油"的铮铮誓言。

大庆精神体现了"修身为本""好善乐施"的集体主义价值取向。高尚的道德人格是整个中华民族一直以来的理想信念和价值追求。而这种理想信念和价值追求最集中的表现就是集体主义的价值取向，其最高原则就是全心全意为人民服务、大公无私、毫不利己、专门利人，体现了中华民族的优秀品质和为人类解放而奋斗的牺牲精神。团结友爱，顾全大局，通力协作这是大庆石油会战之所以能取得胜利的重要因素之一。会战伊始，来自全国石油系统的37个局、厂、公司、院校以及3万多转业官兵齐聚大庆。没有规矩不成方圆，要想拿下这样一个大油田，必须统一思想，步调一致，团结友爱，协作互助。首先，会战实践所形成的"三老四严""四个一样"等一系列优良作风，要求会战职工自律自觉，牢固树立主人翁的责任感和使命感，实现精神自制力、道德价值和生命意义的统一。其次，会战实践形成的"选树典型""传帮带""马达不能倒转""三个面向""五到现场"等一系列群众路线工作方法，进一步凸显了人民群众的历史主体地位。最后，会战实践形成了团结友爱、互相支援、通力合作的新作风。会战期间虽然彼此竞争，开展竞赛，但关键时期，遇到缺乏设备、没有经验可遵循的状况，大家都彼此支援，不看笑话，决不藏私。正是这种讲团结、顾大局的精神，使得石油系统步调一致、团结统一，最终取得了石油会战的胜利。

大庆精神本身关注人的价值，关心人的尊严，关怀人的发展。在建设中国特色社会主义的关节点上，在城市转型发展的关键阶段，要想走好中国道路，凝聚中国力量，弘扬中国精神，实现中国梦想，就必须要弘扬大庆精神，高扬爱国主义的伟大旗帜，解放思想，实事求是，开拓创新，艰苦创业，不断奋斗，为实现中华民族的伟大复兴贡献力量。

（二）增强信心

习近平总书记在参观复兴之路展览时指出，"实现中华民族伟大复兴，就是中华民族近代以来最伟大的梦想。"① 为实现国家独立，共产

---

① 2012年11月29日，习近平总书记参观复兴之路展览讲话。

党人用马克思主义理论武装自己，历经几十年的浴血奋战，最终实现了由帝国主义和封建主义的旧中国，向人民当家作主新社会的转变，赢得了新民主主义革命的胜利。为实现新中国工业腾飞的石油梦、中国梦，中国共产党人贯彻"奋发图强、自力更生、艰苦奋斗、勤俭建国"的方针，进行艰苦卓绝的大会战，甩掉了新中国贫油落后的帽子，实现了石油的基本自给。正如《当代中国石油工业》所说，"大庆油田的开发建设，从根本上改变了中国石油工业的面貌，促进了中国石油工业的全面发展。"[①]

大庆精神蕴含的理想信念，增强了石油人攻坚克难的坚定信心，是中国梦共同理想构筑的思想基础。习近平总书记在不同场合都强调，理想信念是共产党人的精神之"钙"，没有理想信念，理想信念不坚定，精神上就会"缺钙"。坚定的理想信念是共产党员的特质，在中国共产党 90 多年走过的风雨进程中，无数共产党员不惜流血牺牲、浴血奋战，为的就是这种共产主义的理想信念，为的就是实现国家富强、民族振兴、人民幸福，为的就是实现人自由而全面的发展，为的就是让人过一种有尊严的幸福生活。邓小平同志指出："为什么我们过去能在非常困难的情况下奋斗出来，战胜千难万险使革命胜利呢？就是因为我们有理想，有马克思主义信念，有共产主义信念。"[②] 这种理想信念，为中国共产党人提供了不竭的精神动力，这种精神力量对于石油梦、中国梦的实现具有重要的激励价值。毛泽东同志指出："我们具有一往无前的精神，要压倒一切敌人，而决不被敌人所屈服。不论在任何艰难困苦的场合，只要还有一个人，这个人就要继续战斗下去。"《石油工业部关于大庆石油会战情况的汇报》中说：人就是要有一股气，对一个国家来讲，就是要有民气，对于一个队伍来讲，就是要有士气，对一个人来讲，就是要有志气。这三股气结合起来，就会形成强大的物质力量。这既是对大庆石油会战经验的总结，也是对大庆石油人积极性、主动性、创造性的充分肯定。这种肯定源于"三股气"，源于大庆精神当中蕴含理想信

---

① 焦力人：《当代中国石油工业》，中国社会科学出版社，1988 年，第 317 页。
② 《邓小平文选》第 3 卷，人民出版社，1993 年。

念把石油人凝聚在一起，鼓舞他们为实现原油自给，为祖国的能源战略安全战天斗地，攻坚克难。为了给祖国多产油、产好油，为了实现中华民族腾飞的中国梦，为了实现"每人每年半吨油"的社会理想，石油人靠着过硬的思想和作风，靠为国分忧、艰苦奋斗的创业精神，靠着科学求实、自主创新的科学精神，靠着"两论"起家的基本功，靠着"有条件要上，没有条件创造条件也要上"的进取精神，战胜雨季，度过会战第一关；战胜严寒，度过会战第二关；战胜饥荒，度过会战第三关；自主创新，度过会战第四关。新时代新阶段，我国所处的国内外环境、面临的挑战以及肩负的使命任务发生了深刻变化，这就要求广大人民群众把对自己利益的追求同民族复兴光明前景的"中国梦"紧密结合起来，而这正是弘扬大庆精神所追求的价值目标。

新时代，面临城市转型发展的关键时期，调结构、转方式，老油田要实现凤凰涅槃，城市要实现转型发展，仍然需要发扬大庆精神，推进供给侧结构性改革，推动技术创新，把握政策机遇，以必胜的信念抢时间、拼速度、争主动，从守摊度日向干事创业、从按部就班向跨越赶超、从四平八稳向强势推进转变，坚定不移地朝着既定目标前进。

（三）自觉担责

坚守国家富裕、民族复兴、人民幸福的历史责任，敢于直面振兴发展难题，善于应对复杂严峻局面，勇于承担急难险重任务，做好转型发展等重点工作，这是大庆的责任和使命，费力再多、困难再大，也要坚持不懈地抓实办好。

古时，使命是指使者奉命出行，引申为肩负重大的任务和责任。使命感是一个人积极工作的内在动力。找到了自己心中的使命感，就会充满激情地投入到自己的工作中去。老一辈石油工人之所以取得了许多令人瞩目的成就，就是因为他们把为国家甩掉"贫油落后"的帽子当作自己明确的目标和崇高使命。这种崇高使命源于新中国诞生之初，大庆石油工人对中国共产党、对新中国及社会主义制度的执着热爱。大庆人在困难时期自觉担责，体现的是一种责任，更是一种境界。没有责任感、使命感谈不上敢于担当，思想境界不高、党性修养不强更难有担当精神。敢于担当，就是在错综复杂的矛盾中，个人可能要付出一定代价时，敢于拍板、下决心、作决策；敢于担当，就是在大是大非面前，大家意见不统一时，不随波逐流，敢于伸张正气，坚持真理；敢于担当，就是在急难险重任务面前，不回避、不推诿、不扯皮，主动靠前请命，勇挑重担。

正是拥有这种担当精神，大庆人面对新中国建设缺少石油的困境，自觉承担起"我为祖国献石油"的政治责任；坚持"两论"起家，自觉践行解放思想、实事求是的思想路线；未雨绸缪，自觉承担起探索资源型城市转型的历史责任；秉承"三超"精神，勇于实现新的超越。正是拥有这种担当精神，以铁人王进喜为代表的石油人面对石油会战的恶劣环境，表现了乐观主义精神和藐视一切困难的精神风貌。在大庆城市转型的道路上，还会面临着各种各样的风险和挑战，在推动城市建设和文化融合发展的实践中，还有许多难题需要破解，这都需要我们求真务实、真抓实干、埋头苦干，大兴敢于担当之风，锤炼自己敢于探索、敢于实践、敢于负责的品格。

五、锻造攻坚克难真本领

习近平总书记指出："越是困难大、矛盾多，越需要埋头苦干的真把式，雷厉风行的快把式，追求卓越的好把式，而不是坐而论道的假把式，拖拖拉拉的软把式，弄虚作假的歪把式。"实现大庆转型发展全面振兴，争当全国资源型城市转型发展排头兵目标，关键靠有本领的干部。

（一）抓好培养

毛泽东同志曾说过："我们队伍里边有一种恐慌，不是经济恐慌，也不是政治恐慌，而是本领恐慌。过去学的本领只有一点点，今天用一些，明天用一些，渐渐告罄了……学习本领这是我们许多干部所迫切需要的。"新时代，新问题、新矛盾、新事物层出不穷，只靠已有的本领和办法已不能适应形势的发展，要跟上时代的步伐，做一名有本事有作为的干部，必须认真学习新知识、新本领、新方法才能担负起党和人民交给的工作。作为各级党政组织，必须传承弘扬大庆精神，发扬大庆的光荣传统，既要选拔好干部更要培养好干部，在培养大庆的广大干部上用大力气下大功夫。

抓好培养，要拓宽选拔视野，坚持优中选优。习近平总书记指出，好干部要做到信念坚定、为民服务、勤政务实、敢于担当、清正廉洁。要想培养好干部，首先要拓展遴选宽度，打破体制机制障碍、行业部门地域壁垒和身份界限，按照不同培养层次，面向全市各级各类干部人才进行广泛遴选。在大庆石油会战期间，就形成了"干部来自工人、领导来自基层"的一套独特的干部选拔模式。大庆会战领导者认为，看干部要看主流，培养干部要有方向。对政治上很好、革命意志旺盛、干劲大，但工作方式方法有毛病的干部，要培养提拔；对工作上怕负责任甚至不负责任、干劲不足、责任心不强，讲究关系、上下讨好、左右逢源的干部，不能提拔；对干劲大、思想好、政治坚定、方式方法又好的干部，要尽快提拔。这种任用干部的经验作法对当下仍有意义。我们要坚持德才兼备、以德为先选拔任用干部的标准，构建科学的干部考评体系，全面真实考察干部，依法依规选好干部用好干部，深入践行习近平总书记新时代选人用人的"标尺"，坚持五湖四海、任人唯贤，坚持事业为上、公派为上，把好干部的标准落在实处。

抓好培养，要强化党性修养，增强理想信念教育。首先要强化党性教育。系统学习马克思主义理论特别是习近平新时代中国特色社会主义思想和坚决落实中央、省委、市委的重大决策部署，打牢思想根基，吃透上级指示精神。大庆始终强化对干部工人的理想信念教育。在石油会战期间，大庆会战工委对广大干部长期进行理想信念教育，即使在十年"文革"时期，当生产遭遇冲击时，大庆人心中只有一个信念，即"干，才是马列主义；不干，半点马列主义也没有"。凭借这一信念，大庆人紧抓石油生产不放松，完成了石油产量持续增长的目标，对国民经济发展作出了重要贡献。改革开放后，面对石油资源递减的困境，大庆人不断探索接续产业的发展之路，探索资源型城市的成功转型之路。这些都是大庆长期以来对干部进行理想信念教育所结出的丰硕成果。

抓好培养，要弥补知识短板，学习专业知识技能。习近平总书记在党的十九大报告指出："我们党既要政治过硬，也要本领高强。"专业知识和技能水平的高低，直接影响到工作质量的好坏。因此，依托大庆市内高校的学科优势，按专业开展分类培训，使培训对象受到前沿、系统的专业知识教育，提升做好本职工作的专业化水平。同时，针对实践能力不足的问题，针对培养对象不同经历、专业的特点，选派他们到实践中磨炼摔打，到复杂环境开展蹲点调研。这种培养模式，在大庆石油会战期间已经广泛使用。针对岗位不同，要求机关干部必须下到基层进行蹲点。实行"三个面向""五到现场"，让机关干部切实了解基层的问题和困难，弥补基层经验不足，这对转变机关工作作风、密切干群关系、调动各方面积极因素、提高工作和生产效率都具有重要意义。需要注意的是，作为干部尤其是领导干部，他们的专业知识还应当包括科学的思维方式和方法，这比一般的专业知识更为重要。要大力提高他们的战略思维、创新思维、辩证思维、法治思维、底线思维"五大思维"的能力和水平，从根本上增强谋发展、解难题的智慧。

抓好培养，要为干部能干事提供有力保障。既要依据党纪国法和工作制度规制干部的日常行为，防范干部工作中的失职现象，也要强化激励机制，充分调动他们工作的积极性创造性，最大限度地激发他们的潜能，提高他们能干事的意愿和水平。在大庆石油会战时期，坚持干部能者上，庸者下，为能干事的干部提供条件支持。同时，要进一步完善促成干部干成事的体制机制。完善考核方法手段，注重一贯表现和全部工作，既看发展又看基础，既看显绩又看实绩，把考核结果与干部选拔任用挂钩，真正把干成事与干不成事明确区别开来。

（二）增强能力

习近平总书记指出："我们从来都是在压力和挑战中前进的，也一定能继续在压力和挑战中不断前进。"这意味着，在工作中要不断增强危机意识、忧患意识、责任意识，坚持在学习中提高、在工作中强能，着力提高政治鉴别能力、工作推动能力、公共服务能力、开拓创新能力、自我提升能力等核心能力，优化能力结构、丰富能力储备，跟上时代前进的步伐，适应事业发展的需要和人民群众的需求。

增强政治自觉能力。政治是灵魂、是统帅。讲政治是我们党突出的特点和优势，是各级领导干部的必备品格。只有具备坚强有力的政治保证，党的团结统一才有坚实根基。大庆石油会战期间，无数的先辈们怀揣着让新中国富强的梦想，"拼命也要拿下大油田"，他们朴素的爱国思想、坚定的政治信念、主人翁的责任感使命感和大无畏的革命英雄主义气概，使他们在设备缺乏、技术落后、生活保障差、气候环境恶劣的情况下，依靠独立自主、自力更生，高速度高水平地拿下了大油田，保障了社会主义经济建设大动脉的畅通，这就是最大的讲政治。新时代大庆的发展，面临石油资源递减期，大庆的建设者们，必须解放思想、与时俱进，站在党和人民根本利益的立场上，高举大庆精神旗帜，实现大庆持续发展的政治目标。因此，在新时代，以大庆精神培养能力关节点就是培养政治自觉能力，始终保持清醒头脑，坚持从大局角度观察、分析具体问题，正确处理好大局和局部、整体和部分的关系。要善于把握大局，更好地从全国发展格局中谋划推动大庆振兴，不断增强工作的战略性、前瞻性和实效性。

增强改革创新能力。创新精神表现为一种突破陈规、大胆探索、勇于创造的科学观念，大庆精神本身就十分强调科学精神。石油会战期间，参加会战的干部面对困境、难题所体现出来的积极开拓和昂扬进取的精神风貌，不仅内化为大庆精神的实践品质，同时也赋予民族精神新的因素和活力，并作为时代主流的价值观激励着当代人和后代人续写着中华民族的辉煌。大庆油田属于陆相沉积盆地，地下情况复杂。当时由于中国没有开发大油田可以借鉴的经验，外国也少有成功先例。因此会战工委在"两论"指导下，科学求实，自主创新，走出了一条油田开发新路，创出了采油工艺新水平。主动变革，主动调整，主动吸收，主动交流，是有所作为时代进取精神的重要体现，是一种"有条件要上，没有条件创造条件也要上"的不怕艰难困苦的无所畏惧精神，是不拘泥于现状、不甘平庸、有所作为的具体表现，是中华民族精神弘扬的重要因素，也是大庆精神的现实要求。因此，传承弘扬大庆精神就是要敢于变革、锐意创新，努力做到在思想上不断有新突破、在实践上不断有新创造、在发展中不断有新成就。要把全面深化改革作为解决大庆资源型城市转型的治本之策，不失时机地深化重点领域和关键环节改革，扎实推进已经确定和正在进行的改革任务，着力破解各种体制性机制性障碍。要把转方式、调结构放在更加突出的位置，全面完成好大庆城市转型。

增强科学决策能力。决策是各级组织和各级干部的重要工作职责，正确决策是保证各项事业顺利发展的基本前提。而民主是提高决策能力的核心要求，是防止决策失误的根本保障。"大智兴邦，不过集众思；大愚误国，皆因好自用。"作为决策者，个人的能力是有限的，不可能任何方面都熟悉、都了解、都精通，做到万事周全。在做决策、定规划的时候，一步想不到、做不好就可能"满盘皆输"。对各级组织和各级干部而言，所做的每一项工作都事关党的事业，都涉及广大人民群众的切身利益，更不能固执己见搞"一言堂""拍脑袋"做决策。要坚持民主集中制原则，切实发扬党内民主，坚持正确集中，凝聚全党智慧。大庆油田的开发建设的历程，本身就是人民群众进行物质资料生产的过程，是人们有目的、有意识能动地进行实践、开发和建设大油田的物质活动。正因如此，从会战一开始，领导们就坚持依靠群众，相信群众，尊重和支持人民群众的首创精神。从"选树典型"的人民群众动员方式、实事求是的认识路线、"人民主体性"的会战根本工作方法、"岗位责任制"等企业管理制度建立、"三老四严"等优良传统作风建设、"评功摆好"的思想政治工作方法等，都体现了调动人民群众的积极性、主动性和创造性。这一方法，在推动事业向前发展的同时，从根本上说也有利于不断推动社会和人的全面发展。社会全体成员的能力得到全面的发展也必然会反作用于劳动生产力，从而推动社会主义事业的发展和壮大。这对各级领导干部而言，不仅是工作方法问题，更是执政能力、执政水平和党性修养的体现。要不断完善各项议事规划和决策程序，切实推进决策的科学化、民主化、制度化，特别是在一些事关全局和长远发展的重大问题上，一定要集体讨论，广泛征求各方面意见，真正使决策成为集思广益的过程，更加符合工作实际，经得起实践、人民和历史的检验。要进一步加强党委决策咨询工作，完善相关制度，用民主方法形成共识、开展工作，提高科学决策、民主决策、依法决策水平。要积极拓展公众参与决策渠道，充分听取和吸纳社会各界意见，促进各项决策与社会需求和社会承受力相适应、相协调。

（三）善于治事

善于治事，在这里是指各级有做事、办事、成事的本领，要有高度的政治觉悟、很强的业务素质和丰富的法律知识，要能把握治事之根本、遵循治事之方法、抓好治事之保证。

1."两论"起家：治事之根本

大庆人依靠毛泽东思想武装头脑，靠"两论"起家，他们靠在实践中总结出的"三老四严""四个一样"等系列制度和作风，一举甩掉了中国贫油的落后帽子。大庆精神就是大庆人运用辩证唯物主义和历史唯物主义的世界观和方法论去研究解决大庆油田开发建设过程中的矛盾与问题中形成的。只有运用这样的世界观和方法论，才能使油田的真实状态、属性、本质、规律等得到充分暴露，才能成功获取关于油田开采的规律性认识。在大庆油田开发建设进程中，任务重、时间紧，人力、物力、财力不足，对于开发大油田也没有任何可资借鉴的范例。面对这些矛盾和困难，会战工委要求广大干部职工学习毛主席《实践论》和《矛盾论》，集中优势兵力打歼灭战，确保重点工程、重点环节的顺利进行和开展。为了科学制定油田开发方案，大庆石油人取全取准 20 项资料 72 个数据；为了解决严寒地区高含蜡、高凝固点原油集输这一科技难题，技术干部和工人相结合，调查了 232 口井，取得了 970 多个数据；为了弄清土壤传热情况，工程技术人员连续 10 个月爬冰卧雪，步行 6000 多公里，观测 1600 个点，取得了 5 万多个数据，进行了 1100 多次分析对比；为了弄清冬季铁路油槽车在运输途中原油温度变化情况，集输人员跟车行程 1 万多公里，共测温 800 次，风速 600 次，取得了油温数据 1400 个。通过对这些数据的分析，在实践中使感性认识迅速上升为理性认识，透过现象认识本质，进而由理性认识能动地指导实践，实现认识的飞跃。正是由于大庆人坚持实践作为获取真理性认识的唯一途径，坚持科学的态度开发建设油田，才保证了石油会战的胜利

实践需要理论也孕育理论，同时实践的发展也推动理论不断创新。在大庆油田发展的半个多世纪以来，大庆人始终秉承了"实践"这一马克思主义认识论首要的观点，重视实践、勇于实践、善于实践，敢想、敢说、敢干，闯出自己的经验。同时，大庆人学习和运用马列主义的理论武器，把实践经验上升到理论，定会使大庆转型发展的实践具有更大的自觉性。

2. 岗位责任制:治事之方法

岗位责任制是大庆石油职工从油田生产与管理的实际出发,认真总结正反两方面的经验,逐步建立和完善的最基本的管理制度。大庆石油会战在生产管理上千头万绪,矛盾频发,会战领导小组分析问题,找出关节点,设立岗位责任制,以任务定岗位,以岗位定人员,责任落实到人,各尽其职,达到事事有人负责的目标,改变以往有人没事干,有事又没人干的局面,保证了生产秩序的有条不紊。具体包括岗位专责制、巡回检查制、交接班制、设备维修保养制、质量负责制、班组经济核算制、岗位练兵制和安全生产制八大制度。

岗位责任制的形成,是大庆石油会战中推进群众主体化的有力保证。就是把全部生产任务和管理工作,具体落实到每个岗位和每个人身上,做到事事有人管,人人有专责,办事有标准,工作有检查,保证广大职工的积极性和创造性得到充分发挥。岗位责任制在群众主体化的实现中发挥了重要的作用,它明确了企业内部人与人之间,特别是领导和群众之间的平等的、同志式的分工协作关系。依靠良好和善的人际关系推进了群众主体化;依靠每个人的自觉责任认知推进群众主体化;从自我价值实现满足的激励中推进群众主体化。这样的责任制度,在今天我们也必须坚持和执行,这是我们在新时代取得新胜利的重要方法。

3. 思想政治工作:治事之保证

党的十八届六中全会通过的《关于新形势下党内政治生活的若干准则》,强调必须高度重视思想政治建设,把坚定理想信念作为开展党内政治生活的首要任务,充分体现了以习近平同志为核心的党中央对思想政治工作的高度重视。党的思想政治工作,是团结全党和全国各族人民实现党和国家各项任务的中心环节,是做好党的各项工作的根本保证。

面对复杂变化的国内外形势,思想政治工作只能加强不能削弱,只能前进不能停滞,只能积极作为不能被动应对。大庆石油会战期间,在职工思想上出现波动的情况下,会战领导干部本着"抓生产从思想入手,抓思想从生产出发"的原则,在生产中逐个分析职工心理问题,并采取评功摆好等灵活多样的工作方法,使职工在愉悦的心境下开展会战工作。同时,通过开展树铁人、评比选树、评功摆好、比学赶帮活动,进而总结经验，提高认识，发扬成绩，鼓舞干劲，激发了广大群众的积极性、主动性和创造性，挖掘了一切积极因素，形成了积极向上的风气。

因此，新时代大力弘扬大庆精神，就是汲取大庆精神当中蕴含的辩证思维方式，运用创造的宝贵思想政治工作经验，使广大干部群众，真正解放思想，善于抓住主要矛盾，掌握科学方法，抓住好的政策机遇，保持好的工作态势，珍惜好的政治生态，坚定不移朝着既定目标前进，为把大庆建成世界著名的石油和化工城市、中国新兴的高端制造城市、中国绿色生态典范城市而努力奋斗。

第七章

大庆精神传承
弘扬的多维路径

习近平总书记在党的十九大报告中强调指出："社会主义核心价值观是当代中国精神的集中体现，凝结着全体人民共同的价值追求。要以培养担当民族复兴大任的时代新人为着眼点，强化教育引导、实践养成、制度保障，发挥社会主义核心价值观对国民教育、精神文明创建、精神文化产品创作生产传播的引领作用，把社会主义核心价值观融入社会发展各方面，转化为人们的情感认同和行为习惯。"大庆精神作为中华民族宝贵的精神财富，赋予了社会主义核心价值观强大的人格魅力和精神感召力，是开展社会主义核心价值观教育的重要切入点。为此，从坚持问题导向、开展理论研讨、实施教育灌输、推动活动创新、抓好典型示范、加强文化建设、注重依托网络、强化制度约束等方面挖掘和探究大庆精神传承弘扬的多维路径，以增强社会主义核心价值观教育的实效性，使大庆精神真正为广大人民群众所认知、认同、践行。

一、问题导向，查找整改

人类认识世界、改造世界的过程，就是一个发现问题、解决问题的过程。毛泽东同志指出，问题就是事物的矛盾，哪里有没有解决的矛盾，哪里就有问题。实践发展永无止境，矛盾运动永无止境，旧的问题解决了，又会产生新的问题。问题是时代的声音，每个时代总有属于它自己的问题，只有树立强烈的问题意识，才能实事求是地对待问题，才能找到引领时代进步的路标。党的思想路线是一切从实际出发，理论联系实际，实事求是，在实践中检验真理和发展真理。增强问题意识、坚持问题导向符合马克思主义认识论和辩证法，是贯彻党的思想路线的具体体现。在新世纪新时代，在大庆精神传承弘扬的过程中，我们要积极探索，大胆试验，开拓创新，创造性地开展工作，不断研究新情况，总结新经验，解决新问题。

（一）联系实际问题，有针对性地学习大庆精神

党的十八大以来，以习近平同志为核心的党中央，顺应时代发展，从理论和实践结合上系统回答了新时代坚持和发展什么样的中国特色社会主义、怎样坚持和发展中国特色社会主义这个重大时代课题，贯穿着强烈的问题意识、鲜明的问题导向，体现了共产党人求真务实的科学态

度，展现了马克思主义者的坚定信仰和责任担当。在新时代背景下全面深化改革、开创事业发展新局面，领导干部必须有发现问题的敏锐、正视问题的清醒、解决问题的自觉。

习近平总书记在参加十二届全国人大四次会议黑龙江代表团审议时特别强调"大庆就是全国的标杆和旗帜，大庆精神激励着工业战线广大干部群众奋发有为。"这既是对大庆发展成就的鼓励关怀，也是对大庆振兴发展的鞭策期许。大庆精神是大庆的精神之魂，我们要把学习宣传贯彻习近平新时代中国特色社会主义思想同弘扬大庆精神统一起来，将学习大庆精神同城市转型发展结合起来，用大庆精神凝聚转型发展的强大动力，攻坚克难，为大庆可持续发展作出更大贡献。中国特色社会主义是改革开放以来党的全部理论和实践的主题，是党和人民历尽千辛万苦、付出巨大代价取得的根本成就。大庆精神体现了中国特色社会主义理想信念的根本要求，彰显了中国共产党人为中国人民谋幸福，为中华民族谋复兴的初心和使命，是中国共产党人谋事、创业、做人的精神支柱。大庆人之所以能在十分艰苦的条件下创造惊人的发展速度和辉煌的发展成就，一个重要的精神支柱，就是对社会主义事业抱有坚定的理想信念。"大干社会主义有理，大干社会主义有功，大干社会主义光荣，大干了还要大干""干，才是马列主义；不干，半点马列主义也没有"等等，是一代又一代中国石油人所秉持的共同理念信念。站在新时代的起点上，虽然理想信念的表现内容和方式有所变化，但标准和要求是一样的。当前，大庆正处在转型发展的战略突破期，面对大庆可持续发展的新挑战，每一名党员、干部都要补足精神之"钙"，高擎理想火炬，切实将理想信念转化为对奋斗目标的执着追求、对本职工作的不懈进取、对高尚情操的笃定坚持、对艰难险阻的勇于担当，登高望远、居安思危，勇于变革、勇于创新，永不僵化、永不停滞，积极投身实现中华民族伟大复兴中国梦的实践中去。

（二）在认知的基础上，增强传承实践的自觉性

中国共产党人的初心和使命，就是为中国人民谋幸福，为中华民族谋复兴。这个初心和使命是激励中国共产党人不断前进的根本动力。习近平总书记两次对黑龙江重要讲话是对大庆历史贡献的高度认可，是我

们不忘初心、继续前进的强大政治动力。大庆精神及其人格化的铁人精神，是大庆红旗最鲜明的荣誉特质、最突出的政治优势，是大庆城市最宝贵的文化基因、最深厚的根脉灵魂，是大庆人民最牢固的价值纽带、最持久的力量源泉。党的十八大以来的 5 年大庆取得的辉煌成就，靠的是大庆精神的激励和鼓舞，大庆今后的愿景蓝图，更需要大庆精神的引领和鞭策。我们要深深地认识到，大庆获得的荣誉、创造的辉煌、具有的影响，都与大庆精神密不可分。淡化大庆精神，理想信念就会动摇；缺失大庆精神，发展动力就会削弱；背离大庆精神，前进方向就会迷失。大庆全体共产党员特别是领导干部，必须坚定大庆精神文化自信，唤醒优良传统意识、回归严实作风，从优良传统中汲取强大力量。

我们每一代大庆人要在对大庆精神有以上认知的基础上，牢牢把握和坚守大庆精神的要义精髓，增强传承实践大庆精神的自觉性。要把"爱国"体现在格局站位上，提高思想站位胸怀大局，提升工作标准出手过硬，提振精神状态迎难而上，增强当"旗帜"、作"标杆"的政治自觉和行动自觉。要把"创业"体现在改革创新上，围绕实施创新驱动战略，大力解放思想、更新观念，增强市场意识、开放意识、竞争意识，创"百年油田"之业、创接续产业之业、创现代城市之业、创小康民生之业。要把"求实"体现在苦干实干上，发扬"三老四严""四个一样"等优良传统，力戒空谈、少说多做，做求实、务实、落实的"实干家"。要把"奉献"体现在艰苦奋斗上，精打细算"过紧日子"，永葆大庆人艰苦创业政治本色。

（三）在解决问题过程中，感悟大庆精神的作用

习近平总书记指出，我们中国共产党人干革命、搞建设、抓改革，从来都是为了解决中国的现实问题。90 多年来，不管是在革命年代、社会主义建设时期还是改革开放以来，我们党之所以能够走在时代前列、引领中国进步，一个重要原因就在于准确把握民族独立、人民解放和国家富强、人民幸福的历史性课题，并为此进行不懈奋斗。可以说，强烈的问题意识贯穿于革命、建设、改革全部实践，成为党和国家事业发展的强大动力。

大庆精神是具体的、鲜活的，它深深根植于大庆沃土，贯穿于油田

开发建设和城市兴起繁荣全过程，展现了强大的生命力。党的十八大以来的 5 年，面对世界经济复苏乏力、局部冲突和动荡频发、全球性问题加剧的外部环境，面对我国经济发展进入新常态等一系列深刻变化，我们坚持稳中求进工作总基调，迎难而上，开拓进取，取得了改革开放和社会主义现代化建设的历史性成就。中国特色社会主义进入了新时代，我国社会主要矛盾已经转化为人民日益增长的美好生活需要和不平衡不充分的发展之间的矛盾。新世纪新时代新使命，大庆发展面临诸多困难和挑战。经济发展困难期还没有过去，结构性、资源性、体制性矛盾突出，产业结构偏重、民营经济偏弱、创新人才偏少问题叠加；地方债务还款高峰与财政减收因素交织，城市功能维护、民生保障等刚性支出不断增加，财政收支压力较大；脱贫攻坚任务很重，县域经济仍是短板，民生改善的整体性均衡性还不够；适应新时代，法治化、市场化、专业化和规范化水平亟待提高。必须要牢固树立以人民为中心的发展思想，在继续推动发展的基础上，着力解决好发展不平衡不充分问题，大力提升发展质量和效益，更好满足广大市民在经济、政治、文化、社会、生态等方面日益增长的需要，下大气力研究解决决胜全面建成小康社会，实现中华民族伟大复兴的中国梦过程中事关群众切身利益的重点难点问题，着力维护社会稳定，实现和谐发展。

大庆发展充满动力、希望和潜能。"只要思想不滑坡、办法总比困难多"。问题绕不开躲不过，我们应当有敢于触及矛盾、解决问题的责任担当。我们要传承弘扬大庆精神，就要树立强烈的问题意识，解放思想勇于创新，不断增强发展内生动力，带领人民进行改革开放新的伟大革命，在解决牵动改革发展的诸多深层次问题的过程中感悟大庆精神的魅力和作用。习近平总书记对大庆的鼓舞和鞭策；国家支持东北振兴力度空前，龙江振兴发展全面加速，历史性机遇尤为难得；大庆油田"十三五"期间油气当量将保持 4000 万吨以上，全市资源禀赋、多元产业、城市功能、优良生态等综合优势集聚释放。推动大庆经济发展稳有基础、进有动能，必须保持战略定力，坚定信心决心，加快走出资源型城市转型发展全面振兴的新路子。发展是解决我国一切问题的基础和关键。实践已经证明并将继续证明，只有坚持解放思想，创新创业，以

"创新、协调、绿色、开放、共享"的发展理念引领新的发展实践，用改革的思路和办法解决前进中的各种问题，才能促进我们的事业在新起点上实现新发展。在传承弘扬大庆精神的过程中，只有我们解放思想、开拓创新，攻坚克难、真抓实干，解决了发展过程中出现的诸多问题和挑战，才能彰显和印证大庆精神的魅力和作用。

二、理论研讨，深化认知

理论工作所承担的主要是意识形态构建、思想道德教育和科学决策咨询等，发挥着文化凝聚、思想引导和理论说明的宏大作用。大庆精神作为马克思主义大众化的重要成果，是中国共产党伟大精神在社会主义建设时期的开篇之作，围绕大庆精神进行理论研讨，开展大庆精神理论研究，事关马克思主义中国化、时代化、大众化的系统推进，事关社会主义意识形态吸引力、说服力、影响力的不断增强，是我们厚植城市文化底蕴、激扬城市发展活力的表现，也是彰显大庆精神文化自信，践行社会主义核心价值观，更好传承弘扬大庆精神的必然要求。

（一）理论研究队伍

伟大的时代推动伟大的实践，伟大的实践孕育伟大的精神。伟大精神的发展创新、传承弘扬需要一代又一代社科理论工作者的不懈努力，而社科理论研究队伍的形成发展壮大，有利于社科理论工作者充分发挥熟悉政策理论和专业学科集中的优势，积极投身于全面深化改革理论和实践的探索前沿，充分发挥哲学社会科学创新理论、咨政服务、推动发展的重要作用，最大限度地凝聚深化改革的共识。

马英林教授曾在《如何研究大庆精神铁人精神》[①]中总结了大庆精神铁人精神研究的历史脉络，将 2000 年以来总结为大庆精神铁人精神研究的快速发展期。大庆精神研究从自发走向自觉，从单兵作战走向团队合作，也正是从这一时期开始。2005 年，大庆油田成立了大庆精神铁人精神研究会，2008 年更名为大庆油田有限责任公司思想政治工作研究会，主要从事思想政治工作、企业文化以及大庆精神铁人精神方面的理

---

① 《大庆社会科学》，2014 年第 5 期。

论研究，并通过 1984 年创刊的《大庆油田政工研究》刊发理论成果和新鲜经验。2006 年 7 月，在大庆油田发现 47 周年纪念日前夕，由大庆市与石油石化企业联合发起成立的"大庆精神铁人精神"研究会，体现了"地企"团结和谐的良好局面，推动了大庆精神铁人精神的学习研究、创新发展、宣传普及和学术交流，促进大庆经济社会健康发展和学科人才成长。在此之后，大庆各地各部门的大庆精神研究机构应运而生。随着东北石油大学、黑龙江八一农垦大学和其他几所高校相继迁入大庆，使得大庆精神铁人精神的研究队伍逐步扩大。这是大庆精神铁人精神研究队伍空前强大，研究学术成果很丰富的时期。2007 年 9 月 4日，中共大庆市委党校大庆精神铁人精神研究所成立，成为全国成立最早的专门进行大庆精神铁人精神研究的机构。2010 年，大庆师范学院与东北石油大学共建黑龙江省高校人文社科重点研究基地，并于 2013 年 1月，经黑龙江省哲学社会科学规划办批准，两所学校共建黑龙江省哲学社会科学大庆精神研究基地，成为全省唯一一家高级别专门研究大庆精神的研究机构。两所高校共建，通力合作，相互交流，通过整合校内不同学科以及从事思想政治教育的科研骨干，校外大庆精神研究专家学者，基本形成了学科、职称、学历、年龄结构较为合理的学术梯队。此外，在大庆市、大庆油田石化企业和社会上也活跃着一些专门宣传研究大庆精神铁人精神的社科理论工作者，他们也是大庆精神研究队伍中不可忽视的力量。

大庆市社会科学界联合会是中共大庆市委领导下的学术性群众团体，是全市社会科学界各学会、协会、研究会的领导、协调机构，组织、指导全市社会科学团体和社科工作者开展社会科学理论研究和知识普及等学术活动，为市委、市政府决策服务，为有关单位和部门咨询服务。通过社科理论工作者之家——大庆市社会科学界联合会将大庆市的大庆精神研究人员组织起来，围绕大庆精神的重大理论和实践课题开展研究，交流研讨，尤其借助 1982 年创刊的《大庆社会科学》期刊，发挥将理论研究转化成理论创新、咨政服务、推动发展的智力支持，促进了大庆精神的传承弘扬，促进了大庆市哲学社会科学的繁荣发展。

（二）理论研究成果

1990年2月，江泽民同志到大庆油田视察，将大庆精神主要内涵概括为"爱国、创业、求实、奉献"。以此为标志，大庆精神研究逐渐广泛开展起来。从1990年一直到2000年左右的10年间，有关大庆精神方面的书籍从数量上看较多，但史料性的著作居多，如傅广诚主编《大庆企业文化辞典》，中共大庆市委宣传部编《今日大庆人》《大庆人之声》，大庆油田编写的《大庆油田英雄谱》《辉煌的历程》《大庆油田英模萃典》等。这一时期，代表性的理论著作有范铁荣主编的《大庆精神概述》和周文华主编的《大庆实践的哲学思考》，是思想理论界较早系统对大庆精神进行比较深入研究的学术著作。另外，研究者以领导干部和政府、企业的思想理论工作者为主，高校的专家学者还没有更多地参与进来。但这个时期的研究，还是为以后的研究准备了宝贵的资料，开拓了一些重要的研究领域，探索了一些基本的研究方法。

从2000年开始，大庆精神理论研究进入承前启后的重要时期，打开了新的局面，出现了新的气象，培养了新的力量；对于传承弘扬大庆精神发挥了重要的作用。这个时期出版的具有代表性的著作有孙宝范、卢泽洲执笔的《铁人传》，孟庆德等主编的《市场经济条件下大庆精神研究》，韩福魁著的《思珠撷旅》《话说大庆"两论"起家》，刘金友等主编的《大庆精神创新发展研究》，刘仁编著的《走近铁人》，王昆主编的《大庆油田企业文化辞典》（50年），宋洪德等主编的《铁人精神——民族的教科书》，孙宝范著的《铁人：永远的旗帜》，赵明勋著的《情缘不老》，马英林著的《大庆精神铁人精神研究》。在这个时期，中共大庆市委党史研究室组织编写的大庆历史丛书，包括《大庆石油会战史》《工业学大庆史》《中国共产党大庆历史》《大庆油田史》《大庆改革开放史》等5本著作相继出版。

2010年之后，由于大庆精神研究机构，特别是高校研究队伍的形成，大庆精神研究进入快速发展时期，极大的繁荣了大庆的哲学社会科学，传承弘扬了大庆精神。这一时期具有代表性的著作有孙宝范、卢泽洲编著的《听亲历者口述铁人》；李敬晶、张志军主编的《大庆精神理性透视》；大庆市委党校田立英主编的《读懂铁人》以及马英林等主编的《大庆精神读本》等；东北石油大学最近几年有宋玉玲等著的《大庆精神前沿问题研究》，李国俊主编的《大庆精神历史文献研究》；大庆师范学院刘晓华、陈立勇、张文彬编著的《铁人精神引领大学生思想政治教育——铁人精神十讲》，刘晓华著的《大庆精神研究》等。从2013～2017年5年时间，大庆市哲学社会科学规划立项863项，其中大庆精神铁人精神研究内容立项69项；大庆精神铁人精神研究是《大庆社会科学》的主打栏目，从2011～2016年6年时间共刊登大庆精神铁人精神研究内容的文章133篇。

（三）聚焦理论前沿

理论研究的前沿问题，是理论研究中最紧迫最有现实意义的问题。能不能把握理论研究的前沿问题，反映了研究者的学识修养、学术眼界以及学术思想的深刻性和敏锐性。为了深入开展大庆精神研究，更好传承弘扬大庆精神，必须注意在一些前沿问题上下功夫。

一是大庆精神与习近平新时代中国特色社会主义思想研究。习近平新时代中国特色社会主义思想从理论和实践结合上系统回答了新时代坚持和发展什么样的中国特色社会主义、怎样坚持和发展中国特色社会主义这个重大时代课题。新时代新气象新作为，我们要以习近平新时代中国特色社会主义思想为指导，深入梳理中国共产党领导中国工人阶级取得大庆石油会战胜利的基本经验，总结大庆精神在社会主义建设时期的历史贡献，在传承弘扬大庆精神过程中准确领会把握思想精髓、核心要义，把大庆精神学术研究统一到党的十九大精神上来。

二是大庆精神与民族精神发展史研究。大庆精神是中华民族精神新的时代内容，新的历史制高点，对中华民族精神创新发展的影响是深刻和久远的，其中所蕴含的历史唯物主义的眼界和情怀、整个民族普遍认同的崇高的价值追求、大众化了的朴实管用的哲学智慧、普通的社会主义建设者的主体力量的充分发挥、劳动价值的极大尊重和人的内在生命活力的极大彰显等，都是民族精神发展史上的亮点，值得深入研究。

三是大庆精神与马克思主义大众化研究。大庆依靠"两论"起家、"两分法"前进，是马克思主义大众化的成果体现。由于领导干部、科学技术人员、广大工人群众的共同实践，使马克思主义的立场、观点和方法同油田开发建设实际紧密结合，使抽象的哲学理论变成了鲜活的辩证方法。大庆油田的开发建设的历史也是马克思主义哲学智慧大众化的历史，认真研究这段历史意义重大。

四是大庆精神铁人精神与党的群众路线研究。大庆精神是党的群众路线的产物，它的形成反映了党的群众路线由"革命主题"向"建设主题"的转变，在党的群众路线自身发展史上具有特殊地位。研究大庆精神对党的群众路线创新发展的历史贡献及当代价值，对于我们无论是在历史智慧的学习上，还是在实践探索上都有着重要意义。

五是积极开展大庆精神学术史研究。大庆精神学术史的研究就是大庆精神研究本身的研究。这个研究是一个宏观的回顾性研究，反映了人们对大庆精神认识的思想理论深度。这个研究主要应该从三个基本线索上进行。首先是对大庆精神"是什么样"的回应，即对大庆精神与时俱进新内涵的研究；其次对大庆精神"有什么用"的解答，即大庆精神的时代价值的研究；最后是对大庆精神"还在哪"的反思，即大庆精神的传承与弘扬路径的研究。

三、普及灌输，贵在认同

大庆精神的传承与弘扬，一个重要的途径就是坚持知行统一，而知是前提、是基础，只有内心认同才能自觉践行。知的过程就是教育灌输的过程，就是增强认知认同的过程，就是普及化社会化的过程。大力传承弘扬大庆精神，培育和践行社会主义核心价值观，一定要在深入教育普及、增强认知认同上下功夫，使其家喻户晓、老少皆知、入脑入心，使其成为看得见、摸得着、行得通的行为指南。

（一）普及灌输的重要意义

"灌输论"是一种由马克思主义经典作家所提出的无产阶级教育理论，并在长期的历史发展中不断得到传承与完善。"灌输论"于20世纪20年代传入中国，成为我党在引导民众、教育民众过程中的一条重要指导思想。马克思恩格斯早在《共产党宣言》中就指出，"共产党一分钟也不忽略教育工人尽可能明确地认识到资产阶级和无产阶级的敌对的对立。"① 虽然马克思恩格斯在这里没有直接运用灌输二字，但是却表达出灌输思想的重要内容。列宁总结指出，"社会意识形态是一种从外面灌输到无产阶级的斗争中去的东西，而不是一种从这个斗争中自发地产生出来的东西"。② 这是列宁对于前人关于灌输思想的最完整深刻的总结。

"灌输论"之所以被人误解为"填鸭式教学法"，一个主要的原因就出在对"灌输"二字的理解偏差上。我们所说的"灌输"一词来自于俄语文本，该词直译为"充实"之义，指的就是用马克思主义的先进理论去充实无产阶级的头脑。作为"灌输论"的倡导者，列宁从来不主张"填鸭式"的强制性"灌输"，而是要考虑到受教育者的自身情况与其所处的时空环境。我们必须明确，思想政治教育中"灌输"的根本目的在于启发受教育者的政治觉悟、提升受教育者的政治素养，进而选取合适方法来达成这个目的，这与只追求数量累计与速度提升的"填鸭式教学法"有着本质的区别。

大庆精神的教育灌输、宣传普及、认知认同是一项重大而长远的系统工程，是一个潜移默化的过程。我们相信，只要持之以恒抓好教育普及这项基础性工作，就能让大庆精神的丰富内涵和大庆石油会战的优良传统等健康向上的思想和意识在人们心中播下种子，就能将大庆精神转化为人们"爱国、创业、求实、奉献"的实际行动，让全市人民心往一处想、劲往一处使，振奋精神步履铿锵，从容应对各种压力和挑战，以高度的思想自觉和行动自觉，朝着我们的目标奋力前进。

（二）普及灌输的重点对象

传承弘扬大庆精神，在于每一个社会成员自觉行动，参与面越广，传承弘扬的社会基础就越深厚。同时，我们也要看到，传承弘扬大庆精神是先进性和广泛性的统一，既需要普通市民积极参与、贡献智慧，也需要发挥重点人群的示范、带动作用。2014 年 7 月，习近平总书记在上海考察期间，就着力培育和践行社会主义核心价值观提出了明确要求，

---

① 《马克思恩格斯文集》第 2 卷，人民出版社，2009 年，第 66 页。
② 《马克思恩格斯全集》第 3 卷，人民出版社，1979 年，第 83 页。

强调要面向社会做好这项工作，特别要抓好领导干部、公众人物、青少年、先进模范等重点人群。① 站在新时代的历史起点上，针对大庆精神所面临的政治生态和文化状况，对于大庆精神的传承弘扬而言，其普及灌输的重点对象应落脚在领导干部这个关键少数、青少年这个未来接班人和公众人物这一特殊群体身上。

一要发挥领导干部的模范带头作用。党风促政风、带民风。领导干部在弘扬先进思想道德上作出表率、见诸行动，就是重要的导向和最有说服力的教育。党的十八大以来，我们党狠抓作风建设，坚持领导带头，自上而下、以上率下，带动整个社会出现新的气象。这深刻启示我们：传承弘扬大庆精神，必须抓住领导干部这个"关键少数"，发挥好领导干部的引领带动作用。一个社会的"官风"状况，对整个社会的道德面貌、对公民道德生活有着重要影响。纵观历史，官德的示范作用明显，官员为官清正，大公无私，这种风尚就能传递到百姓，促使社会大众明理有德。反之，社会风气就会堕落。所以说，在传承弘扬大庆精神过程中，领导干部是各项活动的组织者、推进者、监督者，更是活动的参与者，要率先垂范，自觉成为大庆精神价值目标的践行者，大庆精神价值取向的引领者，大庆精神价值准则的践行者，切实发挥领导干部的模范带头作用。

二要发挥青少年的生力军作用。青少年正处于世界观、人生观和价值观形成的关键时期，如何用大庆精神武装广大青少年头脑，从源头上铲除影响青少年价值观形成的不良社会因素，合理引导青少年成为大庆精神的自觉传承者和弘扬者，是新时代背景下大庆精神传承弘扬面临的重大课题。抓好青少年就是抓好未来。青少年学生是国家的未来、民族的希望，青少年的价值取向决定了未来整个社会的价值取向，而他们又处于价值观形成阶段和可塑性最强的时期，存在着多元价值取向，抓好这一时期的价值观养成十分重要。传承弘扬大庆精神，必须坚持从小抓起、从学校抓起。抓好了青少年的大庆精神教育培养、普及灌输，就抓住了未来，就管住了长远。正如习近平总书记指出的，抓好这一时期的

---

① 《突出抓好四大重点人群》，《文汇报》，2014 年 7 月 23 日。

价值观养成十分重要。这就像穿衣服扣扣子一样，如果第一粒扣子扣错了，剩余的扣子都会扣错。要引导青少年自觉学习大庆精神，学习大庆石油会战优良传统和作风，向铁人王进喜一样学习、工作和生活，使大庆精神成为自己的基本遵循，并身体力行大力将其推广到全社会去。

三要发挥公众人物的示范作用。公众人物亦称公共人物，最初专指公共官员，随着社会价值取向的多元化和现代经济、政治、社会、文化产业的发展，社会上一些非政治领域的著名人物也成为社会广泛关注的焦点人物，公众人物以社会知名度和社会公共利益相关联为构成要件，这是公共人物的特性，如领导人、艺术家、影视明星、体育明星、社会活动家、知名学者、知名企业家、畅销书作家、慈善家、重大事件主角等。公众人物因其具有较高的知名度、关注度和社会影响力，对其在权利和责任方面有着不同于一般大众的更高标准和要求。公众人物的价值取向和行为举止，都能在很短时间内对普通人特别是青少年产生较大影响。这种影响是辩证的，既可能是正面的，也可能是负面的。所以，生活在大庆或者出生于大庆的社会公众人物，应该带头传承弘扬大庆精神，加强思想道德自律，珍视自己的社会形象，时时、处处、事事保持自省、自警、自律，做到大节不亏、小节不纵、晚节不失，引领风尚、弘扬正能量，做大庆精神的自觉传承者、践行者。

（三）普及灌输的内容方法

当前，国内外形势正在发生深刻复杂变化，我国发展仍处于重要战略机遇期，前景十分光明，挑战也十分严峻。全面建成小康社会决胜阶段、中国特色社会主义进入新时代的关键时期。新时代要有新气象，更要有新作为。对于大庆而言，在转型发展的关键时期，亟须我们传承弘扬大庆精神，用大庆精神凝聚转型发展的强大动力，振奋精神，攻坚克难，这就需要我们充分发挥意识形态领域的灌输功能，在广大青少年、党员干部中普及灌输大庆精神。当然，在普及灌输大庆精神过程中，要注意丰富普及灌输内容、改进普及灌输方法、提高普及灌输主体素质，从而达到普及灌输的教育目的，更好发挥大庆精神的思想政治教育功能。

一是丰富普及灌输的内容，促进大庆精神教育内容与时俱进。普及灌输不是僵化的方法，而是兼容并包的理论方法，具有时代性和开放性的特点。面对新的时代特征和经济社会不断发展变化，我们应该注重将马克思主义的灌输理论巧妙地运用到大庆精神的普及教育工作中，不断丰富灌输的内容，将与时俱进的大庆精神内涵、大庆石油会战历史与传统、大庆精神的时代价值等内容融入国民教育体系内容中，使大庆精神教育内容贴近老百姓的日常生活，回应社会需求，开拓创新，与时俱进，不断适应时代和社会的发展变化。

二是改进普及灌输方法，促进大庆精神教育方法不断创新。在当今时代，随着科学技术的飞速发展和信息技术的广泛应用，使得各种新兴媒介兴起，从而促进信息更快更远地传播，而在新媒体大环境中，必须拓展灌输的方法，使灌输的方法适应时代的特征呈现出多元化趋势。所以，在大庆精神普及灌输工作中，要注重思想教育方法的创新，占据互联网的制高点，掌握住互联网的意识主流，充分利用新媒介进行宣传教育，要更加注重间接灌输，将直接灌输和间接灌输有力的结合，不断变换灌输的方式方法。

三是提高普及灌输的主体素质，不断增强大庆精神教育效果。普及灌输教育价值的实现过程不是简单的客体作用于主体的过程，而是主客体相互作用的过程，其中主体的素质具有关键引导作用。在普及灌输教育工作中，只有灌输主体的素质提高，才能为灌输的效果提供根本性的保障。对于大庆精神的传承弘扬而言，传承弘扬主体必须首先具备扎实的大庆精神研究理论功底和马克思主义理论水平，能够用先进的思想观念解读社会；其次大庆精神的传承弘扬主体必须知行统一，身体力行，能够将理论知识更好地运用于实践中，用自己的行为践行大庆精神，并在实践中不断增进自己的理论水平；再次大庆精神传承创新主体要具有思想开放性和实践创新性，能够突破传统的条条框框，适应时代发展，贴近受教育者生活，丰富创新工作方式方法，实现大庆精神教育普及工作的多样化发展。

四、活动创新，围绕重点

新时代背景下，围绕大庆精神的丰富内涵及时代价值，与大庆经济社会发展目标和"争当全国资源型城市转型发展排头兵"的实践进程相结合，针对重点对象开展形式多样、内涵丰富的教育活动是传承弘扬大庆精神的有效途径。同时，我们还应利用节事活动，特别是利用重大纪念活动和重要时间节点，不失时机地开展好多种活动，寓教于乐、寓教于"活"，增强大庆精神传承弘扬的实效性。

（一）围绕重点确定主题活动内容

围绕重点确立主题，开展形式多样、内涵丰富多彩的教育活动，是传承弘扬大庆精神的有效途径。

一是持续开展"弘扬光荣传统、重塑良好形象"为主题的"重塑中国石油良好形象"大讨论活动。在中国石油天然气集团公司2015年工作会议上，集团公司党组决定在全系统开展以"弘扬光荣传统、重塑良好形象"为主题的"重塑中国石油良好形象"大讨论活动。这是贯彻中央精神的实际行动，是赢得社会公众理解认同的重要举措，是百万石油员工的共同愿望，是推进集团公司稳健发展的内在要求，体现了责任担当。大庆油田党委对活动的重大部署高度重视，迅速行动，在第一时间召开了启动视频大会，传达会议精神，并对油田开展"重塑中国石油良好形象"大讨论活动进行具体安排。要求各级领导班子和领导干部要进一步增强大局意识、忧患意识和责任意识，大力弘扬大庆精神铁人精神和会战优良传统，以创新的意识、站排头的勇气、出经验的担当，确保大庆油田在"大讨论活动"中走在集团公司的前列，为中国石油重塑良好形象释放大庆精神正能量。

二是结合全党"两学一做"教育活动，开展以"传承弘扬大庆精神核心价值"为主题的实践活动，拓展"两学一做"学习教育的成果。2016年2月，中共中央办公厅印发了《关于在全体党员中开展"学党章党规、学系列讲话，做合格党员"学习教育方案》，并发出通知，要求各地区各部门认真贯彻执行。开展"两学一做"学习教育，是面向全体党员深化党内教育的重要实践，是推动党内教育从"关键少数"向广大党员拓展、从集中性教育向经常性教育延伸的重要举措。对于大庆而言，在推进"两学一做"常态化制度化过程中，要将学习教育与大庆精神传承弘扬结合起来。通过学习研究、座谈研讨，深入把握精神内涵，进一步加强典型示范，突出引领带动、宣传展示，积极营造氛围，巩固"两学一做"的成果，激发全市上下进一步传承弘扬大庆精神，凝聚奋力推进转型发展全面振兴的强大精神动力。

（二）不失时机地开展好多种活动

通过文化传承实现以文化人、以文育人，既要有内容还要有载体路径。将传承大庆精神与文化宣传教育活动结合起来，不失时机地开展好多种活动，是传承弘扬大庆精神的有效途径，让广大市民在享受文化生活中自觉践行大庆精神核心价值。

结合重大节假日开展多种主题文化活动，大力开展"唱响石油歌曲、诵读铁人诗话、重温会战传统""百姓走进铁人馆品历史""会战历史之旅""油田科技与青少年"等活动，让广大市民共享文化科技发展成果。深入挖掘节日的文化内涵，以踏青会、游园会、龙舟赛、赛诗会、故事会等形式，大力弘扬中华优秀传统文化。加强对大庆石油会战优良传统与作风的教育，发扬余秋里、康世恩等会战领导和王进喜等老一辈石油人在大庆石油会战中形成的优良传统与作风，弘扬大庆精神铁人精神。利用"三八""五一""六一"等国际性节日，"五四""七一""八一""十一"等政治性节日，"九二六"大庆油田发现日、"十一·一五"铁人王进喜逝世日等，举行庄严肃穆、内涵丰富的群众性纪念活动。加强铁人王进喜纪念馆、大庆油田历史陈列馆、铁人一口井等爱国主义教育基地建设，形成实体展馆与数字展馆相结合、多方面多角度多侧面展现大庆精神的爱国主义教育基地体系。推进公共博物馆、纪念馆、爱国主义教育基地和文化馆、图书馆、地方志馆、美术馆、科技馆等免费开放，充分发挥工业遗址（遗迹）、油田标杆单位的教育功能，积极发展红色旅游。

进入新时代，传承弘扬大庆精神必须把学习教育成果转化为广大群众投身实践的实际效果。把大庆精神融入生活实践，不能凭主观想象、不能靠"大轰大嗡"、不能求千篇一律，而必须立足现实生活，实施分类指导，根据不同地域、不同领域、不同群体的不同特点有针对性地开展活动。例如，针对广大青少年，要注重发挥大庆精神在学校立德树人中的功能，结合青少年自身特点扩展大庆精神传承弘扬的活动形式，加强实践锻炼。有计划、有目的、有步骤地充分利用学生的第二课堂、社团活动、假期社会实践、实习实训、"三下乡"志愿活动，开展社会调查、社会公益活动，参观访问等多种形式的宣传教育实践活动。只有这样，才能把大庆精神与广大干部群众的生活实践有机结合起来，把会战优良传统作风同社会服务有机结合起来，把自我价值实现与社会价值目标统一起来，从而使大庆精神真正融入人们日常工作生活的一言一行中，在实践中感悟大庆精神的魅力，受到教育，得到提高。

五、典型示范，强化带动

典型是时代的先锋、社会的脊梁、群众的楷模，凝聚着先进的理想信念，代表着高尚的人生境界和道德追求，在社会发展中发挥着重要的作用。中国共产党历来重视发挥先进典型的示范引领作用。毛泽东同志就曾要求党的领导同志，要"注意收集和传播经过选择的典型性经验，使自己领导的群众运动按照正确的路线向前发展"。① 革命战争年代的张思德、刘胡兰、董存瑞等，和平建设时期的铁人王进喜、雷锋、焦裕禄等，改革开放新时期的张海迪、李素丽、孔繁森、徐洪刚、许振超、郭明义等一大批英雄模范、先进典型等，引导和鼓舞人们在不同历史时期为民族振兴、国家富强、人民幸福而奋斗甚至牺牲。可见，不论时代如何变化，社会对标兵模范的需要，人们对榜样的需要都是不变的。

（一）历史追溯，经验考察

伟大时代呼唤伟大精神，崇高事业需要榜样引领。习近平总书记指出："要充分发挥榜样的作用，引导和推动全体人民树立文明观念、争当文明公民、展示文明形象。"抓典型、树标杆是大庆石油会战时期的基本经验之一。自会战以来，大庆油田十分重视培养和树立先进典型，用先进典型的事迹教育人，用先进典型的精神感染人，用先进典型引领大庆油田的开发建设。通过树立先进典型，使不同时期党的中心任务和对各项工作的要求具体化、典型化，使大家看得见、摸得着，学有方向，赶有目标，造成争当先进的生动局面，推动了各项工作的开展，保

---

① 《毛泽东文集》第5卷，人民出版社，1996年，第80页。

证了大庆油田发展目标的实现，从而推动大庆精神的传承弘扬。

大庆石油会战一开始就是一场恶仗。用余秋里部长的话说："是一场政治仗、志气仗、科学技术仗"。这场伟大的实践，需要有为国分忧、知难而上、勇于拼搏、无私奉献的英雄人物，也必然会造就出这样的人物来。在艰苦创业的 20 世纪 60 年代初期，会战工委及时发现并树立了铁人王进喜等"五面红旗"① 和钢铁 1205 钻井队、永不卷刃的尖刀 1202 钻井队、严细成风的三矿四队、"自觉从严、好字当头"的油建十一中队、"硬骨头"十三车队等一批典型人物和标杆单位。进入 20 世纪 80 年代以后，深入持久开展"学雷锋、树新风、学铁人、立新功"活动，在发挥典型和标杆作用的同时，陆续树立了一大批典型。仅 1986 年，就集中宣传了以 1205 队队长申冠为首的 10 大典型。之后，又陆续选树了"新时期铁人"王启民、"大庆新铁人"李新民以及新时期"五面红旗""五大标兵"等一批重大典型，每年还评选功勋员工、功勋集体等一批典型。在先进典型和标兵模范的感召下，一代又一代石油人听从党的召唤，与祖国同呼吸、共命运，始终高唱"我为祖国献石油"的主旋律，在国民经济处于濒临崩溃边缘时期，确保了原油产量大幅度增长，有力地支援了国家建设；在改革开放新的历史时期，大庆职工面对各种观念思潮，坚定方向，站稳立场，经受住市场经济的考验，创造了原油 5000 万吨连续 27 年高产稳产世界石油开发史上的奇迹。在先进典型和标兵模范的感召下，一代又一代石油人"将不畏艰苦、勇于拼搏的革命英雄主义同吃苦耐劳、埋头苦干的作风相结合，将中华民族文化传统同伟大的社会主义实践相结合，在石油工业的发展中积淀了中国石油的历史底蕴，形成了独具特色的石油企业文化"。② 作为时代先锋，这些先进典型是大庆油田开发建设史上的优秀代表和中坚力量，代表了先

---

① "五面红旗"指的是王进喜、孙永臣领导的 1205 钻井队，马德仁、韩荣华领导的 1202 钻井队，段兴枝、陈茂汉领导的 1206 钻井队，薛国邦领导的采油队和朱洪昌领导的管道施工队。1960 年 7 月 28 日，大庆石油会战初期党的临时办事机构——石油工业部机关党委命名作出《关于开展学习王、马、段、薛、朱运动的决定》。《决定》称赞他们是全战区的"五面红旗"，号召全体参战职工向他们学习。余秋里：《余秋里回忆录》，人民出版社，2011 年，第 531 - 536 页。

② 中国石油天然气集团公司思想政治部编.《大庆精神铁人精神学习教材》，石油工业出版社，2009 年，第 7 页。

进生产力的发展要求，彰显了中国工人阶级无私奉献的优秀品质。他们的生动实践和感人事迹折射了一代又一代大庆人在党领导下阔步前进的历史轨迹，集中地、典型地展现了以爱国主义为核心的民族精神和以改革创新为核心的时代精神，总是给人以信心、力量和启迪。

（二）典型选树做到"三个突出"

在发挥典型引领的过程中，如何进行选树典型是一个关键问题。在现实生活和实际工作中，先进典型不仅大有人在，而且选树典型十分有意义。但是，在选树典型的过程中切忌人为拔高，如果脱离实际，一味拔高，不仅是错误的，而且是有害的。所以，在当前形势下，选树典型应做到"三个突出"。

一要突出先进性。习近平总书记指出，用一贤人则群贤毕至，见贤思齐就蔚然成风。先进典型是一个时期社会经济、政治、文化进步程度在某一方面的具体体现，标志着这一时期人们社会实践和理性认识所能达到的水平，是引导社会进步的路标。典型在政治素质、道德水准、精神风貌、工作能力等方面必须有突出的表现和成绩，必须对社会具有巨大的精神贡献，对社会成员的精神风貌和道德情操养成产生重大影响。大庆油田开发建设 50 多年来，涌现出了以铁人王进喜、新时期铁人王启民、大庆新铁人李新民等为代表的先进典型，"铁人精神"激励一代又一代石油人创造了一个又一个辉煌。不同时期典型的标准不一样，但归根结底一条共同的标准就是先进性，而先进性的本质就是代表社会的主流价值观。

二要突出时代性。选树典型要与时俱进，反映时代要求，突出时代特征，展示时代风貌，体现时代精神，充分反映社会前进和发展的价值取向。时代呼唤英雄，呼唤典型，时代也造就英雄，造就典型，任何典型都是时代的产物。不同时代的典型是引领那一时代的典范和旗帜，是那一时代引导舆论，教育人民，推动工作的重要力量。大庆油田历次选树的典型都根据不同时期的中心任务，体现了一个时代的需要，每个典型都是那一时代社会主题的具体体现。因此，选树典型要关注时代大势，符合时代潮流，展示时代风貌，体现时代特征。

三要突出真实性。先进典型的说服力、感染力，取决于典型本身的真实事迹和先进思想，取决于伟大而平凡的良好形象。他们来自于群众，贴近群众、贴近实际、贴近生活。先进典型能否站得住、叫得响，关键在于选树的先进典型要实事求是，经得起历史和群众的检验。只有根植于职工群众这片沃土的先进典型，事迹真实思想真实，职工群众才感到可亲、可信、可学、可赶，才更具有真实性。只有这样，广大群众才能将典型学习从"要我学"转化为"我要学"的自觉追求，促使他们自觉、主动地以先进典型为榜样，用先进典型激励、鞭策自己。

（三）把握受众，探索宣传路径

当前，互联网的迅猛发展，以惊人的深度和广度影响着经济社会生活，深刻改变着舆论生成方式和传播方式，改变着媒体格局和舆论生态。互联网、移动互联网、基于互联网与移动互联网的社交平台、新媒体，及基于电子技术、网络技术、信息技术、数字技术等发展而产生的现代科技产品，深入渗透到人们生活的每一个角落，深刻影响着现代人的思想与生活。在媒体格局和舆论生态发生深刻变化的新形势下，典型宣传要扩大覆盖面、增强影响力，就必须把握受众需求，探索更务实更管用的传播途径。

一是典型宣传要凸显立体化，着力扩大覆盖面。先进典型能否引领大众，不仅取决于典型人物事迹的感染力，也取决于宣传的覆盖面。对于大庆石油会战时期和大庆油田发展新时期涌现的典型人物、模范标兵，要通过召开座谈会、研讨会、撰写理论文章等形式，深挖其思想内涵和精神实质，深化人们对大庆精神的认知和感悟；综合运用微博、微信、微电影等现代传媒手段，通过戏剧、电影、电视剧等文艺作品，以艺术化手段塑造典型感人形象；大力推进传统媒体和新兴媒体的融合发展，达到立体、形象、感人效果，体现可视性、体验性、互动性，创作适用于新兴媒体传播、格调健康的网络文化作品，"充分利用现代科技产品、现代科技手段传播先进思想文化的快捷性、广泛性、渗透性、易于接受性的特点，实现社会主义核心价值观'润物细无声'的深度传播"[1]，让典型影响无处不在，无时不在，内化为人们心中的榜样，外

_____

[1]　杨志平：《找准核心价值观教育路径》，《光明日报》，2014年2月23日。

化为大众行动的指南。

二是典型宣传要凸显对象化，着力增强群众性。先进典型根植于人民群众，生长于人民群众，影响于人民群众。做好典型宣传，必须增强群众性，讲究贴近性、对象化、接地气。在进行大庆精神宣传以及典型引领过程中，必须遵循传播规律，坚持以身边人演绎身边事，以群众认可的方式激发群众对于大庆精神的情感共鸣，切忌官话套话，避免说教，陷入模式化、套路化的泥淖。2015 年 8 月以来，大庆油田在全面开展"弘扬光荣传统、重塑良好形象"主题大讨论的同时，开展了"石油魂——大庆精神铁人精神"宣讲活动，大庆油田领导人员廉洁从业知识测试等活动，充分以本次活动为契机，坚持以上率下，让基层广大干部群众积极投身其中，振奋精神，重塑形象，推进发展，以创新的意识、站排头的勇气，释放了大庆精神铁人精神正能量。

三是典型宣传要凸显主旋律，着力增强针对性。社会发展需要典型来推动，时代发展需要典型来引领。伟大的事业需要伟大的精神，而伟大的精神则需要通过典型人物、模范人物集中体现。面对市场经济带给人们思想和生活方式的巨大冲击，面对极端个人主义、享乐主义、拜金主义等日渐抬头，我们必须大力宣传模范人物和先进典型事迹，用他们高度的政治觉悟、坚定的理想信念、崇高的精神境界和良好的道德修养，唱响主旋律，占领主阵地，弘扬真善美，贬斥假恶丑，宣传科学理论，传播先进文化，塑造美好心灵，激励人们崇德向善、见贤思齐，鼓励全社会积善成德、明德惟馨，培育知荣辱、讲正气、做奉献、促和谐的良好风尚。[①]

六、文化建设，提升品位

满足人民过上美好生活的新期待，必须提供丰富的精神食粮。大庆精神是大庆的特色所在，是大庆独具特色的城市品牌。这一品牌是大庆人在近 60 年的开发和建设、改革和发展的实践中沉淀、凝练、升华形

---

① 陈立勇，刘晓华：《在继承和发扬大庆精神过程中提升社会主义核心价值观的教育实效》，《思想理论教育导刊》，2015 年第 2 期，第 81 页。

成的，是大庆人最宝贵的无形资产，是大庆市有别于其他城市的显著特征，是大庆城市魅力的源泉。只有维护和亮化这一城市品牌，提升文化品位，才能彰显大庆城市文化的独特魅力。因此，必须将大庆精神与城市文化的精神理念融合起来，使大庆精神在新时代背景下永葆文化活力，成为大庆城市文化的核心，成为每一位大庆市民的价值追求。

（一）大庆精神是品牌文化

大庆的文化品牌和标志是什么呢？答案是肯定和唯一的，就是大庆精神。在全球化、国际化、竞争品牌化的今天，只有将大庆精神铁人精神这种精神层面的观念，转化为独具个性的城市品牌，才能实现以文化力提升竞争力的战略目标。一个城市有了知名的文化品牌、显著的文化标志，人们就会从这些品牌和标志联想到这座城市，认同这座城市，感受这座城市的文化品位。大庆应把大庆精神作为一种品牌进行整体宣传和策划，实施品牌战略。把学习和弘扬大庆精神的任务和要求落到实处，为我省开发具有国际国内影响力的特色文化品牌，同时为形成品牌链提供支持，从而扩大我省文化产品的市场占有率，提高我省文化的知名度。应充分发掘我省的文化资源，精心打造特色品牌文化，形成以铁人创业文化等为代表的创业文化、以大庆特色旅游等为代表的旅游资源文化、以大庆油田等为代表的现代科技文化、以王进喜等为代表的名人文化，扩大大庆文化产品的市场占有率，提高大庆文化的知名度。丰厚的城市文化内涵能够体现城市的个性和魅力，从城市文化视野中，也能够看到城市发展的未来和希望。

文化是城市的灵魂，体现着城市的个性与魅力。它既是城市综合竞争力的重要体现，也是推动城市可持续发展的重要力量。大庆精神是我们大庆人共同的文化底色，是城市的发展之根。托夫勒说过，哪里有文化，哪里早晚就会出现经济繁荣；而哪里出现经济繁荣，文化就向哪里转移。其实仔细观察一下中国城市的发展，情形正是这样的。文化基础好的城市一般发展都比较快，而文化基础薄弱的城市，发展就相对慢一些，文化基础的厚薄形成文化与经济社会发展的良性或恶性循环。可见，文化已经成为城市竞争力的深厚基础和动力源泉。过去，我们对物质资源的重视和开发程度远远超过人文资源，但从长远发展的角度看，文化作为"软实力"越来越决定着一个地区的核心竞争力。

（二）大庆精神的文化魅力

文化自信是一个国家、一个民族发展中更基本、更深沉、更持久的力量。对于大庆，大庆石油会战指挥部工委书记的余秋里，有一番经典概括："在中国，除了大庆，没有哪一个企业的诞生和发展与中华民族的精神与命运联系得如此紧密；没有哪一个城市在未诞生之前就有了自己厚重的文化底蕴；没有哪一个企业和城市走过短暂的历程，却能在中华民族的历史上铭刻一个辉煌的亮点。"大庆作为一座现代化的工业城市，尽管缺少历经千百年的历史文化传统和流芳百世的文人志士，但却拥有大庆精神这样宝贵的精神财富。半个多世纪以来，勇于创业、创新、创优的大庆人，在开发油田、建设城市的伟大实践中，形成了自己独特的灵魂，这就是著名的大庆精神。回顾大庆走过的历程，可以得出一个明确的结论：大庆精神是推动大庆发展的不竭精神动力。大庆精神，亦包括其形象化具体化人格化的铁人精神，无论在过去、现在和将来都有着不朽的价值和永恒的生命力，它是大庆独具特色的城市品牌，并将永远是这座城市的核心灵魂。我们正是因为有了这个城市灵魂，才使大庆有着独具特色的文化魅力。

铁人文化现象是大庆特有的文化底蕴，是大庆文化魅力的彰显，是大庆鲜明的文化特色。铁人文化现象是大庆精神铁人精神的鲜活载体，是大庆人"整体的生活方式"的表达方式。具有大庆精神内涵的城市建筑、街道、景观，标杆单位以及铁人传记文学、铁人影视剧、铁人诗歌、铁人精神学术研究等共同构成了铁人文化现象的"基本骨架"。正是基于此，我们在现代化城市建设中，就必须妥善处理好历史文化遗产特别是现代工业遗产与新区开发建设的关系，以求达到和谐共存与发展。所有与大庆精神和大庆石油会战有关的，具有纪念意义的建筑不得损毁，不得破坏原有风貌，不得改建，不得占用。在文物保护单位建设控制地带的建设项目，其造型、风格、色彩应与文物建筑相协调，收集与大庆发展历史有关的一切实物的、文本的、口述的资料或材料或物证，专门陈列展出，形成具有大庆特色的城市文化。同时，在未来城市发展过程中，要持之以恒将大庆精神文化元素与城市建筑风格、空间布局、视觉展示等结合起来，还可以通过建筑、雕塑、广场、灯光、路牌等城市基础设施建设，将大庆精神的核心价值理念形象地表达出来，使它们成为城市文化的重要标志。只有这样，才能构筑起与时俱进、独具特色、具有感染力和影响力的现代城市文化，从而实现大庆城市文化品位的提升，最终实现城市竞争力的增强。

（三）大庆精神的文化产品

习近平总书记在文艺座谈会上强调，必须把创作生产优秀作品作为文艺工作的中心环节，努力创作生产更多传播当代中国价值观念、体现中华文化精神、反映中国人审美追求、思想性艺术性观赏性有机统一的优秀作品。城市的文化发展固然依赖经济发展，然而文化发展则更能推动经济的持续发展。我们的城市长期以发展经济为中心和基础，现在必须使文化上的投入与经济上的投入保持适当的比例，使二者协调发展，相互促进，这同时也是科学发展观的要求。

目前，大庆在以大庆精神为依托促动文化和经济发展方面成绩斐然。大庆市文化产业呈现健康发展的良好势头，初步形成了门类比较齐全的文化产业体系；文化产业在吸纳人才、沟通交流、文化休闲、营造氛围、创造价值等方方面面都可以发挥重要作用，产生巨大的经济社会效益。大庆人坚持以人民为中心的创作导向，在深入生活、扎根人民中进行无愧于时代的文艺创造。在具体文化作品方面，创作话剧《地质师》《铁人轶事》，电视剧《奠基者》，电影《铁人》，舞剧《鹤鸣湖》等30多部获国家级奖项的舞台影视精品，推出报告文学《部长与国家》，小说《月亮上的篝火》等140多部获省部级以上奖项的文学精品，其中话剧《地质师》获得中宣部"五个一工程奖"；电影《铁人王进喜》分别荣获中央企业"五个一工程奖"、第四届澳门国际电影节"金莲花"优秀影片大奖。发展铁人合唱团、庆瑞艺术团等民间文艺团体460多个，使广大市民在欣赏艺术中接受大庆精神铁人精神教育。

一个城市，只要有丰富的文化资源，文化品位高了，那么即使它的自然资源少一些，经济发展稍显逊色一些，也会因文化产生的吸引力、同化力和生命力，而终究能使这个城市发展起来。大庆作为一个资源型城市，一个有相当雄厚经济基础的城市，文化产业作为新世纪朝阳产业和明星产业的积极发展，一定会如同工业油流一般给大庆带来新的生机和力量。一方面，把我们优秀的文化传播到国内外，让外面的世界也有大庆人的身影，让外面世界的人也能了解大庆、记住大庆。这些年来大庆确确实实地出现了一批一批的优秀甚至顶尖级的艺术家，其艺术作品无论其数量、质量还是影响都以加速度的状态增加着、提升着、扩大着。可以说大庆仅以文化艺术的品牌就可以被全国人民称道，为世界越来越多的人知晓。大庆的话剧、舞蹈、版画等，杨利民、王举、范垂宇、陈彦龙等都是大庆对外文化交流的靓丽名片。另一方面，要把世界级的大师和作品带进我们大庆，让我们的市民也能进行文化的熏陶，提升我们的文化品位。这种"出口"与"进口"，无疑创造了一个个交流的平台，让我们有共同利益的人们进行交流与合作，有利于弘扬大庆精神铁人精神，也有利于大庆生态环境的建设，更有利于文化促进经济和大庆的转型发展全面振兴。

（四）提升文化品位的途径

大庆市素有"绿色油化之都、天然百湖之城、北国温泉之乡"的美誉，是国务院批准的中国服务外包示范城市、全国文明城市、全国首批安全发展示范城市试点城市、国家生态园林城市，拥有中国十佳魅力城市、国家卫生城市、国家环境保护模范城市、全国优秀旅游城市、中国人居范例奖城市等国家级城市靓丽名片。大庆在提升文化品位方面成绩斐然，城市文化形象得到显著提升。不过，立足长远，大庆在提升城市文化品位方面还有巨大上升空间，进一步增强文化内涵依然任重而道远。

一是利用规划展现大庆城市文化。城市高品位首先是规划的高品位，城市规划肩负着实现一定时期经济与社会发展目标，统筹安排城市空间及土地资源，提升城市品位的使命。2016年3月11日，经国务院批复，国家发展改革委正式发布《哈长城市群发展规划》，大庆要注重城市规划工作的前瞻性和预见性，注重规划的指导作用，注重体现西部草原景观风貌区和大庆精神红色文化特色，切实搞好城市规划功能定位，聘请高水平专家、高资质院所对总体规划、控详规划和专项规划进行完善，保护好、利用好组群组团特色，确保城市建设既有现代品质品位，又有大庆精神的风格特色。

二是利用建筑风格体现大庆城市文化。一座城市要有高品位的文化，在城市建设方面一定要有受欢迎、受肯定的城市建筑。要提高大庆城市文化品位，就不能忽视对建筑风格的研究与追求。在塑造城市形象的过程中，一定要注意打造石油石化和现代工业文明的城市个性和特色。特色是一个城市的灵魂，没有特色，就没有魅力。建筑外观的造型、色彩、尺度、线条、装饰、用材，既要有个性特点、标新立异，又要与周围建筑和生态环境呼应、和谐、互融。沿街建筑、街头雕塑小品、园林景观，要注重彰显大庆精神核心价值，突出地域文化特色，注重现代工业文化元素地融入，展现城市的文化品位。

三是利用现代化的文化设施传承大庆城市文化。文化设施是城市文化的基础和载体，文化设施的规模、档次、水平，往往成为一个城市文化品位的重要标志和示范性的集中体现。要加强大庆城市文化基础设施建设，就要因地制宜，有计划地建立一批体现大庆精神核心价值，与现代化城市相适应的高水平、标志性文化设施，增加城市的文化含量。这些现代化的文化载体主要包括：历史馆、科技馆、文化馆、博物馆、图书馆、科教网络、书画院、音乐厅、影剧院、娱乐宫、儿童乐园，以及光亮工程、文化广场、牌匾楹联、街头阅报栏及反映大庆石油会战历史的纪念碑等。这些设施既能够最大限度地满足广大群众的精神文化生活需求，又能够充分展示大庆这座英雄城市的文化风貌与文化水平。

四是利用历史与现代融合的方式挖掘大庆城市文化内涵。每座城市，都有一部自己的发展史，有自己的历史传统。较之于其他城市，大庆为国家贡献巨大物质财富的同时，也诞生了中国共产党伟大精神之一的大庆精神。城市的魅力和品位一定是在保持自己文化传统与特色的基础上进行的创造性转化、创新性发展。因此，一方面要从历史的角度思考和研究大庆的历史文化脉络，增强城市文化厚重感，营造良好的城市文化环境；另一方面又要加倍地珍惜、有效地开发、合理地利用石油工业的遗址（遗迹）和标杆生产单位，用现代手段有效地把蕴藏于石油会战历史中的精神基因转化为广大市民的尊严，使每一个市民的精神领域都有厚重的文化底蕴来支撑，使大庆以其浓郁的石油文化特色构成对内的强烈向心力和对外的巨大吸引力。

五是通过市民参与增强城市的文化活力。城市文化离不开市民的参与和分享，再精彩的文化和艺术，如果没有市民的积极参与，都是凝固和僵化的。城市文化和城市精神是由城市中各个群体的精神风貌所组成的，是群体中每个成员共同精神的体现，这就如同一座城市由不同的建筑组成，每栋建筑又由无数砖块构成一样。大庆一直坚持开展的"书香大庆""激情之夏""端午龙舟争霸赛""百场音乐会进校园""铁人精神进校园"等活动正是构筑城市文化的具体行动。2017年央视中秋晚会首次来到大庆，全体大庆人充分利用央视中秋晚会这个全球华人舞台，进一步加大了城市宣传推介力度，充分展现了大庆精神铁人精神及城市历史、发展成就、自然风貌等大庆元素，让更多人了解了大庆、熟悉了大庆、爱上了大庆，进一步提升了大庆的城市品牌形象、影响力和竞争力。大庆通过参加大型城市文化旅游品牌竞演节目《魅力中国城》① 的竞演活动，进一步展示了大庆城市的文化魅力，提升了文化品位，进一步增强了市民的文化自信和凝聚力。

腹有诗书气自华。一个人的精神品质决定其生活品质，城市亦然，城市精神品质决定着城市生活品质。虽然时代在发展，社会在变革，但大庆一直在用大庆精神育人铸魂，在继承发扬会战光荣传统的同时，开放地吸纳国内外先进经验，使大庆精神不断丰富和发展，使大庆这座因油而生的城市不断实现魅力升级。

七、依托网络，媒体融合

人类社会的每一次进步都以思维方式的不断更迭为重要前提。新世纪新时代，互联网正在以一种前所未有的进程影响着社会的变化与发展。伴随互联网而来的是新兴媒体的产生与兴起，新兴媒体本身所具有的交互性强、开放性强、即时性强和共享性强的特点使其与传统媒体一

---

① 大型城市文化旅游品牌竞演节目《魅力中国城》，是由中央电视台主办，中央电视台财经频道、盈科旅游、观正影视联合制作的。节目主要目的是促进中国城市的跨屏融媒体创新互动。登上节目的城市是亟待被全球深度认识的中国城市代表。节目为城市带来智库、宣传、人才、资本等深层次支持，将推动中国城市发展、城市形象推广和旅游产业升级。

起成为当前文化和信息传播的两个重要媒介。传统媒体作为当前党和国家的喉舌，能够明确传输党的政策和声音，为大庆精神的传承提供导向。新兴媒体作为年轻人青睐的平台，可以把大庆精神作为一种网络资源，让他们了解和认知大庆精神，并逐渐参与到大庆精神传承弘扬的过程中来，使大庆精神走进大众的内心。所以，在大庆精神弘扬传承过程中，既要坚守传统媒体的传播功能，又要注重依托互联网技术，实现传统媒体与新兴媒体的融合发展。

（一）发挥传统媒体传播的主渠道作用

利用报纸、广播、电视、杂志为代表的传统媒体有效传播大庆精神的核心价值理念，既是培育和践行社会主义核心价值观的前提和基础，又符合国家重视运用新闻媒体加强社会主义核心价值观宣传教育的目标要求。传统媒体具有传播、引导以及教育公众的思想政治功能，而且具有明显的非线性、双重性以及潜隐性的特点。虽然传统媒体面临着诸如向市场化媒体转型过程中商业化的挑战、互联网发展背景下新兴媒体的挑战以及自身传统宣传模式本身不适应挑战等"三大挑战"，不过传统媒体拥有较为正式的运作团队，员工的整体素质高；在国家政策上给予的支持和帮助较大，对信息的传播控制力较强，更多追求的是对社会的有益，在现实社会仍然具有不可替代的地位。所以，在新时代视域下，在大庆精神传承弘扬问题上，依然要注重依托传统媒体，发挥传统媒体传播大庆精神主流核心价值的主渠道作用。

传承弘扬大庆精神，传播大庆精神核心价值，要坚持团结稳定鼓劲、正面宣传为主，牢牢把握正确舆论导向，把大庆精神核心价值观贯穿到日常形势宣传、成就宣传、主题宣传、典型宣传、热点引导和舆论监督中，弘扬主旋律，传播正能量，不断巩固壮大积极健康向上的主流思想舆论。党报党刊、通讯社、电台电视台要拿出重要版面时段、推出专栏专题，出版社要推出专项出版，运用新闻报道、言论评论、访谈节目、专题节目和各类出版物等形式传播大庆精神的核心价值，讲述大庆石油会战历史。都市类、行业类媒体要增强传播主流价值的社会责任，积极发挥自身优势，适应分众化特点，多联系群众身边事例，多运用大众化语言，在生动活泼的宣传报道中引导人们增强作为大庆人的自豪感和荣誉感。同时，新闻媒体自身要强化传播媒介管理，不为错误观点提供传播渠道。新闻出版单位和从业人员要强化行业自律，切实增强传播大庆精神的责任意识和能力，将个人道德修养作为从业资格考评重要内容。

（二）依托互联网，发挥新兴媒体的宣传优势

随着社会的进步与科技的发展，"微时代"已经悄然走进我们的生活，微博、微信等新兴媒体成为当下人们相互沟通和传播信息的主要平台。"微时代"是一个信息高度开发、资源高度共享，信息传播零门槛的时代，"微传播"的力量和速度也是传统媒体无法企及的。利用微信、微博等新兴媒体的这一特点，大庆精神的传承弘扬能够营造"强势"的舆论环境，形成潜移默化的舆论氛围，人们不需要刻意搜索就能接触到相关信息，形成潜移默化的宣传效应。新兴媒体本身形式多样，如手机、互联网电视、移动电视等，各种形式的信息呈现手段也十分丰富，融文字、音频、画面于一体，充分体现了新兴媒体传播的超文本性。这使得大庆精神的宣传教育更富有感染性，更容易激发人们的兴趣，使人们在声像融汇、身心愉悦的情境中，不知不觉受到大庆精神内涵实质的感召，深入人心，引发共鸣，从而达到高效的、良好的传播效果。在新兴媒体环境下，利用微博、微信宣传大庆精神，其精神内涵可以在短时间内顺畅达到最广泛的人群中，从而形成有利的社会舆论环境和潜移默化的舆论氛围。新兴媒体为大庆精神的传承弘扬提供了双向交流、互动的传播平台。人们可以根据自身要求和喜好选择信息，并通过多种途径如 QQ 空间、微博、网络论坛等发表自己的观点、畅所欲言，这就改变了过去政治宣传教育单向、被动的特点，可以极大地提高公民认知、参与的积极性，建立一种良性的传播机制，增强大庆精神传承弘扬的时效性。

依托新兴媒体，营造大庆精神传播的舆论氛围，还需要主动培养在网络上有影响的人。在现实条件背景下，价值观的渗透传播，不能也不应该通过僵硬的方式进行推广，而必须借助有影响的群体的良性发展，进行润物无声的传播，才能更好地为广大群众接受。例如，全国劳动模范代表郭明义的微博，已拥有"粉丝"2000 多万人，影响网民上亿人，

已经成为传播真善美的平台，成为"红色大 V"。我们在进行大庆精神的传承弘扬过程中，要借鉴郭明义微博成功的案例，主动培养有正能量，彰显大庆精神特质的有影响的人，一方面把现有的有社会影响力的名人作用发挥好，另一方面积极培养更多的这样的人，尽可能放大他们言传身教的正向作用。

（三）媒体融合，形成大庆精神舆论宣传合力

党的十九大强调要高度重视传播手段建设和创新，提高新闻舆论传播力、引导力、影响力、公信力。我们应充分认识新兴媒体的本质和作用，在大庆精神传承弘扬过程中，以更加开放的视野、更加前瞻的眼光、更加创新的思维建设使用新兴媒体，走"媒介融合"之路，与新兴媒体实现优势互补，全力完善大庆精神传播渠道，形成报纸、网络、广播、电台等全媒体互动、立体交叉、多次传播的信息传播格局，增强大庆精神传播的说服力和影响力。在十八届中央全面深化改革领导小组第四次会议上，习近平总书记强调，随着形势发展，党的新闻舆论工作必须创新理念、内容、体裁、形式、方法、手段、业态、体制、机制，增强针对性和实效性；要适应分众化、差异化传播趋势，加快构建舆论引导新格局；要推动融合发展，主动借助新兴媒体传播优势。这些重要论述具有很强的创新性、针对性，对促进传统媒体和新兴媒体融合发展、构建媒体融合发展新格局具有重要指导意义。当前，随着新技术的开发应用，传媒生态和传播格局正在发生深刻变化。新兴媒体方兴未艾、后来居上，成为不可忽视的重要新闻舆论阵地。适应这种新形势，在大庆精神传承弘扬的舆论宣传过程中，我们必须在注重原则性、系统性、创造性、预见性中大力推动媒体融合发展，实现传统媒体和新兴媒体优势互补，努力占领舆论传播的制高点，牢牢掌握大庆精神舆论宣传工作的主动权。

传承弘扬大庆精神，推动媒体融合，就要改变传统思维，突破原有的发展模式，取长补短，形成大庆精神传承弘扬的合力。网络的发展、新兴媒体的出现深刻改变着文化传播途径和思想宣传阵地，是当前中国的一个重要变量，运用和把握好其特点和规律，是推动中华民族优秀文化资源复兴和繁荣的新手段。大庆精神作为中华民族宝贵的精神财富，

理应借助和依托网络新兴媒体，丰富、创新自身传承弘扬的方法和手段，形成新兴媒体与传统媒体共融、网络与现实共融的双重传播路径，整合新时期的宣传和传播形式，把大庆精神永恒价值、政治智慧和道德滋养充分挖掘出来，适时推出宣传内容，寻找适合其传承弘扬的规律，使红色文化基因代代相传。例如，可以把电视上的有关宣传大庆精神的视频和录像传送到优酷、微信平台等上面，创新和拓宽其传播方式，让大众可以随时随地的通过手机等平台了解和接受大庆精神。一些电视台甚至可以同网络客户端进行合作，将以大庆精神为题材的话剧、微视频、微电影传播到全国各地。要推进新兴媒体与传统媒体的深度融合，营造"全媒体"形态。传播大庆精神不仅要依赖纸质版的新闻稿、图片，还要借助网站稿件、具有动感性的网络视频，以增加大庆精神传播形式的魅力，扩大大庆精神的受众面。要把传统媒体内容生产上的优势与新兴媒体传播形式上的优势结合起来，推动技术创新和业务创新，实现新旧媒体的融合新突破，使大庆精神的传播在阅读与互动、静态与动态、平面与立体上进行融合，满足多种体验的获取需求。

八、规范约束，制度涵养

虽然人的价值判断可以自发产生，但是，人的正确价值观并不自然、自发、自觉地形成，需要在一定的外部导向的规制下引导、塑造并成熟固化。传承弘扬大庆精神，既要加强思想教育，更要加强制度建设，强化规范约束，付诸发展实践，让大庆精神通过制度的中介和实践的途径走进社会现实、走进百姓生活，以制度之手营造社会主流价值生态的新局面。在新时代背景下，在大庆转型发展的关键时期，我们必须通过传承弘扬大庆精神来扩大人们对大庆城市的文化自信和文化认同，通过建立相应制度、规范来保障大庆精神的传承弘扬，努力实现二者的良性互动，用大庆精神凝聚转型发展的强大动力。

（一）大庆精神的传承实践也需要制度的保障

制度带有根本性、全局性、长期性、稳定性，传承弘扬大庆精神有赖于制度的改革创新与健全完善。制度可以保证大庆精神传承弘扬的常态化，通过相应的法律、法规、政策等，规范、约束社会群体接受、认同大庆精神的价值目标、价值准则等，可以达到认知认同和践行的最好目标。实践证明，制度是人类社会发展成本最小的资源，制度建设每前进一步，人类文明就会前进一大步。

一是良好政策是大庆精神传承弘扬的有力导向。传承弘扬大庆精神是大庆经济社会发展的客观要求，是发展沿着正确轨道前进的精神保障。大庆精神不是外在于经济社会发展，而恰恰是经济社会发展的本质内容和必须坚持的基本原则，是推进大庆经济社会发展的价值准则和价值追求。这要求政府在制定与人们生产生活和现实利益密切相关的发展目标、发展规划，出台经济社会政策、重大改革措施、具体政策措施时，必须以大庆精神为主要圭臬和基本理念，注重经济行为和价值导向有机统一，形成有利于传承弘扬大庆精神的良好政策导向。同时，要建立完善相应政策评估和纠偏机制，防止出现具体政策与大庆精神价值原则相背离的现象。

二是制度机制是大庆精神传承弘扬的强力支撑。价值观作为人们评价事物的基本尺度，不是凭空产生的，它是与一定的制度机制相关联的，是一定社会制度和机制条件下的评价尺度。以中国封建社会来说，"仁、义、礼、智、信"，都有其特定内涵，由其社会存在和制度基础所制约，并不是随意解释的。正因为如此，它们不能简单地移植到其他的时空条件之中。同样，大庆精神的传承弘扬和时代价值的发挥，也是以相适应的制度作为基础和前提的。我们不仅要建立完善的大庆精神传承弘扬的宣传、学习、教育制度，更要创新完善体现大庆精神价值目标、价值取向、价值准则等各方面的制度、体制和机制。人们在日常的生产、生活中，敬畏规则，信任规则，久而久之，就会将制度的外化约束内化为内在的道德自觉和自身的道德品性。

（二）大庆有一系列传承弘扬大庆精神的制度

大庆精神形成于波澜壮阔的大庆石油会战时期，兴盛于大庆油田的开发建设的全过程中。正是有了在大庆油田开发建设中逐渐形成的大庆石油会战优良传统与作风，将其在企业发展的方方面面进行了发扬光大。在大庆市政府成立后，大庆精神才由一种企业精神逐渐演化为大庆市民共有的城市精神，并形成了一系列传承弘扬大庆精神的规章制度。

2007 年，中国石油天然气集团公司明确归纳了大庆石油会战时期形成的七大优良传统与作风，包括：

1. "两论"起家、"两分法"前进是大庆油田的基本功，就是通过学习《实践论》和《矛盾论》，用辩证唯物主义的立场、观点、方法，去分析、研究、解决油田开发建设中的一系列问题。在任何时候、任何情况下都要坚持两分法，形势好的时候要看到不足，保持清醒的头脑，增强忧患意识，形势严峻的时候更要一分为二，看到希望，增强发展的信心。

2. "三老四严""四个一样"是石油职工过硬作风的集中体现，就是对待革命事业要当老实人、说老实话、做老实事，对待工作要有严格的要求、严密的组织、严肃的态度、严明的纪律；做到黑天和白天一个样、坏天气和好天气一个样、领导不在场和领导在场一个样、没有人检查和有人检查一个样。

3. "五条要求"是石油职工的行为规范，就是人人出手过得硬，事事做到规格化，项项工程质量全优，台台在用设备完好，处处注意勤俭节约。

4. "三个面向""五到现场"是领导机关工作的基本指导思想，就是面向生产、面向基层、面向群众，做到生产指挥到现场、政治思想工作到现场、材料供应到现场、科研设计到现场、生活服务到现场。

5. "三基"工作是大庆油田加强基层建设的基本经验，就是加强以党支部建设为核心的基层建设，加强以岗位责任制为中心的基础工作，加强以岗位练兵为主要内容的基本功训练。

6. 岗位责任制是大庆油田最基本的生产管理制度，就是把全部生产任务和管理工作，具体落实到每个岗位和每个人身上，做到事事有人管、人人有专责，办事有标准、工作有检查，包括岗位专责制、巡回检查制、交接班制、设备维修保养制、质量负责制、班组经济核算制、岗位练兵制和安全生产制八大制度。

7. 思想政治工作"两抓"是大庆油田抓思想政治工作的基本方法，就是"抓生产从思想入手，抓思想从生产出发"。这些优良传统和作风，是符合油田生产建设实际、行之有效的管理制度和基本规范，对于企业长远发展具有长期的指导作用，也是传承弘扬大庆精神的根本制度和规范。

大庆市委市政府积极将大庆精神纳入国民教育体系。2006 年 3 月 17 日下午，在大庆石油学院（现东北石油大学）艺术宫举行大庆精神铁人精神进校园、进课堂工程启动仪式，1000 名在校生聆听了老会战宣讲团首场报告。2012 年 9 月 5 日，大庆市委市政府出台《大庆精神、铁人精神进校园进课堂工程实施方案》。《方案》规定大庆精神铁人精神进校园进课堂工程按必修课管理，实现从幼儿园到高中教育的全覆盖，市政府每年将安排预算专款，保证长久运行。《方案》以有教育目标、有课程标准、有教学内容、有课时安排、有任课教师的"五有"系统课业设置为标志，将大庆精神铁人精神教育正式纳入大庆市的国民教育体系，强化社会主义核心价值观对青少年的影响。《方案》同时规定，大庆精神铁人精神课程建设，要以"爱国、创业、求实、奉献、立志"为内容模板，主要依托地方课程建设、班团队活动、实践体验活动、特色办学与校园文化建设来完成。通过该《方案》的实施，大力传承弘扬大庆精神铁人精神，使大庆城市人文根脉深入人心。深入挖掘大庆精神铁人精神的深刻教育内涵，提升精神文化的育人价值；积极构建以大庆精神铁人精神为内核的地方课程体系，提升大庆教育品位，努力培养自觉践行大庆精神铁人精神的新时期大庆人。2013 年 3 月 1 日起，大庆精神铁人精神进校园进课堂工程进入全方位立体式全面实施阶段。

（三）要建立多种制度载体保障大庆精神传承与践行的自觉

要加强制度建设，让凝聚和体现大庆精神核心价值、寄寓人们美好道德期盼、充盈着高尚美好与公平正义的制度体制，成为规约人们的思想行动、指引人们的前进路向、塑造人们的美好心灵的强大力量。这是传承弘扬大庆精神的必然选择。

一是建立传承弘扬大庆精神学习制度。知是行之始，行是知之成。传承弘扬大庆精神，贵在知行统一，而知是前提、是基础。我们做任何事情，先要做到"知"，这是行动的前提。传承弘扬大庆精神也必须从"知"入手，以形成最大限度的思想自觉。所以，大庆精神的传承弘扬，首先要抓好学习教育，建立科学有效的学习制度，积极提供内容丰富、形式多样、针对性强的服务，精心打造便捷多样的学习平台和渠道，不断提高教育的针对性和实效性，这是确保理论学习取得成效的关键。首先要抓好各级党委中心组学习。将大庆精神学习作为各级党委（党组）中心组学习的重要内容，领导要高度重视，带头学、做表率，坚持问题导向，把学习成果转化为推动工作的能力本领素质，通过学习提振全市广大党员干部的"精气神"。其次要建好用好学习载体阵地。坚持运用好专题研讨学习、形势政策教育、干部脱产培训、基层党员轮训短训等有效做法，持续开展大庆精神教育培训，使之更加规范科学、管用有效。发挥市委党校、干部学院的主阵地作用，利用东北石油大学、大庆师范学院等高校的各类教育培训资源，尤其以黑龙江省高校思政课教师社会实践研修基地（大庆师范学院）为平台，持续开展全市党员干部大庆精神实践研修活动。最后要丰富扩展学习途径。统筹推进多种主题教育活动，运用讲坛学堂、读书会、知识竞赛、参观考察等广大党员干部喜闻乐见的形式组织大庆精神学习活动。要积极倡导互动式学习、体验式学习、共享式学习，不断增强学习吸引力。

二是建立传承弘扬大庆精神的协调制度。要传承弘扬大庆精神成为党和政府各个部门都认真抓、认真落实的工作。大庆精神传承弘扬工作要成为各级党委主要领导的一把手工程，党的各级组织都要切实承担起做传承弘扬大庆精神的工作任务，深入研究大庆精神传承弘扬的多维路径，把它作为科学和艺术来抓；要建立党委统一领导，党政各部门和工会、共青团、妇联等人民团体齐抓共管、各负其责的工作机制。同时，要建立健全大庆精神传承弘扬工作的责任制。大庆精神传承弘扬绝不是党的宣传部门一家的工作职责，而是涉及党的各个部门和各个组织的工作，也是涉及政府各个部门的工作。在传承弘扬大庆精神工作中，应当建立以宣传部门为中枢的相互协调机制，使各个部门的工作中都贯彻落实大庆精神的基本价值原则和理念。

三是建立媒体的社会责任制度。在大庆精神传承弘扬过程中，新闻媒体包括新兴媒体、自媒体的传播、引导功能十分重要。大庆精神是在大庆石油会战时期形成和确立，并在石油开发和城市发展过程中与时俱进的思想体系。群众是传承弘扬大庆精神的主体，人们对大庆精神的理解和认同相当程度上是通过日常生活实践来感受和体验，进而确认其是否可信和可行。在新时代背景下传承弘扬大庆精神，新闻媒体着重突出"全心全意为人民服务"的社会责任感显得尤为迫切。这种社会责任应当通过建立自律性要求，以及建立外部的约束要求来实现。这种社会责任制度具体包括：对社会引导的责任、对宣传典型的责任、对宣传效果的责任。要制定系列相关的责任制度，加强落实与监督，使主流媒体在宣传大庆精神方面起到主体作用，防止主流媒体的过度娱乐化。在这个问题上，尤其是对于新兴媒体和自媒体而言，要破除信息碎片化、表达情绪化问题。

四是建立大庆精神进入新生组织的制度。大庆是一座移民城市，具有开放性和包容性。在新时代背景下，新的社会阶层不断涌现，新生组织作为现代社会中重要的社会团体，在大庆精神宣传教育、普及灌输、传承弘扬中具有重要作用。新生组织的从业人员大多是自由职业者，有知识有文化，积累了一定的财富。如何对这部分人群进行大庆精神教育是很重要的课题。要探索大庆精神教育进入新生组织和社会团体的途径，使新生组织和社会团体在大庆精神传承弘扬中起到积极作用，这一制度的建立包括：宣传部门建立社会新生组织大庆精神教育督导员制度，派遣督导员并定期进行大庆精神的宣教和理想信念教育活动；建立宣传部门与组织部门协调机制，在组织部门进行的私营企业建立党组织等活动的过程中，建立大庆精神宣传进私营企业的宣传机制。同时与组织部门一起研究中介组织建立党组织和大庆精神宣传机制的途径。

五是建立依法推进大庆精神传承弘扬的制度。《关于培育和践行社会主义核心价值观的意见》明确指出，法律法规是推广社会主流价值的重要保证，要把社会主义核心价值观贯彻到依法治国、依法执政、依法行政实践中，落实到立法、执法、司法、普法和依法治理各个方面，用法律的权威来增强人们培育和践行社会主义核心价值观的自觉性。根据新修订的《立法法》及2016年6月省人大常委会授权，大庆市正式获得地方立法权。2017年1月16日，大庆市十届人大一次会议表决通过了《大庆市人民代表大会及其常务委员会立法条例》。作为一部"管立法活动"的地方性法规，它的诞生意味着大庆市的地方立法史将正式开启。大庆精神是社会主义核心价值观宝贵的精神资源、鲜活的典型样本、具体的生动实践，是社会主义核心价值观的重要组成部分，用法律法规保障大庆精神的主流核心价值观念，是传承弘扬大庆精神的必然选择。在大庆市今后基础性立法和修法工作中，要做到符合大庆精神，努力将其所蕴含的价值目标、价值取向、价值准则体现到各项政策制度、法律法规中。同时，建立法律保障大庆精神传承弘扬的奖惩机制，加强激励驱动，褒扬一切符合大庆精神核心价值的集体和个人，使符合大庆精神核心价值的行为得到伸张和推崇，违背大庆精神核心价值的行为受到批评和惩戒，形成有利于大庆精神传承弘扬的政策支持和法律保障。

六是结合大庆市情建立体现大庆精神的授勋制度和宣誓制度。一方面，在大庆转型发展的过程中，对于能够全心全意为人民服务，彰显大庆精神核心价值和大庆石油会战优良传统与作风的干部群众要授予"铁人功勋奖章"一级勋章、二级勋章、三级勋章等荣誉勋章，制定勋章制度的目的就在于使大庆精神的传播能以更直接的形式体现出来。要在大庆市各行各业、各个团体组织、各类人群中建立多层次的授勋制度，主要以精神激励和荣誉激励为主，弘扬大庆精神核心价值。另一方面，在大庆事业单位、党政机关人员中建立各种宣誓制度。2015 年 7 月 1 日，全国人大常委会表决通过实行宪法宣誓制度的决定，对选举或者经过任命的国家工作人员，在依照法定程序产生后，进行宪法宣誓。参照国家的这一做法，可以在大庆市的石油石化企业、事业单位（教育、科技、文化、卫生等领域）、党政机关人员中，举行体现大庆精神核心价值内容与形式的宣誓仪式。通过宣誓，把大庆石油会战时期的"三老四严""四个一样"等大庆精神核心价值观念贯穿于人们的心中，内化于心、外化于行，成为凝聚大庆转型发展的强大动力。

第八章

大庆精神的再发展

2012 年党的十八大，标志着中国特色社会主义进入新时代。在决胜全面建成小康社会，开启全面建设社会主义现代化强国新征程中，大庆人继续将大庆精神基因与当今新的历史条件相结合，与当今中国的精神文化实际和思想实际相结合，秉承中华民族优秀传统，担当新时代赋予的新使命，在中国人民波澜壮阔的中国特色社会主义建设事业中，在大庆这片沃土上再续发展、再创辉煌。

一、党中央的肯定关怀是大庆精神再发展的精神动力

从 20 世纪 60 年代初石油会战形成大庆精神以来，大庆精神一直得到党和国家领导人的亲切关怀和充分肯定，这为大庆精神的形成和发展不仅明确了方向，而且提升了大庆精神的历史地位。

（一）以"爱国、创业、求实、奉献"为主要内涵的大庆精神倾注了党和国家领导人的亲切关怀

毛泽东主席十分关心石油工业的发展，并亲手树立了大庆这面红旗。1964 年 1 月 7 日，毛主席在听取全国工业交通情况汇报时指示，报纸要写点新鲜事，报道学习解放军、学习石油部，并在会上表扬了石油部经验和大庆铁人王进喜。2 月 5 日，中共中央转发《石油工业部关于大庆石油会战情况的报告》，总结了大庆会战的 9 条经验，即：社会主义现代化企业，必须革命化；高度的革命精神与严格的科学态度相结合；现代化企业要认真搞群众运动；认真做好基础工作，狠抓基层建设；领导干部亲临前线，一切为了生产；积极培养和大胆提拔年轻干部；培养一个好作风；全面关心职工生活；认真地学习人民解放军的政治工作经验。2 月 9 日，毛主席接见外宾，在讲到大庆石油会战取得成绩时，自豪感溢于言表，毛主席说："他们用比较少的投资、比较短的时间，全部用自己制造的设备，在 3 年中找到了一个大油田，建成了年产 600 万吨的油田，建设了一个大的炼油厂，而且比苏联先进。"2 月 13 日，在人民大会堂的春节座谈会上，毛主席发出号召："要鼓起劲来，……要学习解放军、学大庆""要学习解放军、学习石油部大庆油田经验。"大庆油田经验得到党中央的肯定，全国工业战线掀起了学习大庆经验的热潮。

1969 年 4 月，中国共产党第九次全国代表大会召开，毛主席亲切接见了"九大"代表铁人王进喜。大会投票时，作为主席团成员的王进喜投完票从第一排前面经过，正好周恩来总理看见他，就向身边的毛主席介绍说："这就是大庆的铁人王进喜。"毛主席高兴地站起来伸出手说："王进喜我知道，是工人阶级的代表"。王进喜紧紧地握住毛主席那双温厚的大手。毛主席幽默地说："你长得很结实，像个铁人嘛！"

周恩来总理也一直关注大庆油田和大庆精神铁人精神。大庆石油会战开始以后，周总理曾经 3 次来大庆视察。1962 年 6 月 21 日，周总理第一次视察大庆。周总理充分肯定了大庆取全取准资料，讲求科学态度的做法，特别强调要把高度的革命精神与严格的科学态度结合起来。1963 年 6 月 19 日，周恩来总理第二次视察大庆。在油田井场，周总理听到工人们说要用 3 年时间钻井进尺 10 万米时，高兴地鼓励说："好！要有雄心壮志，要敢于创指标！"这次视察，周总理所到之处都与工人们像老朋友一样亲切地交谈，详细地询问有关生产、生活和职工家属情况。周总理高度赞扬"四个一样"的优良作风，他说："这是你们大庆人自己创造的严细作风，'四个一样'好，我要向全国宣传！"1966 年 5 月 3 日，周恩来总理第三次视察大庆。在视察 1205、1202 钻井队时，周总理听说两个钻井队各要年进尺 10 万米，高兴地说："上 10 万米，国务院要鼓励他们，要告诉我，给我发电报。"两个钻井队不负总理厚望，到年底，双双登上 10 万米高峰。视察结束前，周总理还谆谆告诫陪同的同志："大庆是成功的，你们自己可不要忘了一分为二啊！"周总理对大庆油田的重视、关怀和鼓励，一直激励着大庆石油人艰苦奋斗、奋发进取。

1977 年 4 月 20 日至 5 月 13 日，中共中央先后在大庆和北京召开全国工业学大庆会议。会议指出："大庆是学习和运用毛泽东思想的典范，是大学解放军、具体运用解放军政治工作经验的典范，坚持了集中领导同群众运动相结合的原则，坚持了高度革命精神同严格科学态度相结合的原则，坚持了技术革命和勤俭建国的原则。"1978 年 9 月 14 日，邓小平第三次视察大庆时批示："大庆贡献大，房子要盖得好一点，要盖楼房。"临行前，还谆谆告诫大庆的同志："要把大庆油田建设成美丽的大庆油田。"

在改革开放和中国特色社会主义建设的新时期，党中央、国务院和中央领导充分肯定大庆精神，不断号召发扬大庆精神。

1981年，中共中央47号文件转发国家经委党组《关于工业学大庆问题的报告》，指出，大庆油田在生产建设实践中，创造了许多好的经验，其中最可贵的，是他们从油田的实际出发，认真学习和运用毛泽东思想，在实际斗争中培育出来的大庆精神。充分肯定了大庆职工面对霸权主义的封锁，那种发愤图强、自力更生、以实际行动为中国人民争气的爱国主义精神和民族自豪感；在严重困难面前，那种无所畏惧、勇挑重担、靠自己双手艰苦创业的革命精神；在生产建设中，那种一丝不苟、认真负责、讲究科学、"三老四严"、踏踏实实做好本职工作的求实精神；在处理国家和个人关系上，那种胸怀全局、忘我劳动、为国家分担困难、不计较个人得失的献身精神。

同时还指出，大庆油田还在其他许多方面，为我国工业生产建设提供了丰富经验。坚持思想领先的原则，深入细致地做思想政治工作，不断加强领导班子和职工队伍建设的经验；坚持学习铁人王进喜，年年进行总结评比，选模范，树标兵，以一批先进个人和先进集体带动整个队伍革命化的经验；坚持科学态度，掌握第一性资料，加强基层建设、基础工作、基本功训练，建立以岗位责任制为中心的各项管理制度的经验；依靠职工管理企业，重视发挥工程技术人员作用，发扬政治民主、技术民主、经济民主，坚持"两参一改三结合"经验；提倡领导机关和后勤部门面向基层，为生产第一线服务的经验；在发展生产的基础上逐步改善职工生活，组织职工家属因地制宜地发展农副业生产和创办集体福利事业的经验。

1989年9月25日，国务院在致电祝贺大庆油田发现30周年的电文中指出："国务院认为，大庆精神和大庆经验是我们的宝贵精神财富，需要进一步继承和发扬。"

1990年2月25－27日，江泽民总书记来到大庆油田，先后视察了23个基层单位，接见了400多名干部和群众，做了一系列重要指示，并挥笔题词："发扬大庆精神，自力更生，艰苦奋斗，为建设有中国特色的社会主义而努力。"并概括了大庆精神的内涵。1995 年，在大庆油田开发建设 35 周年庆祝大会胜利召开之际，江泽民总书记又亲笔为大庆题词："发扬大庆精神，搞好二次创业。"

1996 年胡锦涛总书记在接见大庆油田负责同志时指出："大庆的历史功绩不仅在于为国家生产了大量的原油资源，而且还在于为国家造就了一支英雄的工人阶级队伍，培养输送了一批领导骨干和科技骨干；不仅在于创造了巨大的物质财富，而且在别人卡我们脖子、国家十分困难的时候，用石油支撑了共和国的经济大厦。还有很重要的一条，就是在大庆油田的开发建设中培育了大庆精神、铁人精神这一宝贵的精神财富"。并殷切希望大庆油田要"珍惜大庆光荣史，再创大庆新辉煌"。

2009 年 6 月 26 日，胡锦涛总书记再次视察大庆时说："大庆为国家、为人民所做的历史贡献，党和人民永远不会忘记。大庆精神永远是激励我们不畏艰难，勇往直前的宝贵精神财富"，并指示要"弘扬大庆精神，推动科学发展"。亲临油田视察时，在充分肯定了大庆精神基础上指出，与 50 年前相比，现在的条件已经有很大不同，但大庆精神永远是激励我们不畏艰难、勇往直前的宝贵精神财富。

2003 年温家宝总理在视察大庆时指示："要把铁人精神一代代传下去。把'爱国、创业、求实、奉献'的大庆精神发扬光大，把艰苦奋斗的优良传统一代代保持下去。"

2009 年 9 月 22 日，大庆油田发现 50 周年庆祝大会在大庆市举行。时任中共中央政治局常委、中央书记处书记、国家副主席习近平出席庆祝大会并讲话，指出："在大庆油田开发建设的艰苦环境和激情岁月里形成的以爱国、创业、求实、奉献为主要内涵的大庆精神、铁人精神，集中体现了我国工人阶级的崇高品质和精神风貌，永远是激励中国人民不畏艰难、勇往直前的宝贵精神财富。各级党组织要结合新的实际与时俱进地大力弘扬大庆精神、铁人精神，使之在全面建设小康社会的进程中持久地发挥思想保证和精神动力作用。"

50 多年来，在毛泽东、邓小平、江泽民、胡锦涛、习近平等中央领导的亲切关怀和大力倡导下，大庆精神得到不断发展和弘扬，对于推进中国特色社会主义文化建设，践行社会主义核心价值观，培养具有高尚情操的社会主义建设人才，推进党的建设新的伟大工程起到了重要作用和深远影响。

（二）新时代大庆精神的丰富发展已经得到了党的更多关心和培养

中国共产党执政以来，在不同的发展阶段和时期，由于面临发展的形势、任务、问题的不同，其发展理念和思想也不尽相同。

党的十九大作出"中国特色社会主义进入了新时代"的重大判断，深刻阐明新时代中国共产党的历史使命，系统阐述新时代中国特色社会主义思想和基本方略，面向未来提出党和国家事业发展的大政方针和行动纲领，开启全面建设社会主义现代化国家新征程。这是新时代中国共产党坚持和发展中国特色社会主义的政治宣言和行动纲领。

新时代，标明我国发展新的历史方位。新时代，带来发展新要求、新课题，要求我们交出发展新答卷。新时代，赋予中国共产党人更加艰巨的历史使命，呼唤新的历史担当。实现中华民族伟大复兴，是中国共产党人始终重任在肩的历史使命。96年来，我们党初心不改、矢志不渝，团结带领全国各族人民为实现伟大梦想接力奋斗。今天，我们比历史上任何时期都更接近、更有信心和能力实现中华民族伟大复兴的目标。行百里者半九十。新征程上，必须付出更为艰巨、更为艰苦的努力，进行伟大斗争、建设伟大工程、推进伟大事业，以党的坚强领导和顽强奋斗，聚合同心共筑中国梦的磅礴之力，共同实现伟大梦想。

面对新时代、新使命和新征程，大庆精神的丰富发展有了新的实践基础。大庆精神的弘扬和创新更要与时俱进，积极主动地融入新时代的历史大潮中，用更宏大的视野、更宽广的胸怀推进大庆精神发展与创新。

可以说大庆精神铁人精神以及中国石油工业的每一步发展、每一个进步和成就都离不开中国共产党的领导，同样也是在中国共产党和国家领导人高度重视、亲切关怀的基础上一步一步成长起来的。党的十八大以来，以习近平同志为核心的党中央高度重视大庆精神铁人精神。

2016年3月7日，习近平总书记在参加第十二届全国人大四次会议黑龙江代表团审议时发表了重要讲话，指出："大庆就是全国的旗帜和标杆，大庆精神激励着工业战线广大干部群众奋发有为。我很高兴听到大庆的同志讲，有信心在困难情况下攻坚克难，发挥最大优势，保持大庆在全国石油生产中的领先地位。这要克服很多困难、做很多工作。未来国际油气领域的困难局面还会延续相当时间，大庆要承受相当压力。只要精神不滑坡、办法总比困难多。我们从来都是在压力和挑战中前进的，也一定能继续在压力和挑战中不断前进。"

2016 年 6 月 13 日，习近平总书记进一步指出，"石油精神"是攻坚克难、夺取胜利的宝贵财富，什么时候都不能丢；大力弘扬以"苦干实干""三老四严"为核心的"石油精神"，深挖其蕴含的时代内涵。

二、党的与时俱进理论是大庆精神再发展的理论支撑

实践是理论的源泉，理论是实践的指导；没有深厚的实践，不可能形成丰富的理论；没有正确的理论指导，就没有科学的实践。大庆精神在马列主义、毛泽东思想的指导下，形成于 20 世纪 60 年代气壮山河的大庆石油会战，发展、丰富、创新于中国共产党与时俱进理论支撑下的大庆开发、建设、改革和发展的一系列的伟大实践。

（一）以"爱国、创业、求实、奉献"为主要内涵的大庆精神有着深厚的理论基础

马列主义、毛泽东思想是大庆精神产生和形成的灵魂和理论基础。马克思曾在《〈黑格尔法哲学批判〉导言》中指出："批判的武器当然不能代替武器的批判，物质力量只能靠物质力量来摧毁，但是理论一经掌握群众，也会变成物质力量。理论只要说服人，就能掌握群众；而理论只要彻底，就能说服人。所谓彻底，就是抓住事物的根本。但人的根本就是人的本身。"

大庆石油会战初期，就是抓住了这个根本，用理论掌握了群众，用理论指导实践，才在创造物质财富的同时，创造了宝贵的精神财富——大庆精神。

大庆石油会战是在国家急需石油的艰苦条件下打响的，石油工业快上成为必然。为了使会战石油职工有一个共同的理想、统一的意志，1960 年 4 月 10 日石油工业部机关党委签发了《关于学习毛泽东同志所

著〈实践论〉和〈矛盾论〉的决定》，将其作为大庆石油会战的第一号文件。旗帜鲜明地将"两论"作为指导油田开发建设的思想武器和理论指南。其目的就是要努力掌握实践第一的观点，逐步理清大庆油田的具体实际和规律，用马列主义、毛泽东思想武装石油工人。

学习马列主义、毛泽东思想，不是从中寻找油田勘探开发的具体方法，而是从根本上解决人们的思想、观点和政治立场问题，确立崇高的革命理想，树立毫不利己、专门利人，全心全意为人民服务的宗旨，培育艰苦创业、为油献身的革命精神。这一决定在极端困难的条件下迅速统一了广大干部职工的思想和行动。由于坚信实践检验一切，大庆人不迷信书本，不迷信权威，不迷信洋人，思想一直都比较解放。这是大庆油田能够不断地实现科研技术创新、生产生活创新、经营管理创新的重要原因之一，也是大庆精神能够与时俱进，实现发展创新的原因。

"干，才是马列主义；不干，半点马列主义也没有！"这是铁人王进喜在学习毛泽东同志所著《实践论》《矛盾论》后，针对所遇到具体问题而提出来的独到见解。他通过学习和实践，已经认识到实践观点是马列主义理论中不可缺少的观点，是马克思主义理论的显著特征，丢掉了实践的观点，就是丢掉了马列主义。

实践证明，正确的思想一旦被群众所掌握，就会产生无限的创造力。在石油会战工作十分紧张的情况下，从主要领导到生产一线职工，几万人围着篝火学"两论"，对各种矛盾、各种困难，用马克思主义哲学观点进行了反复讨论，最后得出结论："这困难，那困难，国家缺油是最大的困难；这矛盾，那矛盾，尽快拿下大油田才是最主要的矛盾。"

大庆石油人以"两论"为指导，坚持实践的观点，发扬在干中学、学中干的精神，解决了油田开发建设中遇到的各种问题。学习"两论"和《为人民服务》《纪念白求恩》《愚公移山》等著作，在改造客观世界的同时改造主观世界，加强队伍建设，培育了一支以铁人王进喜为代表的石油工人队伍。大庆油田会战正是依靠这支在科学理论指导下，富有"爱国、创业、求实、奉献"精神的工人队伍，克服难以想象的困难，仅用3年时间，就高速度、高水平地拿下了大油田，创造了世界油田开发史上的奇迹。

（二）党的理论不断创新是大庆精神新时代发展的理论动力之源

中国共产党走过的 90 多年历史，是把马克思主义基本原理同中国具体实际相结合而不断追求真理、开拓创新的历史。不断推进理论创新，是我们党的一大显著特征和突出政治优势。

时代是思想之母，实践是理论之源。实践是不断向前发展的，党的理论创新是无有止境的。

2017 年 7 月 26 日，习近平总书记在省部级主要领导干部"学习习近平总书记重要讲话精神，迎接党的十九大"专题研讨班开班式上发表重要讲话时强调，我们党是高度重视理论建设和理论指导的党，强调理论必须同实践相统一。我们坚持和发展中国特色社会主义，必须高度重视理论的作用，增强理论自信和战略定力。在新的时代条件下，我们要进行伟大斗争、建设伟大工程、推进伟大事业、实现伟大梦想，仍然需要保持和发扬马克思主义政党与时俱进的理论品格，勇于推进实践基础上的理论创新。

党的十八大以来，在以习近平同志为核心的党中央坚强领导下，我们党迎接挑战、化解风险、阔步前进，解决了许多长期想解决而没有解决的难题，办成了许多过去想办而没有办成的大事，在砥砺奋进中取得辉煌成就，推动党和国家事业发生历史性变革。正如党的十九大报告指出的，5 年来的成就是全方位的、开创性的，5 年来的变革是深层次的、根本性的。国内外形势变化和我国各项事业发展都给我们提出了一个重大时代课题，这就是必须从理论和实践结合上系统回答新时代坚持和发展什么样的中国特色社会主义、怎样坚持和发展中国特色社会主义。我们党坚持以马克思列宁主义、毛泽东思想、邓小平理论、"三个代表"重要思想、科学发展观为指导，坚持解放思想、实事求是、与时俱进、求真务实，坚持辩证唯物主义和历史唯物主义，紧密结合新的时代条件和实践要求，以全新的视野深化对共产党执政规律、社会主义建设规律、人类社会发展规律的认识，进行艰辛理论探索，取得重大理论创新成果，形成了习近平新时代中国特色社会主义思想。

党的十九大报告明确指出，习近平新时代中国特色社会主义思想，是对马克思列宁主义、毛泽东思想、邓小平理论、"三个代表"重要思想、科学发展观的继承和发展，是马克思主义中国化最新成果，是党和人民实践经验和集体智慧的结晶，是中国特色社会主义理论体系的重要组成部分，是全党全国人民为实现中华民族伟大复兴而奋斗的行动指南，必须长期坚持并不断发展。

创新的实践、创新的理论，引领了大庆精神在新时代下的传承弘扬和发展，成为大庆精神不断创新的理论根基和动力之源。大庆精神从产生、形成、发展创新，既具有历史性，又具有现实性；既具有区域性，又具有民族性；既具有继承性，又具有发展性。不仅是中华民族精神在特定历史时期的体现和深化，是民族传统的历史积淀和民族文化的厚重结晶，也是体现当代中国人的理想信念和不懈追求的不断发展、不断丰富、不断创新的精神。全面加强党的建设，加强党的执政能力、先进性和纯洁性建设，培育和践行社会主义核心价值观，实现全面建成小康社会目标和中华民族伟大复兴的中国梦，都需要大力弘扬大庆精神。大庆精神在一系列实践中必将在党的创新理论的引领下得到更大的发展。

（三）习近平新时代中国特色社会主义思想是大庆精神发展的理论支撑

恩格斯曾经指出："每一个时代的理论思维，从而我们时代的理论思维，都是一种历史的产物，它在不同的时代具有完全不同的形式，同时具有完全不同的内容。"[①]

习近平新时代中国特色社会主义思想为在新的历史条件下深化改革开放、加快推进社会主义现代化提供了科学理论指导和行动指南，成为中国特色社会主义理论体系的重要组成部分，同时将中国特色社会主义理论的主题拓展到了更宽广的领域，提升到了更高远的境界。习近平新时代中国特色社会主义思想作为马克思主义中国化的最新成果，是我们党最可宝贵的政治和精神财富，是全国各族人民团结奋斗的共同思想基础。

当前，中国正处于全面建成小康社会的决胜时期，这是中国现代化进程中承上启下的阶段。习近平新时代中国特色社会主义思想为全面建

---

① 《马克思恩格斯选集》第4卷，人民出版社，1995年，第284页。

成小康社会、加速中国现代化的进程以及中华民族伟大复兴都提供了强大的精神动力和思想保证。因为中华民族的伟大复兴进程中不可避免地会出现一系列新的矛盾和问题，以习近平新时代中国特色社会主义思想为指导，不断研究新情况，解决新问题，把新的要求转化为具体可行的措施，把面临的矛盾转化为发展的动力，坚持现代化的中国道路，夺取全面建成小康社会的新胜利，实现中华民族的伟大复兴。

新时期大庆精神的再发展，必须以习近平新时代中国特色社会主义思想为指导。在党的十九大报告中，习近平总书记强调："发挥社会主义核心价值观对国民教育、精神文明创建、精神文化产品创作生产传播的引领作用，把社会主义核心价值观融入社会发展各方面，转化为人们的情感认同和行为习惯。"大庆精神作为培育和践行社会主义核心价值观载体和典型示范，要在新时代继续发挥凝魂聚力作用，为构筑中国精神、中国价值、中国力量贡献精神力量，为中国特色社会主义提供源源不断的精神动力和道德滋养，就必须坚持以习近平新时代中国特色社会主义思想为指导，才能在新时代的伟大实践中不断创新发展，接续不断地释放出巨大的精神力量，作出不愧为时代的新贡献。

三、政治生态纯净是大庆精神再发展的首要政治环境

政治生态是一个地方、一个部门政治生活现状以及政治发展环境的集中反映，是党风、政风和社会风气的综合体现。优秀的党内政治文化必定滋养优良的政治生态，恶劣的政治生态必定有不良的文化在作祟。大庆精神作为中国共产党伟大精神之一，是党内优秀政治文化的体现。在新的历史时期，面对开放中某些外来文化的冲击和日益激烈的文化竞争，传承弘扬大庆精神等党内优秀政治文化，要做到不忘初心，在开放中发展。

（一）大庆精神的形成和发展得益于良好的政治环境

1949 年，中国结束了自清末以来屡遭列强凌辱的历史，中国人民真正站起来了。新中国的成立使工人阶级成为国家主人，广大群众翻身后的喜悦之情和对新社会的热爱转化为高度的主人翁责任感和支援国家建设的巨大正能量。

20 世纪 50 年代后期，面对国际上的严峻环境，国内经济形势的严重困难，中国需要能源，需要石油。铁人王进喜喊出了石油工人忧心如焚与无比坚定的心声："我就不信石油都埋在外国人的地底下，我们这么大个国家就没有油？"

大庆石油会战是在困难的时期、困难的地点、困难的条件下进行的。在大庆油田创业初期，以铁人王进喜等英雄人物为代表的石油人，自觉践行社会主义价值观，事事以国家利益为重，处处以民族命运为念，在"青天一顶星星亮，荒原一片篝火红"的艰苦条件下，开展艰苦卓绝的石油大会战。在油田的开发建设中，几万石油大军坚持"有条件要上，没有条件创造条件也要上"，形成了"六个传家宝"精神；广大油田职工以《实践论》和《矛盾论》为指导，把革命精神和科学态度紧密结合起来，坚持实践第一观点，形成了"三老四严""四个一个样""六股劲"的务实精神，创造了"两分法""三个面向""四勤四看""五到现场"等科学方法，形成了"三超"精神；广大油田职工以顽强的毅力、不懈的追求，不讲条件、不讲时间、不讲报酬，任劳任怨地工作奋战在石油一线，充分展现了淡泊名利、爱岗敬业、拼搏奉献的高尚情操。

（二）大庆政企领导班子高度重视传承实践大庆精神

大庆市作为大庆精神的发源地，从大庆精神形成至今，半个多世纪以来，大庆市历届政企领导班子都高度重视并传承弘扬和实践大庆精神，大庆精神不仅是石油企业文化的理念，也成为大庆城市文化的思想精髓和核心。正是大庆精神的深厚底蕴，为大庆的城市文化建设提供了丰富的营养，成为大庆市打造个性城市文化的重要基石。

2009 年 3 月，大庆市委作出了《中共大庆市委关于贯彻落实省委<决定>进一步学习弘扬大庆精神的实施意见》，要求全市上下要以"强烈的发展意识、自觉的创新精神、旺盛的创业激情、现代的科学理性、先进的人本理念"推动大庆经济社会科学发展，营造干事创业的浓厚氛围。

2009 年 4 月，中国石油天然气集团公司党组《关于深入开展大庆精神铁人精神再学习再教育活动的通知》指出，重温大庆石油会战艰苦创业的光荣历史，动员和组织广大干部职工继承和发扬大庆精神铁人精神，转变发展方式创造新优势，把握历史机遇实现新发展，为保障国家能源安全、促进国民经济平稳较快发展作出新贡献。自 2010 年开始，集团公司思想政治工作部与油田党委联合组织开展了"石油魂——大庆精神铁人精神"宣讲活动，几年来"石油魂"宣讲总队上高原、下井队、闯大漠、走海外，进校园、进政府、进外企、进社会，覆盖了集团公司所有企事业单位，走遍了包括香港、澳门等全国 31 个省市自治区，累计宣讲 475 场，直接受众 20 万人次，近百万人通过多种形式进行学习。

面对经济发展新常态、新形势、新任务，亟须领导观念更新、工作创新。围绕大庆新发展的战略任务，大庆市领导和大庆大企业领导谋划方略，科学决策，切实把传承弘扬大庆精神作为重大政治任务抓紧、抓好，抓出成效。

大庆市本着对大庆人民负责、对铁人后代负责的精神，实现大庆油田的可持续发展，处理好生产耗费与资源不可再生性、城市发展与生态环境破坏等矛盾，实现人与自然、社会的和谐发展，提出构建生态型城市的目标，充分发挥大庆精神铁人精神政治优势，推动促进大庆全面振兴。

（三）大庆精神是塑造良好政治生态的重要精神力量

习近平总书记在建党 93 周年之际提出，"必须营造一个良好从政环境，也就是要有一个好的政治生态""政治生态就是社会政治生活的环境，它既是政治文明的集中体现，也是社会进步的重要条件。其对于官员和民众政治生活的重要性，就像自然环境对于居民的日常生活一样。"[①]

良好的政治生态，一方面有利于党的形象和工作大局。没有良好的政治生态和环境，党和国家各项工作就难以有序开展、高效推进，还会助长庸俗乃至病态的官场文化，甚至为腐败滋生提供土壤。另一方面政

治生态如何也直接影响着社会。政治清明，则社会和谐稳定、干部群众心情舒畅；反之，则容易积聚不满和怨气，甚至诱发种种社会矛盾和冲突。"人是环境的产物"，一个好的环境可以引导人积极向上；一个坏的环境则可能让好人腐蚀堕落。

1956 年，毛泽东在中国共产党第八届中央委员会第二次全体会议上曾说："人是要有一点精神的。"精神对于人来说是最宝贵的，它是一种思想信仰，是一种人生态度，是一种气概情怀。伟大的精神成就伟大的事业。

塑造良好政治生态的核心是坚定理想信念。理想信念是人的精神世界的核心，反映着一个人的精神面貌，是世界观、人生观、价值观形成的基础和集中体现，在人的精神世界中处于统帅地位，是人生发展的方向航标和前进的根本动力。而大庆精神最鲜明的特点就是具有崇高的马克思主义信仰和坚定的理想信念。在共和国最艰难时期奏响了奋发图强、攻坚克难的主旋律，高擎起社会主义建设大厦的思想旗帜，成为鼓舞全国各族人民战胜外部封锁、克服国内困难和严重自然灾害、推进社会主义建设的宝贵精神财富，为中国共产党保持先进性、提高执政能力、完成执政使命提供了思想基础和精神条件。

大庆精神蕴含的求真务实、勇于创新也是塑造良好政治生态的加速器。当前，大庆进入转型发展全面振兴的关键时期，既有难得的发展机遇，又有诸多的困难与挑战。为了使我们的工作既有前瞻性、又有务实性，切实解决发展中的重大问题，提高大庆的竞争力，提高百姓的生活质量，我们就更加需要发挥大庆精神的引领作用，求真务实、勇于创新。求真，要求我们的工作要符合科学规律，我们的城市建设要符合城市发展的规律。务实，最主要的落脚点是办实事，就是坚持为群众尽心竭力解难事，坚持不懈做好事，把解决民生问题放在各项工作的首位，下大力气解决好群众反映强烈的突出问题。大庆的政治生态的优化工作离不开大庆精神的文化底蕴，可以说大庆精神是优化政治生态的动力之源。有了大庆精神的引导，才能牢固发展基础，创造幸福生活，保障人民权利，实现发展目的。也只有这样，才能实现我们的理想与目标，才能拥有和谐的社会氛围，才能形成良好的政治生态。

　　大庆精神蕴含的科学严谨、一丝不苟是塑造良好政治生态的安全器。政治制度建设是塑造良好政治生态的根本途径，而科学严谨、一丝不苟的大庆精神可以有力和有效地推动政治制度的建设和发展。大庆在创业实践中形成了"三老四严""四个一样"的严细作风，这是大庆精神的重要内涵之一。改革开放以来，我们党和国家高度重视和不断推进政治制度建设，人们的政治生活逐步走向规范化、制度化，促进了社会的整体进步。科学严谨、认真负责的大庆精神，既为大庆的制度建设打下了坚实的基础，也为大庆制度的进一步完善提供了必要的依托。我们要以高度负责的大庆精神去认真地研究制度、及时地完善制度，进一步提高政治活动的科学化、程序化、合理化水平，做到在相应的政治活动领域内都有法可依、有章可循。

四、新时代下的新实践是大庆精神再发展的坚实基础

　　伟大的时代呼唤伟大的理论，伟大的实践一定能产生伟大的思想。2016 年 5 月 17 日，习近平总书记在哲学社会科学工作座谈会上的讲话中指出："当代中国正经历着我国历史上最为广泛而深刻的社会变革，也正在进行着人类历史上最为宏大而独特的实践创新。这种前无古人的伟大实践，必将给理论创造、学术繁荣提供强大动力和广阔空间。这是一个需要理论而且一定能够产生理论的时代，这是一个需要思想而且一定能够产生思想的时代。"自 2012 年党的十八大以来，中国和世界发生了深刻的变化。粗放的经济发展方式和有效供给不足难以为继，中国经济呈现出从高速增长转为中高速增长，从要素驱动、投资驱动转向创新驱动以及经济结构不断优化升级的经济新常态。这种新的实践要求理论创新，也会推动理论的创新

　　（一）新时代下的新实践需要大庆精神的引领

　　民族精神和时代精神，寄托着民族的希望，昭示着国家的未来。党的十八大明确提出，当前我国要"大力弘扬民族精神和时代精神，深入开展爱国主义、集体主义、社会主义教育，丰富人民精神世界，增强人民精神力量"。而全面建成小康社会，实现中华民族伟大复兴中国梦，正是民族精神在新时期的集中体现。大庆精神作为优秀中华民族精神与

中国共产党伟大精神的集中体现，是民族精神与时代精神的高度融合与有机统一。大庆精神从产生起，就已成为民族精神的一个象征，它历经岁月长河的不断淘洗积淀，在实践中日益丰富创新，在新的时代焕发出夺目的光彩，成为推动国家发展和社会进步的不竭动力。

伟大的事业需要伟大的精神，伟大的精神支撑伟大的事业。马克思指出："物质生活的生产方式制约着整个社会生活、政治生活和精神生活的过程。不是人们的意识决定人们的存在，相反，是人们的社会存在决定人们的意识。"

在中国经济经过 30 多年高速发展，已经进入速度趋缓、结构调整和动力转换的新的历史阶段之后，在诸多矛盾叠加、风险隐患增多、生态环境严峻、发展要求更高的经济新常态下，党的思想理论建设的任务比以往更重、难度比以往更大。

在新的时代，我们更应坚定中国特色社会主义的旗帜，弘扬社会主义核心价值观，大庆精神仍是这个时代催人奋进的最强音。

新时代必须高举大庆红旗，传承和发展大庆精神，充分凝聚发挥大庆精神强大引领作用，更具有非常现实意义和理论价值。一是当前大庆正处于全面建成小康社会的决胜时期，弘扬大庆精神有利于大庆继续前进发展，实现"两个一百年"的奋斗目标；二是有利于全面振兴东北老工业基地经济；三是有利于攻坚克难，打好大庆转型发展组合拳、结构性改革攻坚战、战胜产量下降油价下滑等困难，以大庆精神正能量加快新旧动能转换，培育新优势可持续发展；四是有利于深化城乡二元结构体制改革，推进大庆城乡一体化发展；五是有利于用大庆精神铸魂育人，加强两个文明建设，提高全民素质，培养铁人式职工、文明市民、文明农民。

（二）大庆精神在新实践中必定得到新的发展

大庆精神具有穿越时空的伟大价值。形势在发展，时代在前进。对于大庆精神，我们既要继承，又要创新。大庆精神来源于实践，创新与发展大庆精神也要充分体现这种实践性。换言之，就是在新的实践基础上进一步创新与发展大庆精神，随着实践的发展，使大庆精神在继承传统大庆精神精髓的基础上不断吸取新的实践经验、新的思想而不断向前发展。

在新的实践中发展大庆精神，体现为一种既坚持马克思主义辩证唯物主义基本原理，又能随着客观情况的变化、实践的发展而不断创新的能动认识。可以说实践是大庆精神的活力之源。必须立足于大庆经济和社会发展的客观实践，注重研究大庆精神形成、发展的客观规律，更好地体现创新与发展大庆精神的实践性。

发展大庆精神，要与实现中华民族伟大复兴的中国梦结合起来。实现中国梦是民族的理想，是我党的政治主张。2012 年 11 月 29 日，习近平总书记在国家博物馆参观"复兴之路"展览时，首次提出了"中国梦"的概念，指出："每个人都有理想和追求，都有自己的梦想。实现中华民族伟大复兴，就是中华民族近代以来最伟大的梦想。国家好，民族好，大家才会好"。

在 2013 年全国十二届人大第一次会议上，习近平总书记首次提出了"中国精神"的概念，并把它与"中国梦"紧密联系起来。实现中国梦必须弘扬中国精神。这就是以爱国主义为核心的民族精神，以改革创新为核心的时代精神。这种精神是凝心聚力的兴国之魂、强国之魂。

中国人民是具有伟大创造精神的人民，中国人民是具有伟大奋斗精神的人民，中国人民是具有伟大团结精神的人民，中国人民是具有伟大梦想精神的人民。在 5000 多年的发展中，中华民族形成了以爱国主义为核心的团结统一、爱好和平、勤劳勇敢、自强不息的民族精神。在不同的历史条件和时空环境中，民族精神呈现出不同的形态，支撑着中国人民在每一个时期战胜不同的困难。革命战争年代产生的井冈山精神、长征精神、抗日精神、延安精神，以及新中国成立后产生的大庆精神、雷锋精神、"两弹一星"精神、抗洪精神、抗震救灾精神等都是中华民族精神的传承和发扬。大庆精神鼓舞了几代人，已经成为当代中国精神的一个组成部分。大庆精神的核心是爱国。无论在哪个时代，大庆精神都反映了大庆人乃至全国人民的心声，是全体中华儿女应该唱响的主旋律，必将在为实现中华民族伟大复兴中国梦提供强大精神动力中得到进一步的发展。

发展大庆精神还要与践行社会主义核心价值观结合起来。核心价值观，承载着一个民族、一个国家的精神追求，体现着一个社会评判是非曲直的价值标准。社会主义核心价值观，是中国特色社会主义思想文化体系，回答了我们要建设什么样的国家、建设什么样的社会、培育什么样的公民等重大问题。大庆精神与社会主义核心价值观是一脉相承、高度契合的，都体现了社会主义本质要求，传承了中华优秀传统文化基因，也吸取了世界文明有益成果，体现了时代精神。我们打造铁人式的职工队伍，要把社会主义核心价值观公民层面的"爱国、敬业、诚信、友善"践行好。

伟大的精神指导伟大的实践。在新时代，要教育引导大庆广大干部群众，自觉把传承优良传统同弘扬时代精神有机结合起来，以实际行动不断赋予其新的时代内涵。要把"爱国"情怀体现到胸怀全局、勇挑重担，为推进振兴发展多作贡献上；把"创业"激情体现到立足本土、拓展海外，开创振兴发展新的局面上；把"求实"态度体现到抬高起点、真抓实干，争创振兴发展一流业绩上；把"奉献"精神体现到践行宗旨、构建和谐，让振兴发展成果惠及全体人民上，在推进新时代新发展中，发扬举旗争先、忠诚担当、创新超越、艰苦奋斗、严实精准、开放包容、融合共享、人本惠民的精神，全面展现大庆人新的良好精神风貌。

五、大庆人的自觉行动是大庆精神再发展的主观条件

大庆精神是大庆的根与魂，是激励大庆科学发展可持续发展、争当全国资源型城市转型发展排头兵的不竭动力，是教育引导大庆人的光辉旗帜。作为大庆人要为大庆精神的再发展积极贡献力量。

（一）做大庆精神的维护者

大庆精神是源远流长的民族精神在党领导下的集中迸发、在社会主义建设年代的充分体现、在创业实践中的高度升华……实践证明，什么时候传承弘扬大庆精神，我们的民族精神就得到彰显，我们的事业就得到推进。

现在大庆精神已经成为大庆人共同的价值观念、道德准则，以及工作作风的集中体现，是大庆城市文化、大庆思想政治工作和企业文化的

核心。大庆精神是中华民族爱国主义、自强不息、自立于世界民族之林伟大精神的真实写照和发扬光大。大庆精神作为民族精神的重要组成部分，具有穿越时空、跨越地域的独特魅力，维护和弘扬大庆精神是当代中国社会所担负的一个时代课题。

大庆精神展现出的强大的精神活力和不朽的文化价值，值得每一名中华儿女的维护和传承。维护大庆精神首要的是要有坚定的理想信念，始终保持奋发向上的精神动力。对马克思主义的坚定信仰，对社会主义和共产主义的坚定信念，是大庆精神的灵魂，也是共产党人立身、处世、干事的精神支柱。

维护大庆精神，必须注重用先进典型引领和教育群众。大庆新铁人李新民，作为新一代大庆石油人的杰出代表，面对环境恶劣、竞争激烈的国际能源市场，喊出了"宁肯历尽千难万险，也要为祖国献石油"的铮铮誓言，把大庆精神带出了国门，把中国标准、中国力量和中华美德传向了世界，在海外叫响了中国石油品牌。我们要大力宣传李新民等先进典型的事迹，并积极发现和总结油田各条战线、各项工作中涌现出的新典型，充分发挥典型的榜样引领和示范激励作用，做大庆精神的坚定维护者。

（二）做大庆精神的传承者

大庆精神，是以铁人王进喜为代表的大庆油田的广大创业者在最为艰苦的条件下开发建设大庆油田过程中所形成的宝贵精神财富。"为祖国分忧，为民族争气""宁肯少活 20 年，拼命也要拿下大油田""干工作要经得起子孙万代检查""甘愿为党和人民当一辈子老黄牛"等这些最为朴实的话语却奏出了"爱国、创业、求实、奉献"的最强音符，它不仅表达出了石油行业干群历尽千险万难拿下大油田的创业气概，也是创业伊始年代亿万中国人民众志成城建设新中国的最高精神写照。因此，大庆精神一经产生，就成为激励一代代中国人建设社会主义新中国的精神动力，成为中华民族最宝贵的精神财富。当前经历了多年经济高速发展的中国，已经成为世界第二大经济体，但行百里者半九十，我们仍然处在一个极为重要的战略机遇期，创业的任务依然艰巨，大庆精神仍然是我们在新形势、新任务、新挑战下克难攻坚的重要法宝，我们仍然需要传承大庆精神。

传承大庆精神必须紧密结合新理念、新思想和新战略等新的时代主题与条件，发挥求实创新、凝神聚气和强基固本的效用。坚持创新、协调、绿色、开放、共享"五大发展"理念，适应引领经济新常态，全面落实"四个全面"战略布局。习近平新时代中国特色社会主义思想，是当代中国鲜活的马克思主义，是新时代我国经济社会发展的指导思想和行动指南。传承大庆精神必须与深入学习把握党中央和习近平总书记治国理政新理念新思想新战略以及其中所内蕴的马克思主义基本立场观点与方法、责任担当、工作作风和精神状态相结合。深入学习领会习近平总书记所阐释的中国梦的科学内涵、精神实质、重大意义和实践要求，将传承弘扬大庆精神贯彻治国理政的全过程。

今天，传承弘扬大庆精神我们具有优势，已具备丰厚的物质基础，积累了传承弘扬丰富经验，培养造就了一大批传承弘扬的带头人。"功崇惟志，业广惟勤""艰难困苦，玉汝于成"。只要我们不忘初心，牢记使命，勇于担当，奋力开拓，广泛深入地开展传承弘扬活动，一定会既轰轰烈烈又扎扎实实地进一步开展起来。像当年开展大庆石油会战一样，以为国争光的情怀，勇攀高峰、勇创一流的锐意改革创新，攻坚克难。凝聚运用强大的精神动力，向大庆壮大接续产业、转型发展、全面振兴聚焦发力；向大庆油田继续稳产、创建"百年油田"聚焦发力，一定会为实现大庆新发展，全面振兴东北经济，全面建成小康社会，共圆中华民族伟大复兴梦，作出新的贡献。

（三）做大庆精神的实践者

大庆精神的创新和发展离不开大庆的实践。在实践中不断总结创新大庆精神新的理论和观点，使大庆精神得到更符合新时代和新要求的发展，并通过实践检验新观点的合理性，在弘扬大庆精神的实践中，立足石油企业所面临的新的现实问题，才能更好地发展。大庆精神是随着时代的进步和社会发展而不断创新与发展的，企业内在超越性需要在认清楚企业自身的基础上，不断地否定企业自身、发展企业自身，并不断地超越企业自身的现实发展，也只有这样，企业才具有强大的生命力。

大庆石油会战，是一场艰苦卓绝的战役，大庆石油会战职工运用

《实践论》《矛盾论》的立场、观点和方法解决石油会战中存在的实际问题，涌现出一大批以铁人王进喜同志为代表的艰苦奋斗、顽强拼搏的英雄人物。所有的会战队伍形成了为国分忧、为民族争气的爱国主义精神，勇于拼搏、艰苦奋斗的创业精神，严谨认真的科学求实精神以及为国为公的无私奉献精神。

大庆人继续学习"两论"，继续秉承老一代大庆人的奋斗精神，所有优秀的在工作中继承下来的精神都完整全面地再现了大庆精神的发展轨迹，展示了大庆人气吞山河的精神风貌，彰显了大庆人为国分忧，为民争气的爱国情怀，我们把这样优秀的精神传承好、实践好，为油田的进一步发展提供强大的精神动力。

2009 年 9 月 22 日，习近平在大庆油田发现 50 周年庆祝大会上，高度评价了大庆油田的历史贡献，深刻阐述了大庆油田 50 年开发建设的"四点启示"。他强调指出："大庆的实践启示我们，国有企业的发展和进步，必须同国家和民族的命运紧紧联系在一起；国有企业的发展和进步，必须坚持马克思主义科学理论的指导；国有企业的发展和进步，必须突出科技创新这个主题；国有企业的发展和进步，必须始终坚持全心全意依靠工人阶级的根本方针。"①

2016 年 3 月 7 日，习近平总书记在参加十二届全国人大四次会议黑龙江代表团审议时强调指出："大庆就是全国的旗帜和标杆。"

2017 年黑龙江省委书记张庆伟到大庆调研时指出，大庆要"坚持工业强市、油化兴市""大力弘扬大庆精神铁人精神，争当全国资源型城市转型发展排头兵"。今天的大庆人继续弘扬大庆精神，以干在实处、走在前列、当好旗帜标杆的政治自觉和行动自觉，肩负起石油资源型城市转型发展的历史责任，为实现大庆人民过上全面小康生活的目标努力奋斗。

（四）做大庆精神的创新者

2015 年 7 月 17 日，习近平总书记在长春召开部分省区党委主要负责同志座谈会，听取对振兴东北地区等老工业基地和"十三五"时期经

---

① "习近平在大庆油田发现 50 周年庆祝大会上的讲话"，人民网，2009 年 9 月 24 日。

济社会发展的意见和建议时指出，抓创新就是抓发展，谋创新就是谋未来。不创新就要落后，创新慢了也要落后。要激发调动全社会的创新激情，持续发力，加快形成以创新为主要引领和支撑的经济体系和发展模式。

习近平总书记给予创新以极高评价，他说："创新是一个民族进步的灵魂，是一个国家兴旺发达的不竭动力，也是中华民族最深沉的民族禀赋。在激烈的国际竞争中，唯创新者进，唯创新者强，唯创新者胜。"①

创新是大庆精神发展的关键。大庆石油人就是在不断创新中走过来的，从对陆相生油理论的实践应用和发展完善，到自主创新形成一整套大型陆相砂岩油田勘探开发技术系列，乃至50多年来总结创造的生产管理、队伍建设、党建和思想政治工作等方面新鲜经验，都展现出其独特的创新活力与时代风采。

大庆精神的创新是石油企业发展到今天的最主要的原动力。以大庆精神为灵魂的石油企业文化建设要不断引导石油企业和职工打破陈旧腐化的传统观念，教育全体职工勇于面对不断发展的新形势，不断创新石油企业文化新观念、新价值取向，不断培养企业与职工的创新意识，激励和调动职工的积极性、主动性和创造性。

大庆精神的创新需要创建一个完整的创新体系和机制，这样才能更有利于大庆精神的创新步入一种良性循环，促进大庆精神为灵魂的石油企业文化提升国际竞争力，同时对我国经济发展产生积极影响。

大庆精神的创新要突破石油企业发展的瓶颈，要使大庆精神适应新时代创新发展趋势，不断探索适合大庆精神创新发展的模式，增强大庆精神传统价值观念，打破束缚大庆精神创新的思维定势，提高大庆精神的创新水平，创造各种有利于大庆精神创新的动力、条件与运行方式，不断创新大庆精神的内涵，不断充实和完善大庆精神创新理论体系，实现大庆精神全方位的创新，创建石油企业更辉煌的篇章。

新时代，中国特色社会主义事业的发展更需要与时俱进的大庆精神

---

① 《创新正当其时，圆梦适得其势》，2013年10月21日，《习近平谈治国理政》，第59页。

助力前行。古语说"以史为鉴,可以知兴替。"习近平总书记指出,一个没有历史记忆的民族是没有前途的。大庆精神的形成与发展见证了中国石油人为国争光、为民族争气,独立自主、自力更生,讲究科学、"三老四严",胸怀全局、为国分忧的精神,留给了世人难以忘却的历史记忆,是中国人民宝贵的精神财富;在新时代,随着党和国家事业发生历史性变革,大庆精神在"进行伟大斗争、建设伟大工程、推进伟大事业、实现伟大梦想"的重大实践中,在大庆的转型发展全面振兴中,一定会得到更大的发展,获得更加丰厚的时代内涵,展现更加灿烂的风采,创造新的辉煌。

后　记

　　《新时代大庆精神研究》一书，是由中共大庆市委宣传部和大庆市社会科学界联合会，为了落实黑龙江省委、大庆市委关于传承弘扬大庆精神、深化大庆精神时代内涵研究的要求，组织大庆精神研究基地、大庆精神铁人精神研究所部分专家学者共同撰写的一部著作。习近平总书记在党的十九大报告指出："经过长期努力，中国特色社会主义进入了新时代，这是我国发展新的历史方位。"正是在进入新时代下，我们将大庆精神与新时代宏大背景联系起来，探讨作为中国共产党伟大精神与中华民族精神组成部分的大庆精神，如何适应新时代，如何反映新时代，以及在新时代如何更好地发挥作用等问题。

　　本书由宋洪德、刘金友、付宇峰、李敬晶、张志军、李国俊统稿定稿，参与研究及撰写人员各负其责，分工如下：第一章　大庆精神面临的新要求新考验新机遇：王丽丽；第二章　大庆精神的历史性贡献：李万鹰；第三章　大庆精神的时代特征：史洪飞、牛江伟；第四章　大庆精神的时代内涵：刘金友、王东；第五章　大庆精神的时代价值：于洪波；第六章　大庆精神传承实践的现实使命：张文彬；第七章　大庆精神传承弘扬的多维路径：陈立勇；第八章　大庆精神的再发展：刘宏凯。

　　本书在研究撰写中参考了国内外学者的相关著作和研究成果，限于篇幅，未能一一列出，在此一并表示感谢！由于本书的研究是一种新的时代视角，囿于时间和水平，一定会有不足之处，恳请读者多提宝贵意见，欢迎批评指正。

《新时代大庆精神研究》编委会

2018 年 6 月